外语教学与文化：
融合模式新探索研究

吴　薇　董文平 ◎ 著

图书在版编目（CIP）数据

外语教学与文化：融合模式新探索研究 / 吴薇，董
文平著. — 长春：吉林出版集团股份有限公司，2022.7
ISBN 978-7-5731-1646-8

Ⅰ. ①外… Ⅱ. ①吴… ②董… Ⅲ. ①英语－教学研
究－高等学校 Ⅳ. ①H319.3

中国版本图书馆 CIP 数据核字 (2022) 第 115454 号

外语教学与文化 ： 融合模式新探索研究

著　　者	吴　薇　董文平	
责任编辑	王　平	
封面设计	林　吉	
开　　本	787mm×1092mm　　1/16	
字　　数	220 千	
印　　张	10	
版　　次	2022 年 7 月第 1 版	
印　　次	2022 年 7 月第 1 次印刷	
出版发行	吉林出版集团股份有限公司	
电　　话	总编办：010-63109269	
	发行部：010-63109269	
印　　刷	北京宝莲鸿图科技有限公司	

ISBN 978-7-5731-1646-8　　　　　　　　　　定价：68.00 元

前　言

在英语教学中培养学生的跨文化意识不仅要注重学生结构性文化知识系统的建构，如英语语系民族的历史的发展、社会制度、生活习俗、礼仪等，此外，更要注重培养学生在英语文化学习中的思维能力、行为能力、情感、个性等。客观的文化知识对学生跨文化交际的成功实现是必不可少的，但我们也应该意识到，当学生面临具体的跨文化交际情境时，那些被概括化、刻板化了的文化特征、行为规范也许并不能完全保证他们成功的实现交际目的。

跨文化的真实情境要比那些刻板的文化知识复杂得多，这就要求在面对复杂多变的跨文化因素时，跨文化交际者应该做出客观的判断以及灵活的应对，做到具体情况具体分析，把所学所思应用到具体的语境中去交际，如此一来，便可以获得更好的交际效果。所以在英语教学中，要改变传统的以教师为中心的教学模式，就要开展以任务为中心的、形式多样的教学活动。运用启发式、讨论式、发现式和研究式等多种教学方法来辅助教学，在学习的全过程中教师要全面充分地调动学生学习的积极性，捕捉学生的学习动机，激发学生学习的动力，最大限度地让学生参与学习过程，引导学生去主观感受现实事物，去再现跨文化，让学生有身临其境之感，耐心地引导学生去理解和判断各种文化现象，旨在培养学生的学习、研究及应用能力。

众所周知，对比法是学习方法中的重要组成部分，毫无疑问它也是跨文化语言教学中的重要方法之一。通过对比教学，我们可以培养学习者对文化差异的敏感性，同时我们要培养学习者以科学的态度去对待、分析英语文化。任何民族、任何性式的文化都有其存在的物质基础和社会基础，存在即合理，不同文化之间只有特点之不同，没有优劣之别。无论是英语文化还是汉语言文化，都是人民群众在历史的社会实践中不断探索、积淀、传承下来的人类文明的智慧和结晶。作为文化继承者和传承者的我们有责任也有义务把世界文明的精华继承并发扬光大。

在授课过程中，我们要培养学习者对待不同于汉语文化的英语文化的宽容态度，即正确认识和理解汉、英文化之间的差异，做到"学术自由，兼容并包"，以达到求同存异。当文化交流过程中发生文化冲突时，要引导学习者冷静下来用客观理性的观点去对待汉、英文化之间的差异，尽量避免用汉语文化的思维方法、行为模式、道德标准、价值观念等作为标准去衡量、评判英语文化或拒绝英语文化。要培养学习者继承和发扬传统文化的意识，不但要注重西方文化的引入，也要重视中国优秀传统文化的深入学习。这样不但可以使学生能够在学习中找出语言中的共通之处，也可以加强对民族优秀传统文化的认同感，在学习过程中取其精华，去其糟粕。

目　录

第一章 文化与语言教学

第一节 文化在语言教学中的重要性

作为一名英语教师，笔者认为，学生听说读写能力差是因为语言知识的欠缺。因此，笔者鼓励学生扩大词汇，并且在很大程度上帮助他们分析过于复杂的语法结构，以便改善他们的四项技能。只要学生能掌握每个单词、每个句子、每篇文章的意思，他们在理解听力材料和文章时将不会有困难。然而，结果却常常令人失望（尽管不是总是）。现在笔者开始意识到语言缺陷也是导致学生听说读写能力差的原因之一。对于文化背景知识的欠缺或不足正是影响他们理解能力的主要原因。因此，在本节接下来的部分中，笔者将论述文化背景知识在外语教学中的重要性，说明文化背景知识缺陷对学生听说读写能力的影响，并提出帮助学生培养文化背景知识素养的方法。本节的主要目的是把中国英语教师的注意力转移到文化背景知识在语言教学中所扮演的重要角色，使他们尽可能重视培养学生的文化背景知识素养。

一、由不同的文化背景引起的问题

（一）由不同文化背景引起的交流困难

不同语言文化环境下的人们在进行交流时，由于文化的差异，误解经常发生。尽管交流时所用的语言是没有错的，但相同的文字语句对于不同的人可能代表着不同的意思，因此由于文化的差异，就可能导致笑话或引发问题：一句没有恶意的话可能导致不愉快；外国人讲的笑话可能在异国得到冷场，然而同样的笑话在讲话人的本国却会引起欢笑。

（二）对文化和语言的关系进行简单的说明

语言是文化的一部分并且在其中扮演着非常重要的角色。一方面，没有语言，文化就不会成为可能；另一方面，语言又被文化所影响和刻画。在最广泛的意义上，语言是一个民族的符号，是交流的一种工具。它包括他们的历史和文化，包括他们对生活的态度及思考的方式。语言和文化是相互影响的。

文化和文化之间是不同的。每一种文化都是独一无二的。学习一门外语不仅要掌握发音语法、词语和习语，还要学着用该语言使用者的眼光去看待世界，学着用他们自己的语言反映他们的思想风俗、社会行为，学着理解他们的语言思维。学习一门语言是离不开学习它的文化的。

（三）由于忽视文化背景知识而导致的外语教学中的问题

尽管依照我们的传统教学大纲的要求，我们教授的学生一定程度上掌握了四种技能——听说读写，但他们常常在现实生活语言的应用中犯错误，这是因为我们在教学中并没有给予文化背景知识足够的重视，只注重教学和教材，重视语言形式，却忽视了语言形式和语言在现实社会中的运用，忽视了文化的因素，只是机械地复制他们所学的东西。因此，文化在语言教学中扮演着很重要的角色。

二、文化背景知识在语言教学中的重要性

（一）文化背景知识在听力理解中的必要性

在听力理解的教学中，笔者发现许多学生抱怨："很多时间用在了听力上，但却取得很少的成绩。"为了提高听力理解的能力，一些学生专门买了听力磁带，每天花一些时间去听，但是一旦他们遇到新的听力材料，依然理解不了。为什么会这样呢？一方面，可能是一些学生的英语非常的差，没有足够多的词汇，正确的读音或清楚掌握语法等。另一个重要的原因是他们对英、美国家的文化背景、政治经济不熟悉。听力理解能力事实上是对一个人理解力的检测，包括一个人的英语水平，知识的广泛度，分析和想象的能力。

可能我们有这样的经历：当我们听到我们所熟悉的材料时，很容易理解，即使材料中有一些新的词语，我们也能够根据其上下文猜到他们的意思。然而，当我们遇到一些不熟悉的材料时，我们只能知道一些字面的意思，却不能理解它的内涵，因为我们缺乏文化背景知识。

这里有一个报道中的句子："the path to November is uphill all the way""November"字面上指的是一年中的十一月，但是这里却指的是 11 月举行的总统选举。另一个例子是"red-letter days"——是一个简单的短语，意思是像圣诞节这样的节日还有其他的一些特殊的日子，但是学生们却经常无法理解它们。因此，对于文化背景的了解在语言听力教学中是很必要的。

（二）文化背景在英语口语中的必要性

同样，口语不仅仅和发音及语调有关。学生可以通过大量的阅读，掌握丰富的语言材料和对西方文化的认识来提高他们的英语口语，以达到沟通的目的。因此，在口语训练中，老师应注重语言的真实性并采取接近日常生活的材料，譬如带有日常生活对话的磁带，杂志，报纸及报道等，因为这些材料来自真实的生活，它可以帮助学生很好地熟悉标准的发音和语调，适当的场合讲适当的英语，了解西方的生活和风俗习惯等。否则，误解和不愉快就不可避免地发生。

在英语中，由很多的委婉语，有时很难知道其他人的真实心情。因此我们要注意我们的回答。例如，当一个人问道"how do you like the film?"另一个人回答道"I think it＇s very interesting"这表明它不是特别喜欢而不是字面意思上的有趣。当一个人问道："what do you think ofmy new coat?"另一个人回答道："I think the pocket is very nice"，这表明他不喜欢。在美国和英国，人们通常都不当别人的面说不愉快的话，他们经常说一些愉快的话来避免直接的回答，譬如说"I don＇t know"就是常用的一句。例如，当有人问"do you like our teacher"，你可以回答："well I don＇t know him very well."有时出于礼貌，当遇到不熟悉的人时，它可能隐藏自己的真实感受。例如，A 问 B："how are you?"尽管 B 感冒了，他会回答："fine，thank you"而不是"not very well I am afraid"或者是相似的回答。

在口语对话中，讲话者需要标准的发音和语调，还需要适用于场合的适合用语。我们能够举出大量的例子，语句根据语法是正确的，但是却不合时宜。

一次，一个学生做了一个讲座后，向一个外国游客征求意见。他这样说道："I am desirous of exploring your feeling on the lecture."这令外国游客非常吃惊。他说："你的英文太美了而显得不真实"但是学生拒绝接受这样的评论。他说句子是从书上摘录下来的。游客解释道像"desirous of exploring your feelings"不适合口头英语，应该说："I ' d like to hear your views on the lecture"或者"May Ihave your views on the lecture?"

（三）文化背景知识在阅读中的必要性

阅读英语文章需要一定的英语基础，但是阅读理解能力不全是和一个人的语言水平相关，它是受一个人的语言知识，文化背景知识和其他专业知识积累所影响的过程，是根据可靠地语言材料，文化背景和逻辑思考而进行不断猜测和纠正的过程。

一般来讲，中国人学习汉语没有受文化背景影响的困难。汉语的成语"只许州官放火，不许百姓点灯""平时不烧香，临时抱佛脚""差之毫厘，失之千里"不会影响到我们对文章的理解。"改革开放""大腕""追星族"这些新词汇也比较容易理解。然而，当我们阅读英语文章时，中西方文化的区别就常常会带给我们困难。

（1）从典故方面的认证。许多典故来自历史，文学等，往往出现在英文作品中，并已成为常用词汇。因此没有西方文化和历史的知识，这样的典故常常不容易被理解，没有理解就几乎欣赏不了。

（2）从习语方面说明。习语是一个社会的语言和文化重要的部分。它们常常难理解和被正确地使用。它们几乎不可能从单个单词的意思上理解。同样的英语习语甚至会有不同的意思。

很明显阅读上的困难不能被一个人的语言知识所完全解决，因为一个民族的成就不能与这个民族的文化传统所分离。因此，在阅读教学时，一个老师应该解释语法的同时也扩展文化背景。同样，写作和翻译也不能与文化背景知识分离。

（四）文化背景知识在写作和翻译中的必要性

首先，在翻译方面，如果没有对特殊文字和习俗予以考虑，即使最简单的表达也不能被理解，比如"dog"，对于英语语种的国家，the dog 携带的含义与中国中 dog 携带的含义是不同的。在中文中，狗是贬义的，"癞皮狗""丧家之犬""走狗""狗急跳墙""狗头军师"等，这些常常被用于描述不好的人们。但是英语中的 dog，特别是在短语中。是一个褒义的词汇，如果我们直接翻译成狗，那么我们肯定会出笑话的。

其次，写作方面文化背景知识也同样重要。为什么我们很容易就能辨认出一篇文章是由一个中国人写的还是由一个以英语为母语的人写的？一方面，可能是因为笔者没有熟练掌握语言；另一方面，可能是因为反映不同文化的汉语和英语的写作方式的不同。

综上所述，很明显文化背景知识在外语教学中是必要的。老师应该帮助学生解决语言上的困难同时也解决文化的困难，那么就能提高我们的英语教学水平。

三、如何实施文化背景知识的教学

文化背景知识并不好教。老师必须熟悉两个语言文化的区别。老师能够提供文化信息，也能使学生在不同场合表达准确，后者更为重要。

（一）选择合适的教学材料

首先教学材料选择是重要的。一定量的外国材料和真正的材料应该被使用,特别是对话,因为它更真实,更能够反映讲话者的文化行为。真实的材料是提及有关社会因素的真实活动的材料。老师应该主动解释材料中的文化因素。

（二）鼓励广泛阅读

鼓励学生大量阅读包括小说,杂志,报纸,等等。对于大部分中国学生来说,对于外国文化的熟悉,都依靠于材料。文化作品是最丰富的资料,通过它我们可以知道一个民族的心理,文化特点,文化和习惯,社会关系等。老师应该指导学生在阅读中积累相关文化背景知识。通过大量的阅读,学生对文化的理解会变得成熟和完整。

（三）注意课堂上的合适造词

在课堂上,老师应该注意合适的语言形式及合适的语言的使用。一种课堂教学是让学生针对文章做相似的对话。一个学生不可避免地需要扮演一个角色,并根据一个角色进行一段对话。老师应该让学生注意他的角色,根据角色和场合指出他的不正确表达,提示学生注意发音、语调、表情词汇、动作等。

（四）使用英语母语的录像带和电影

在教学中使用好的以英语母语的录像带和电影,并组织讨论。当观看一个录像带或电影时,学生和老师注意日常生活的场景,例如商店管理者和顾客的对话,电话上的对话,街道上的聊天,等等。经过这个,老师和学生可以交换观点,互相补充。

（五）鼓励与英语母语的人交流

与这些人交流,学生可以对两个文化的不同留下深深的印象。还有,在轻松的对话中,学生能够学到很多知识,这些在课堂上是学不到的。另外还可以通过举办文化的讲座举办文化和习俗的讲座等方法,引导学生比较中西方文化的差别。

总而言之,在语言教学上,老师应该重视文化的不同并学习这些不同。作为英语老师,我们应该不仅仅让学生知道文化背景在语言教学中的重要性,还要让学生学习社会和文化背景知识,这样,学生能够拓宽他们的知识,更好地学习英语。

第二节　文化教学的历史与现状

社会经济发展的今天,我国与邻邦经济贸易的日渐频繁,使跨文化交际人才的需求与日俱增,这为我国外语教学改革指明了方向。高校作为跨文化交际人才培育的摇篮,有必要调整外语教学安排,开展跨文化教学,更新以往教学观念与方法,进而促进英语跨文化教学的有序开展。因此,在高校外语教学中,重视跨文化教学的开展,注重英语理论教学与实践教学比重,增强学生英语知识运用能力,进而促进跨文化交际人才的培育。

一、高校英语跨文化教学的必要性

（一）学生英语学习能力提升的需要

语言是文化的载体，语言与文化息息相关，是推动社会经济发展的基石。语言的学习需要依靠文化，以文化作为载体，而脱离文化的语言学习是不切实际的。对于中国学生而言，英语非母语，如果缺乏文化的渗透，在英语语言学习中容易与本土文化混淆，形成语错问题。而通过为学生开展英语跨文化教学，让学生在英语学习过程中有意识地理解英美文化、行为准则等，让学生在文化比较中知晓文化的差异性，了解中西方语言学习的规律，知晓词汇中涵盖的文化内涵，进而提升学生英语学习能力。

（二）高校国际化发展的需要

知识经济时代下，国与国之间的竞争，体现在人才的竞争层面上。高校是人才孕育的摇篮，有责任肩负起培育创新型、应用型、国际型人才的职责，为社会主义发展输送实用型人才，使人才更好地为社会发展服务，进而增强我国国力。纵观西方教育机构，其人才培育模式致力于跨文化复合型人才中。基于此，我国教育应与时俱进，培育跨文化人才，开展跨文化教育。教育作为国家发展的软实力，对人才具有引领、教育作用，重视教育教学的转变，也是提升我国综合实力的体现。而高校开展英语跨文化教学，既是国家发展的需要，也是高校走国际化发展路径的需要。

（三）发展本土文化的需要

多元文化视域下，外国文化通过互联网平台引入我国，在人们了解外国文化的同时，开始羡慕外国人的生活方式，对我国本土文化形成怀疑。事实上，文化不分贵贱，但其具有差异性。高校通过英语跨文化教学的开展，一方面让学生知晓西方文化的特点，增强学生英语学习能力；另一方面，让学生更好地理解本土文化，培育学生文化自信，进而促进本土文化的进一步发展。

二、高校英语跨文化教学的发展现状

（一）跨文化教育重视度不足

受到传统教育思想理念的影响，多数教师在教学中，已经习惯采取一言堂、灌输式教学方法为学生授课。即使跨文化教学思想理念提出已经很长时间了，但是很难改变部分教师的教育观念。究其原因，一方面，是传统教育观念根深蒂固，教师需要时间进行改变；另一方面，教师没有意识到跨文化教学的内涵，使跨文化教学还停留在形式上，没有发挥其根本性效度。

（二）跨文化教学目标不明确

教学目标对教学计划、教学方法、教学模式等具有一定的引领，明确教学目标，才能实施后续教学计划。然而，由于跨文化教学目标没有得到明确，影响到跨文化教学质量的提升。在此教学模式下，教学方向模糊，教师较为注重理论教学讲解，忽视学生实践教学与理论教学融合的重要性，导致学生实践能力培育不佳。

（三）跨文化教学与英语实践脱离

语言的学习在于运用，而语言的运用并不是一成不变的，其需要在适当的场景下，灵活地运用语言，英语知识学习也是如此。只有在不断的运用中发现自身的不足，在不断的运用中提升自己的口语能力，在不断的运用中掌握语言学习规律，进而培育学生英语核心素养。因此，英语跨文化教学的开展，不仅需要理论教学的引领，还需要实践教学的支撑，通过实践增强学生知识灵活运用能力。然而，跨文化教学与英语实践教学的脱离，影响到学生语言运用能力的培育。

三、高校英语跨文化教学的实践策略

（一）增强跨文化教学意识

高校英语跨文化教学开展是教育改革的一种新趋势，因此，需要增强跨文化教学意识，意识到跨文化教学的内涵以及跨文化教学对学生未来发展的重要性，进而促进跨文化教学在外语教学中的实施。在高校外语教学中，不仅要重视学生听说读写能力培育，还应培育学生跨文化思想意识，增强学生跨文化学习动力，进而培育学生英语核心素养。教师身为学生学习、成长过程的引领者，在教育学生之前，应对跨文化教学具有一定的认知，普及传播跨文化教学的益处，促进跨文化教学的开展。此外，教师不仅应具有跨文化意识，还应该在跨文化认知过程中，提升知识专业化素养与能力，使教师更好地为学生开展跨文化教学活动。例如：教师借助互联网平台获取相关的知识，通过微课、慕课的学习提升知识专业化水平、授课能力。

（二）遵循英语跨文化教学开展原则

高校开展跨文化教学，应遵循以下原则，进而彰显跨文化教育意义。首先，主体性。在跨文化教学开展中，尊重学生主体，围绕学生实际情况，开展适合的跨文化教学活动，增强学生参与兴趣，使学生在活动中有所收获。其次，互动性。语言的学习在于交流，在跨文化教学开展中，重视师生、生生互动、交流模式，在互动中更好地探析、分析文化知识，增强文化的理解能力。最后，实践性。英语跨文化教学的开展，重视实践性，引领学生说英语，培育学生英语知识运用能力，进而培育学生英语核心素养。学生通过实践将所学运用到实践中，在实践中发展思维，进而更好地完成实践教学任务。

（三）明确跨文化教育目标

跨文化教育目标的明确，为人才培育方向指明方向，有助于提升高校英语人才培育质量。因此，在增加跨文化教育内容之前，应明确跨文化教学目标，重视理论教育与实践教育资源融入的比重，调整人才培育方向，进而培育创新型、跨文化型人才。素质教育理念下，提出育人教育，在教学过程中，不仅教授学生知识，还要培育学生能力、素养、思维、品质，彰显教育育人成效。因此，跨文化教学目标的明确，应体现在育人层面上，以育人教育为导向，尊重学生主体性，根据学生喜好、实际情况开展跨文化教学活动，使学生在活动中收获知识与成长，进而促进跨文化教学目标的完成。

（四）增加跨文化教育内容

英语教材内容，是跨文化教学开展的核心部分。在跨文化教学视域下，英语教材应与时俱进，融入跨文化教材内容，推进跨文化教学开展。跨文化教材内容需要反映国家文化特征，体现文化特点、人们习俗等，让学生在阅读教材中，更好地理解中西方文化特点。例如：在我国摸小孩子的头，是一种喜好表现形式，而在西方国家，视为不礼貌。因此，跨文化教材应突出翔实，包含趣味性内容，增强学生阅读兴趣。跨文化不仅包含西方文化，还应该包含本国文化，通过学生对比，培育学生文化自信。最后，跨文化教材内容，应真实、可靠，以教材为导向，促进英语跨文化教学的进一步开展。

（五）丰富跨文化教学方法

外语教学方法的创新，是高校英语跨文化教学开展的有力支撑。在英语跨文化教学开展中，教师采取多元化教学方法，不仅促进跨文化教学的开展，还能增强跨文化教学的有效性，激发学生参与兴趣，进而完成跨文化教学目标。

第一，互联网教育资源，为学生提供丰富的优秀资源，弥补英语跨文化教材的缺失，创新英语跨文化教学质量。教师借助互联网教育作品，开展线上线下跨文化教学活动，增强学生参与兴趣，培育学生的实践能力。借助互联网教育资源，实现英语理论教学与实践教学的衔接，使互联网平台成为学生获取知识的主渠道，而课堂教学成为学生运用知识路径，有助于增强学生知识运用能力与实践能力，进而培育学生跨文化交际能力。例如：教师提前整合英语跨文化知识内容，制作成课件，引领学生学习相关的跨文化知识，使学生对英语知识全面掌握，为课堂教学开展提供保障。在英语课堂教学中，借助多媒体创设场景，还原知识内容，带动学生情绪，以主题为导向，为学生开展英语交流活动，让学生自主进行交流，在交流中运用英语知识，进一步探析文化内涵，教师符合发挥引领作用，随时随地指引学生，更正学生语错现象，使学生灵活地运用英语语言表述自身想法，进而彰显英语跨文化教学开展的价值。

第二，渗透英美文化内容，丰富跨文化教材内容与形式。在英语知识讲解中，教师整合知识内容，在必要的情况下渗透相关的英语文化内容，交代文化背景，使学生借助文化背景更好地理解英语知识传递的思想情感。例如：在文化渗透中，教师以故事形式传递给学生，让学生边听故事边理解文化。再如，开展文化对比活动，让学生在文化对比中理解中西方文化的差异性，进而培育学生人文素养。

第三，开展实践教学活动，为学生跨文化交际能力提供平台。一是开展校企合作，让学生以学徒身份融入岗位工作中，增强学生口语交流能力。开展校企合作，让学生知晓工作岗位中的术语，并且在师父的引领下，与外宾开展友好的交流，积累经验，进而提升学生交际能力。二是开展实训基地，为学生创设不同的口语交流平台，让学生在不同的场景下说英语，为学生就业提供保障。

综上所述，研究高校英语跨文化教学开展情况，既是学生未来发展的需要，又是学校教育教学改革的需要，更是发展本土文化的需要。因此，在高校英语跨文化教学开展中，从增强跨文化教学意识、遵循英语跨文化教学开展原则、明确跨文化教育目标、增加跨文化教育内容、丰富跨文化教学方法五个维度，促进英语跨文化教学的开展，进而培育学生成为跨文化交际人才。

第三节　文化教学的目标与内涵

当今外语教学目标是帮助学生了解文化差异，培养全球化意识，因此，文化在外语教学中起着重要的作用。教师也要不断提高自身的业务水平，扩大知识面，积累英美国家社会文化生活各方面的信息，并把这些信息融入自己的教学实践中，让学生学到真正实用的语言。语言和文化是密不可分的，因此在语言教学时，渗入文化的教学语言教学才能真正达到学以致用的目的，避免一些语用方面的错误。在本节里，笔者主要从文化的定义、体现及中学英语文化教学的方法等方面进行观点的阐述和说明。

英国人类学家泰勒认为，文化是一种复杂丛结之全体，这种复杂丛结的全体包括知识、信仰、艺术、法律、道德、风俗以及任何其他人所获得的才能和习惯。当前，人们普遍依照奥斯华尔特的"大写字母的文化""小写字母的文化"这一区分来理解"文化"这一概念。也就是说，人们一般都将"文化"的概念分成广义和狭义两类。广义的文化指的是人类在社会历史发展过程中所创造的物质和精神财富的总和；狭义的文化指的是人们的社会风俗习惯、生活方式、相互关系等。

一、语言与文化的联系

当今社会，文化的渗透在中小学外语教学中缺乏趣味性，甚至被忽略，但它在外语教学中却起着至关重要的作用。对于中国人来讲，英语作为第二语言的习得，学习者缺乏真实的语言习得环境，而了解西方文化知识，则有利于英语语言的习得。作为英语学科的教师，笔者发现并不是所有的人都是良好的学习者和传授者，甚至是有的教师会用学习母语的方式进行英语的讲解和传授，往往比较重视语言的外在形式和语法结构，即培养学生造出合乎语法规则的句子，忽视语言的社会环境，导致很多学生接受错误的学习方式和方法。对于那些喜爱读书和专研的人，他们会在阅读中明确文化知识的重要性，如果缺乏对于文化和社会背景知识的了解，很难做出正确的翻译和判断。但对于传统教育下成长的知识传授者来讲，他们会在教学中自动忽略文化知识的传授，因此，很大程度阻碍了语言的发展。

早在21世纪20年代，美国语言学家萨丕尔在他的《语言》一书中就指出："语言的背后是有东西的，而且语言不能离开文化而存在。"语言学家帕尔默也曾在《现代语言学导论》一书中提到"语言的历史和文化的历史是相辅而行的，他们可以互相协助和启发。"语言与文化的关系大致可以从以下三个方面来看：①语言是文化的一个十分重要的组成部分。②语言是一面镜子，它反映着一个民族的文化，揭示该民族文化的内容。③语言与文化相互影响、相互制约。

语言是思维的工具，而文化的构成又离不开思维（精神文化是思维的直接产物，物质文化是思维的间接产物）。作为思维的工具，语言在一定程度上影响和制约着思维的方式、范围和深度。然而，当思维发展到一定的程度，语言形式不能满足其需要或阻碍其发展时，人们也会自觉或不自觉地改造思维工具，促使语言发生变化。从这个意义上来说，思维又影响和制约着语言。

二、外语教学中的跨文化教学的体现

学好一门外语，对于外语习得者来说不仅仅是学习发音，词汇和语法。他们还应该熟悉文化差异，因为它们可能影响你对于语言的正确理解。不同的文化背景的人们，有着不同的习俗、行为和思维模式。与此同时，由于社会的性质和心理因素的不同，他们也有不同的价值取向、信仰和信念。来自不同国家的人的相同的单词、表达或肢体语言并不意味着同样的事情。正是由于这些差异性，才可能出现误解和理解上的误差，也就是说，不同文化背景下的人们，在交流时会遇到一定的文化障碍，在感觉和心理上产生失衡的感觉。例如，演讲者面对不同文化程度的观众，相同的一个笑话会产生不同的反应，有的会哄堂大笑，有的则毫无反应。从这些观点上我们可以想象，文化教学在中小学外语教学中的重要性。

三、不同文化的渗透

通过不同的话题的对比学习，如：寻址、感恩、谦虚、赞扬、表示关注和文化教学等话题，加强中西方文化之间的差异性的比较，引导学生更加深入地理解和学习中西方文化的差异性。教学的宗旨应该采取讨论的形式，让学生说出自己的想法。例如，在新概念英语 1 册第 75 课，我们可以对学生提问，比如"为什么店员说女人们总是穿不舒适的鞋子吗？"，有的学生会回答我，店员有明显的性别歧视。这时教师应该第一时间表扬这个学生，因为他说出了自己的想法。此外，我们还可以使用各种各样的押韵口诀来鼓励他们学习英语。例如，当我们教双"O"的发音时，我们可以给这样的押韵口诀：煮毛木，看好书，脚送 [u]，立后屋。除此之外，读长 [u：] 时，第一组七个单词是：厨师（cook）、羊毛（wool）、木头（woud）、看（look）、好（good）、书（book）、脚（foot）、接着是两个动词过去式：把 took(take)、站 st ood(stand)，最后是一些房间：教室（classroom）、卧室（bedroom）、会议室（meettingroom），等等。教师只要常收集、整理、多积累、勤总结，顺口溜就会越来越多，学生记起来趣味横生，甚至也会找规律、编顺口溜，寻找更简洁的学习和记忆方法。兴趣也由此有所提高。

四、在实践中学习不同的文化

教师可以让学生可以收集一些英语国家的物品和图片，让学生了解外国艺术、历史和风土人情；运用英语电影、电视、幻灯、录像等资料给学生直观的感受，使学生对英语的实际使用耳濡目染。组织英语角，英语晚会等，创设形式多样的语言环境，加深对文化知识的实际运用。让学生切实体验到异国文化。在学习的同时老师和学生在讨论中可以交换他们的想法，从而促使学生更深入地理解外国文化以及中西方文化的差异性。鼓励与母语者交流，学生应该更加积极和有效地交流，大胆尝试与英语母语者交流，会更好地了解学习文化差异，达到学以致用的目的。另外，在读英文故事、散文和剧本时，应该及时记录文化细节。一般来说，大多数人读文字只能了解情节和从文学的角度进行分析，却一直忽略了将重点应该放在文化细节上，因为故事和戏剧给予生活真正的、大量的文化。

五、通过示范引领的方式进行文化的教学和渗透

我们可以开展一些英语活动，让学生收集一些有关国外文化方面的资料，如画报、杂志、图片等，研究不同国家人民的服饰、装饰、发型等，确定一个主题，先让学生自己去了解不同的文化、风俗习惯、审美标准，然后利用英语角活动等方式让学生表述，教师指导学生更深入地了解外国的风土人情，进行跨文化学习。也可以尝试使用电影或讲义，电影对学生很有吸引力，但我们必须教他们如何使用电影作为文本，教师要正确引领学生利用电影和电视引导学生注意观察英语国家的社会文化等各方面情况，然后提出一些问题让学生回答并讲出自己的观点。比如，笔者常给学生们观看的电影《阿甘正传》，将先天智障的小镇男孩福瑞斯特甘自强不息，在多个领域创造奇迹的励志故事一段一段地分解开给学生播放，引领学生学习了解地道的美国文化，让学生记住其中的经典句子。由于文学作品反映不同的文化背景，而文化背景导致不同的文学现象的发生。要想了解国外的文化，阅读一定量的文学作品会有很大帮助，从中可以找到有关的文化背景知识和信息。

总之，在学习外语的初期，教师既要注意语言知识的传授和语言能力的训练，更要注意培养学生口头和书面的实际交际能力。

第四节　文化教学的原则与内容

语言是文化的载体，是文化的重要组成部分；"文化是语言的底座"，文化决定语言的规则和交际方式。语言与文化相辅相成，密不可分。语言和文化的密切关系决定了外语教学过程中应该也必须融入文化教学，而在外语教学过程中如何融入文化教学、融入的原则和内容是当前外语教学从事者必须深思的问题。本节就这方面进行探讨，以期进一步推进文化教学。

一、外语教学与文化教学的关系

众所周知，语言与文化密不可分，二者"相互影响，相互作用；理解语言必须了解文化，理解文化必须了解语言。"在外语教学过程中，无论教师是否有意识进行文化教学，语言教学都不可能在真空中进行，教学内容都会有内在的文化信息。文化教学是语言教学过程中不可或缺的一部分。Byram认为"不教授目的语文化，语言教学几乎是不可能的"。外语教学过程中融入文化教学，目的是促进语言学习的效果，最终实现提高跨文化交际能力的教学目标。也就是说，在语言学习的过程中，了解语言的社会文化环境，培养文化意识和文化敏感性，逐步提高文化适应能力和处理文化休克的应变能力。文化教学不能独立于语言教学，更不能喧宾夺主、主次不分；它的教学原则和内容是受语言教学内容和教学目标制约的。

二、互动——体验的文化教学

以《新编大学英语》第2册第7单元课内短文《从容得体地跨越文化沟壑》为教学案例，

文本主要讲述了一位美国女士远嫁中国，她在日常生活中所经历的中美文化差异现象。传统的课堂教学模式往往以教师为中心，先是背景知识介绍，再依次进行单词和课文讲解，最后处理课后习题；教师既是导演又是主要演员，而学生更多的时候只是充当静坐的观众，被动地接受，无法发挥积极性、主动性和创造性，课堂教学费时低效。而互动——体验的语言文化教学新模式，以学生为中心，突出学生的双向互动、参与体验，教师的角色转变为课堂教学的设计者、指导者和评估者。因此，在此模式里，教师是导演，学生是演员，教学效果的好坏既要依靠教师指导的好坏，更要依赖学生"表演"的如何。该文本互动——体验的文化教学模式具体步骤如下：

（1）导入与课文相关的文化信息。邀请来自不同省市的同学用英语简介各自地方的待客礼仪；接着，利用互联网下载播放约五分钟的美国家庭待客的视频。学生可以看到美国人简单的问候方式、坦诚直率的交流、就餐礼仪、迎送客礼仪等。

（2）找出文中文化现象。结合课后阅读理解习题，指导学生用略读（skimming）方法理解篇章结构和主题思想；用寻读（scanning）方法罗列出课文中的中美文化现象并分类，如待客文化现象、孩子教育文化现象等。

（3）小组讨论。为提高讨论效果和节约时间，按照英语成绩好与差搭配，全班分六个小组，每个小组按照不同文化现象自由选择不同的发言人参与讨论，扩大参与面，其他同学可帮助补充相关信息。

（4）模拟角色扮演。请五位同学选择扮演美国人、德国人、巴西人、日本人、俄罗斯人，他们在视频欣赏韩国歌曲《江南 Style》，然后交流该歌曲为何在世界流行的看法。为使扮演者有话可说，教师利用多媒体，给学生提供韩国相关文化信息和一些英文词汇。

（5）教师点评。教师对以上每个教学环节和步骤及时进行指导、补充和点评，以帮助学生提高互动交流和参与体验的自信心、情境的真实感和文化差异意识。

整个教学过程将语言与文化紧密融合，学生参与的积极性较高，课堂文化气氛相当浓烈，即使成绩较差的同学在活跃的气氛影响和其他同学的帮助下也勇于发言。学生既学到了大量新词汇、新表达，也了解了更多的不同民族文化知识，增强了文化差异意识，跨文化交际能力得到较好地锻炼和提高。但此种文化教学对教师要求较高，要具有应变指导能力，课前需花费大量的时间和精力收集、整理相关教学资料和设计教学环节。

三、融入文化教学的原则

根据上述具体教学实践及分析，外语教学中应融入以下文化教学的原则与内容。

（一）相融合原则

文化教学是外语教学的重要组成部分，是在语言教学的前提下进行并为实现语言教学目标服务的，二者相辅相成。外语教学融入文化教学可以培养学习者的文化意识和文化差异敏感性，增强文化适应能力和外语学习的实效性，减少语言与文化的负迁移，提高跨文化交际能力。因此，文化教学应该与外语教学相融合，贯穿于语言教学的全过程。本教学实例，从开始的文化导入到角色扮演，语言与文化紧密融合，语言体现文化，文化现象通过语言表达呈现。

（二）多元文化原则

世界是由众多国家和民族构成的，每个民族都有其独特的文化；国际视域下文化具有多元的特性。多元文化教育是一种思想，一种哲学观点，一种价值取向，一种教育的改造行为。在当今经济、科技日益全球化的过程中，文化交流越来越频繁，不同文化间的碰撞、重构、融合的趋势进一步加强，正在形成更加丰富多彩的世界多元文化。因此，外语教学既要重视目的语文化的教学，也要重视母语文化和相关的其他民族文化的教学。五位同学的角色扮演具有明显的多元文化特征。该原则还意味着每一种文化都是世界文化大家庭中的平等一员、坚持文化平等交流与促进共同繁荣，摒弃文化歧视。坚持这一原则，有利于培养多元文化意识和世界公民意识，有利于各民族文化的相互尊重、相互学习、相互融合和共同进步，有利于"推进不同文化间的宽容和理解，最有利于发挥人类文化的多样性，改造人类文化生态和人文环境"。

（三）文化对比原则

文化对比原则是指在外语教学过程中将目的语文化与母语文化进行对照、比较，找出异同点，特别是二者的差异，以利于文化意识培养和外语的习得。这主要是针对外语学习者在跨文化交际过程中由于对文化差异的不了解、不敏感而容易产生语用失误提出的。通过文化对比，可以帮助学生加深对目的语文化的认知和理解；同时也有利于加强对母语文化的理性认识和文化身份的认同，培养文化敏感性，避免文化的负迁移，使得语言运用更加得体。"不同文化间对比是多层面、全方位的，大至价值观、宇宙观、时间观、思维方式，小至社会规范、生活习俗。在对比中特别要注意三个方面：①目标文化所具有的而本土文化所不具有的；②本土文化所具有的而目标文化所不及的；③本土文化和目标文化都具有但有一定差别的。"当交际各方涉及三种及以上文化时，就变成多元文化对比。例如，在上述教学中，不仅有中美文化的比较，也有五位"外国人"谈论韩国歌曲时的多种文化因素沁入，文化对比也自然是多元的。

（四）有效性原则

每一种文化的内容都极为纷繁复杂，包罗万象，涉及社会的方方面面，完全掌握世界各种文化不仅是不可能的，而且也没有必要。因此，文化教学必须要有选择和取舍。有效性原则是指文化教学的内容与外语教学内容和日常交际密切相关。在以上课堂教学中有针对性地融入与日常生活相关的文化内容及学生感兴趣的韩国歌曲，"一方面不至于使学生认为语言与文化的关系过于抽象、空洞和捉摸不定另一方面文化教学紧密结合语言交际实践，可以激发学生学习语言和文化两者的兴趣，产生较好的良性循环效应。"实现外语教学中文化教学的紧密性、易操作性和有效性。

四、融入文化教学的内容

不同的文化分类，往往意味着不同的文化内容。根据文化的国度和民族性，可分为目的语文化、母语文化和其他民族文化；根据文化在跨文化交际中的影响（功能），可分为知识文化和交际文化。本节所探讨的文化教学内容是根据上述文化教学原则和外语教学目标来确定的。

（一）目的语文化、母语文化和其他民族文化

1. 目的语文化

就外语教学而言，无论是实现它的工具性还是人文性，都需要学习目的语文化。目的语文化的学习，对提高学生的综合文化素养和语言教学效果以及实现提高跨文化交际能力的教学目标都具有十分重要意义。目的语文化是外语教学的当然内容之一，"外语学习的过程使人们能够直接体味外语所承载文化的思想观念、价值体系和精神蕴含。它是目的语文化输入过程，同时也是民族价值观念重塑过程中的一个重要环节。"

根据文化教学有效性原则，目的语文化教学只能选择那些与教材和日常交际密切相关的内容。杜学增也认为，"一个国家或社会的文化是博大精深的。在我们的外语教育中，我们不能要求我们的学生习得外语文化中所有的东西，而只能根据教学的需要，将那些最基本内容传授给他们。"

2. 母语文化

外语教学是内含母语及其文化的互动过程。融入母语文化，一方面可以加强母语文化修养和认知另一方面，两种文化对比学习有利于增强文化差异意识和文化差异理解力，提高跨文化交际能力。国际视域下推介和传播中国文化精华是外语教学的内在使命，也是广大外语学习者的义不容辞的历史责任。融入中国文化因素，有助于培养学生中国文化意识和用外语表述母语文化的能力。当前，学生用外语表达中国文化的能力普遍较弱，在跨文化交际中时常出现"中国文化失语症"，主要原因是母语文化教学严重缺失。这也是在文化视域下外语教学所要引起重视和迫切需要加强的地方。"要走出这一困境，只能从外语教学入手，在实践中探索用外语表达中国文化的方式；借助西方的文化框架来揭示中国文化精神，理解和重新构建自己的母语文化，实现母语文化的输出。"上述教学中让学生用英语表述各自地方的待客方式就是很好的尝试。"所以，外语教学在实现了文化输入的同时，还有一个很重要的目的是使外语学习者有能力将我们的传统文化精髓展示给世界各民族，为我们的文化输出起到现实的作用。"这样才能真正实现跨文化交流的双向互动，对扩大中国文化的国际影响具有十分重要的意义。

3. 世界其他民族文化

在外语教学过程中，及时融入涉及除母语和目的语之外的其他民族文化，也是文化教学的应有内容之一。这也是当下我国外语教学中较为薄弱的环节。例如，当我们在学习一篇英语文章中出现有关伊斯兰教的文化，外语教师是否要给学生做一番解释呢？答案是肯定的。只有将文章中这一文化因素解释清楚了，学生才能准确地把握文章，有利于外语的教与学。所以，外语教学"培养的应是'多文化人'，对自身文化的体认将赋予他们民族国家使命感，有利于增加我们文化的影响力；对多元异文化的了解可使他们心胸开阔，善于汲取先进文明成果。"这样，外语教学的社会价值也才能得以真正地实现。

（二）知识文化和交际文化

根据文化因素在交际过程中实际产生的影响不同，文化可分为知识文化和交际文化。这一文化分类与外语教学目标密切相关，比较适合文化教学内容的需要。知识文化是指不同文化背景的人在进行交际时不直接影响准确传递信息的语言和非语言的文化因素。所谓交际文化，指的是不同文化背景的人在进行交际时，直接影响准确传递信息的语言和非语言的文化因素。二者具有交叉性和对比性。在外语教学的不同阶段以及对不同的外语学习者，二者又

具有可变性。这需要外语教师因地制宜，有针对性地开展文化教学。对于异域文化知识比较丰富的学生，影响交际的文化因素相对会少些，这时知识文化教学就可以多一些。教学基础阶段交际文化可以多一些，随着学生语言能力的逐步增强，知识文化就可以多一些，"因为交际文化扎根于知识文化，高年级阶段导入的知识文化可以为基础阶段的交际文化提供理论解释，让学习者知其然又知其所以然，这样才有助于培养学生文化理解力。"上述教学案例中，教师导入的更多是交际文化，以帮助学生克服畏惧心理和交际障碍。

总之，外语教学中融入文化教学已经成为一个不争的事实；然而，就如何融入文化教学、融入的原则和内容等问题还没能形成广泛的一致性，相关理论研究和教学实践还有待进一步深入。广大外语教师，应主动适应新形势下人才培养的需要，开拓创新，围绕外语教学的目标要求，强化从文化的视角教语言，利用现代化信息技术，不断探索行之有效的文化教学的原则、内容以及新模式，加快"培养既精通异域民族文化又深深扎根于本民族文化土壤之中，并对社会变迁有较强的适应能力、应变能力、自主能力和良好的身心素质，'通'、'专'结合的人才，过去是、现在是、将来或许还是外语教学的根本任务。"

第五节　文化教学的模式

经济全球化和文化多元化的发展正在对教育的国际化、多元化、合作化产生深刻影响。我国外语教学提出了培养和提高学生"跨文化交际能力"和"综合文化素养"的教学目标。然而目前的英语文化教学主要采取相关文化背景知识介绍，在听力、口语、精读课程中分散补充的方式，文化教学因此缺少一定的系统性和深度性。同时，英语文化教学的相关研究也大多集中在文化教学意义和文化意识培养的重要性方面，而对具体的文化教学模式较少探讨和分析。本节试图以多元文化教育思想为理论基础探讨英语多元文化教学模式的教学目标、教学原则和教学方法等。

一、多元文化教学模式的内涵

英语多元文化教学是以文化知识为中心，以培养学生的跨文化交际能力和文化思辨能力为目标，提高学生英语应用能力和人文素养的教学模式。具体而言，这一教学模式旨在使学生掌握一定的英语和中文文化知识和内涵，培养学生具备中国文化和英语文化交流所需的语言、文化、交际方面的知识和技能，丰富学生的中国文化知识，树立学生的理想信念和文化自信。文化在多元文化教学中主要可以分为"知识文化"和"交际文化"。"知识文化"主要指文艺、哲学和科技等人类文明成果；而"交际文化"是指社会习俗、行为准则、生活方式、伦理价值等。多元文化知识的学习有助于学习者在认知、情感和行为三个层面上提高跨文化交际能力，即提高跨文化意识，学习文化知识和相关的潜在交际问题；强调对待差异文化的态度和情感体验；实现不同文化间的有效交际。美国多元文化教育家班克斯（Banks）认为，多元文化教育是一种思想，一种哲学观点，一种价值取向，其目标是培养学习者对不同种族群体的文化习惯、生活方式以及对不同事物的敏感性和宽容性。因此，英语多元文化教学还有助于提高学习者的知识、能力、观念、情感等多种因素综合而成的人文素养。

二、多元文化教学模式的教学原则

（一）英语文化多元化原则

英语多元文化教学注重体现英语文化的多元性、开放性和包容性。随着英语的国际化以及与特定社会文化相结合的本土化趋势，美国语言学家卡奇鲁（Kachru）提出了世界英语（world Englishes）三个同心圈理论：英、美、加、澳、新等以英语为母语的内圈；印度、新加坡等以英语作为官方语言的外圈；日本、中国等把英语作为外语学习和使用的发展圈。英语的内涵与外延从母语的定义范围延伸到世界语的范围。这些英语变体，如印式英语（Hinglish）、新式英语（Singlish）、中式英语（Chinglish）、日式英语（Japalish）等不仅反映了语言自身的变化和发展，而且反映了各地社会、经济、政治、文化等的发展和诉求。这些英语变体不但包含大量与本土相关的特色表达，同时一些表达方式也被赋予了不同于内圈英语的独特含义。如新式英语中的MRT（新加坡轻轨系统），Junior College（新加坡初级学院）以及印式英语中用black money代替illegall gains，change room代替dressing room，等等。因此，英语多元文化教学以英美语言和文化为基石，适度扩展到加、澳、新以及英语变体的范围，使学生有机会了解和认识世界各种不同的英语表达方式和文化知识，全方位地培养跨文化交际能力。

另一方面，英美文化自身在向白人主流文化的挑战中，不断趋向多元化的发展。不同种族、民族、性别以及穷人、残疾人等其他不同社会文化群体致力于追求文化的平等性和多样性。亚文化（Subculture）的价值观念、生活方式受到越来越多人的重视和尊重。美国多元文化教育学者贝内特就此指出："在全球化的时代背景下，多元文化教育应当致力于在一个彼此依存的体系中培植起一种体现着多元文化主义的思想观念与实践活动"。因此，英语多元文化教学应涵盖文化、交际、种族、差异、合作等多元主题，包含广泛的信息和现实内容。除了主流作家的作品和主流文化的相关内容，教学也应该适度引入其他族裔作家和反映不同文化群体的信息，使学生对英美社会和文化有较全面、深入的了解。

（二）本土文化平等性原则

美国教育学家克拉姆契（Kramsch）认为，在精通母语文化、学习目的语和了解目的语文化的基础上进行有效的交流是体现跨文化交际能力的关键。母语文化在很大程度上是文化平等交流的保证，是实现跨文化交流中必不可少的一方。母语文化不仅有利于培养学习者的文化批判意识和塑造自身文化身份，而且可以在跨文化交际中传播和弘扬民族文化，避免英语强势文化造成的文化霸权和本土文化失语现象。多元文化教学应在英语文化和本土文化的比较、互动中实现多元性质的文化教学。具体而言，就是在教学中以英语文化为主，适度导入汉语文化，特别是中国优秀传统文化。汉语文化导入应主要涵盖传统哲学、人文伦理、传统习俗、文艺建筑等方面内容。例如儒道思想（Confucianism and Daoism）对传统价值观、伦理观的影响；传统节日中体现的风俗习惯、生活方式、饮食文化等；历史名胜中蕴含的人文艺术，等等。学习者需要掌握中国文化的基本表达方式，重视本土文化知识的输出，在理解本土文化的基础上认知和辨析英语文化。此外，汉语文化导入教学在一定程度上可以帮助学生改变文化负迁移现象。文化负迁移是指二语习得者在用第二语言进行交际时，不顾两种语言在文化背景、思维习惯、行为规范和价值取向等方面的差异，将母语的语用模式机械地套用到目的语中进行语言交际的现象。例如 White horse prince（白马王子）、The red pocket（红包）等典型的汉语思维翻译案例。汉语文化导入教学可以使学生在英汉文化的关联、对照中理解、体会两种语言思维方式和表达习惯等方面的差异，避免汉语语用模式的生搬硬套。

（三）语言、文化、交际三位一体原则

美国文化教育学者莫兰（Moran）提出的能力结构理论将个人能力分为语言水平、交际能力、文化能力、跨文化能力、跨文化交际能力。其中，语言水平可谓是基础，跨文化交际能力是目标，而文化能力正是连接两者的核心。一方面，语言和文化不可分割，语言表达、体现和象征文化现实。同时群体性经验、思维心理等文化因素又在规范和发展语言的特质；另一方面，语言、文化能力又是成功交际必不可缺的支撑。跨文化交际不仅需要良好的语言综合运用能力，而且需要母语和目的语的文化知识和人文素养。因此语言教学、文化教学与跨文化交际教学应该是相互依赖、互为补充的关系。英语多元文化教学模式正是主张语言、文化、交际三位一体的教学模式，突破了现有的语言课教学和文化课教学的两分法。在教学中，适度的文化知识有助于学习者对英语基本表达和文化主题相关表达的认知和掌握，为跨文化交际奠定坚实基础。而交际行为在模拟的文化情景中促进学习者得体运用语言和加深对文化的理解。因此，语言、文化、交际三位一体教学可以有效避免语用错误和交际失误，也就是对语言规则和交际准则缺乏了解而导致的失误和文化价值观和思维方式的差异所产生的交际失误。

三、多元文化教学模式的教学方法

英语多元文化教学模式主要借鉴了人文主义教育思想和任务型教学法，强调教师主导作用和学生的主体性，既重视文化意义和文化交际，又强调学习者的能动建构和情感观念。在教学实践中，阐释法、探讨法和情景任务法是三种主要的具体教学方法，常常被综合运用。

（一）阐释法

加拿大学者史密斯在《全球化与后现代教育学》中指出阐释是对事物和现象的解释，而非判断和结论，学习者应自己去理解、体会和解读。英语多元文化教学的文化阐释主要依据教师的任务设定，采取由学生个人、小组做相关文化主题展示或教师介绍的形式。学生展示既要符合教师预定的任务要求，也应补充和学生自己兴趣相关的文化内容。文化阐释一定要具有针对性、适度性和启发性，使学习者有参与讨论、模拟交际和自我阐释的空间。以美国文化教学为例，美国文化包含了世界上多民族、多种族的多元价值和思想，但又始终以盎格鲁—撒克逊的白人文化为核心。因此，美国文化的学习应在了解美国历史的基础上，进一步挖掘和阐释美国白人文化与其他少数族裔文化的关系，以此才能全面地理解美国多元文化的现象。此外，阐释法的课堂往往容量较大，涵盖大量的属于认知性内容和知识性信息。因此，文化知识的介绍和阐释也要注重系统化、条理化、清晰化。文化阐释常常用于课堂文化导入和介绍阶段，也可分阶段、有序渐进。阐释的文化内容以专题介绍、材料阅读、影像资料展示、文化事件解读等多种形式展开。

（二）探究法

英语多元文化教学模式强调以学生为中心以及学生文化与语言知识的能动建构。根据人文主义教育思想，语言文化的学习应该是学习者主动参与，积极建构语言文化输入和个性化

知识结构的过程。因此探讨法将有助于促进学习者主体作用的发挥。学生在教师的引导下，围绕价值观念、社会准则等文化议题积极思考和想象，发表有创意的个人见解。通过运用举例、分析、评价、比较、综合、总结等手段，学生既加深了对所学内容的理解，提高了英语表达能力，同时也锻炼了逻辑思维能力。此外，文化探讨应将本土文化适度导入，对比母语文化，分析语言结构与文化内涵的差异，培养文化异质性和同一性的认识。例如在探讨美国清教主义时，教师可以适度导入中国传统文化的儒家思想进行比较。以孔子为代表的儒家思想者重"大我"而轻"小我"具有集体至上、国家至上、民族至上的集体主义（collectivism）价值取向。而源自清教主义的个人主义（individualism）则推崇个人的追求和奋斗、提倡个人荣誉感和个性自由等。但在文化差异中，两种文化也具有相似之处。儒家同样倡导谦卑、守信、勤俭等价值观念；儒家的仁爱思想提倡人与人之间要互爱、互助、彼此尊重，与西方的人道主义精神基本一致。因此，文化的对比探讨旨在求同存异（Agree to Disagree），培养学习者对文化的理解、认同以及对文化差异的适应。

（三）情景任务法

情景任务法是综合情景教学、交际行为和任务设计的教学方法。它要求学习者用目的语进行阐释、操作和交际，完成预设的任务。教学依据各种文化主题和模拟的情景展开，学习者在对话、角色扮演和行为调整中进行交际和情景演练。情景任务法创设语用、交际、文化的机会和环境，让学习者从实际经验中学习语言、文化知识，亲身体验文化。例如在讨论儒家思想之后，教师可以设计一个文化研讨会，以探讨儒家思想和美国清教主义对中美文化各方面的影响为任务。学生扮演不同文化背景的角色，角色之间以及角色和观众（其他学生）之间运用问答或表演的方式形成对话和互动。情景任务强调语言的交际功能、语用功能和社会功能，有助于学习者语言综合运用能力的提高。学习者在尊重和理解目的语文化的价值观念、社会习俗、思维方式的基础上，调整语言行为，处理文化差异，有利于跨文化交际能力的提高和情感观念的培养。

英语文化教学是外语教学体系改革中的一个方向，面临着课程体系，课程设置、教材建设等相关问题。英语文化教学需要构建一套完整的教学体系，多元文化教学模式是在教学思想和教学方法方面进行的探索和尝试，还有待于外语教育各方人士的进一步参与和完善。

第六节　文化教学在中国的发展前景

随着各方面实力的发展，中国某种意义上成为"未来"的代名词，吸引着越来越多的外国人来到中国学习汉语，但是我们作为汉语传播者，应该敏锐地觉察到这背后的根本原因是源自他们对中国文化的喜爱。所以，对外汉语中的文化教学应该引起足够的重视，我们应该意识到文化教学对汉语文化背景下的交际，语言要素的学习，学习兴趣的保持和提高以及消除文化差异的负面性都有积极的，多方面的作用和影响。随着学习的深入，文化的地位将更加的凸显出来。为了能不断地提升我们国家的文化"软实力"，更好地向世界传播中国文化，我们必须重视文化教学，把它放在教学过程的中心的位置，真正地意识到文化教学在对外汉语教学中的必要性。

一、交际基于一定的文化背景

我们对外国学生进行汉语各要素的教学，希望他们写得好汉字，读得准发音，听得懂对话，其实终极目标就只有一个，就是培养他们能够正确使用汉语进行交际的能力。但是，我们发现，如果对一个留学生只进行要素教学而没有文化教学，那么即使他对汉语语音、词汇、语法和汉字都掌握得很好，依然会在日常和汉语使用者的交际中出现各种各样的困难。出现这种现象的原因是任何跨文化交际都基于一定的文化背景。交际中的一些内容并不是简单通过要素教学就可以理解的，比如中国人在祝寿时常常会说："寿比南山"，并且赠送桃子，如果外国学生不了解这里的南山和桃子在中国文化里均蕴含着健康长寿的含义，那他一定会陷入困惑，陷入交际的障碍。为了避免出现诸如此类的误解，这就要求老师要对学生进行适当的文化教学，甚至是使用学生母语进行深入解释，使学生准确地了解语言背后的文化背景，在学会四要素的基础上活学活用，学会融会贯通，积累丰富的汉语文化背景知识，真正地知道如何避免出现的交际文化差异的问题。因此，文化的教学则显得尤为必要，还需要大家持续的努力和提高。

二、语言和文化不可分割

爱德华·萨丕尔说过："语言背后是有东西的，而且语言是不能脱离文化的。"吕必松先生也曾经说过："从语言学习和语言教授的角度研究语言就必须研究语言和文化的关系。因为语言理解和语言使用都离不开一定的文化因素。"两位具有不同母语背景，又在不同文化背景下成长起来的著名语言学家在文化和语言的关系上看法不谋而合，这就让很多汉语教师发现了文化对于语言的必要性。世界上任何一种语言都植根于那个民族特有的文化土壤中，其文字，词汇和语法都是表现形式之一，如果刨去文化的根基，对其任一方面的理解都是不全面的。语言是文化的载体，所以毫无疑问文化对语言的限制性是不能忽略的。泱泱华夏几千年历史，我们的文化伟大而又璀璨，对我们的汉语完备和发展起到了重大的推进作用，这就要求我们在对其他国家的人们进行汉语教学的时候必须意识到语言文化不可分割这一点，语言教学和文化教学要双管齐下，二者应该相辅相成，互为表里，打破以往汉语教学中忽略文化教学的陈旧思维，强调文化教学在对外汉语教学中的必要性和重要地位。

三、文化是吸引学生兴趣的主要因素

笔者在本节开篇的地方提到过，现在的中国在大踏步地向前发展，世界各地的人们主动接近中国，喜欢上中国并不仅仅是因为商业或者政治等因素的要求，不得不学习汉语来交际。更多的情况是因为他们对精彩多样的中国文化产生了浓厚的兴趣。中国丰富的节日文化，天南地北的饮食文化，源远流长的服饰文化，讲究礼法的家庭文化，都为外国人打开了一扇新世界的大门，吸引着他们想要来学习汉语，想要融入中国。任何一种学习，有了兴趣就有了源源不断的动力，也更容易成功。所以，我们应该对症下药，加强文化教学，让学生了解知道一些汉字和词汇背后的文化因素，让他们知其然也知其所以然，真正地学会如何使用而不是简单机械的记忆。文化教学可以提高学生学习的自发性，当他们明白了现象背后的文化背景时，往往会很有成就感并且愿意发散思维去自己探索，最重要的是他们对汉语学习会更有信心，这对整个对外汉语教学的过程来说是十分宝贵的。而汉语教师想做的也是培育和提高学生学习汉语的兴趣和热情，所以，文化教学的必要性在这个时候又是显而易见的。

四、消除文化差异的负面影响

当一个人离开自己的国家去往其他国家，失去了熟悉的语言环境和文化氛围之后，很容易进入跨文化交际常常提到的挫折期。外国留学生来到中国后由于语言不通再加上进入一种迥然不同的文化氛围，经常会感到孤独和不适应，比如说外国同学常常会在生活中被问到"你多大了""有男朋友吗""一个月的收入是多少"等诸如此类的问题，这会让他们感到极其的不适应甚至是反感。而导致这种情况究其根源通常是文化的差异导致的。所以在汉语教学中，在汉语基本知识传授的基础上，更应该值得重视的是文化知识的教学和传播。我们应该仔细地阐明中国多种多样的文化，主动与其母语国文化进行对比性教学，让学生了解二者中间的差异，感知中国的传统思想和道德标准，体味中国人特有的审美意象和世界观，熟悉中国的普遍文化思维，借此来消除因文化差异产生的挫折感和隔阂。当外国人经过文化教学后，了解到中国人问到以上例子中的问题不是为了窥探隐私，而仅仅是一种客套的寒暄或为加深关系寻找更多话题的行为，那他们也就很容易理解，并且可以用中国人的方式模糊地回答这些问题，这样，既学会了目的语文化背景下的交际方式，又避免了暴露自己的隐私，是一种良性的学习状态。因此，为了让外国人更好地融入中国的环境，文化的教学是必要的而且需要循序渐进地坚持下来。

综上所述，文化教学对整个对外汉语教学的影响是多方面的，它本身也是外国人了解中国走进中国的一个重要的途径。充分地使用文化教学，不但可以让留学生更好地用汉语进行交际，还可以帮助他们更好地掌握语音、词汇、语法和汉字的学习。语言是文化的载体，文化渗透于语言，所以加强文化教学能很好地保持和增加学生对汉语学习的兴趣，又能消除文化差异带来的距离感，可以说是一举多得。对外汉语教学不是普通的汉语教学，它承担了更多文化交流和文化传播的使命，所以文化教学是必要的，也是不可替代的。语言文化应该一体化，将文化教学贯穿于整个语言教学始终，给予其足够的重视，才能让外国学生在一个良好的学习氛围下接受熏陶，从本质上认知汉语，并且学会更好地在生活中交际，感受中国文化的魅力。

第二章　外语教学中的文化教学

第一节　外语教学中的文化教学理论

保持大学英语文化教学中的生态平衡，需要提高大学生英语口语的输出能力。语言是文化的载体，要学好一门外语，必须了解其文化。因此，大学英语教师要多给学生提供口语练习的机会，帮助大学生提升自身多元文化素养，达到大学英语文化教学中的生态平衡，从而培养高素质外语人才，提升我国文化软实力。

一、英美文化对掌握英语所起的作用

语言是文学作品组成的基本要素，是寄托作者人生志向和思想情感的载体，每一部文学作品不仅表现人生体感的文化特征，而且隐藏了民族的思维方式、价值观念和独特的意识形态。想要了解欧美文化，阅览英美文学作品是一个有效的重要方法，通过英美作品的阅读，可以直接感受到蕴藏在语言背后的文化底蕴，也就是西方文化中固有的思考方式、价值观念和评判视角。欧美作品中时刻刻展现了本土人民对生活的审美意识，是欧美人民充分运用英语制造而成的重要产物。英语本身具有极强的表现力，语法结构变化多样，有时温婉，有时含蓄，有时狂野，有时奔放。这些多变的语言风格和构造，在欧美文学作品中通过作者的手笔充分地展示出来，也正是作者的手法将英语本身的魅力得以衬托。欣赏欧美文学作品，读者可以享受到英语变化多样的词汇和似音律般的规律之美，阅读之后还会让读者回味无穷。所以，开展欧美文化阅读，不仅可以开阔学生的眼界，帮助英语学习者了解更多的异域风情，还可以帮助英语教师丰富教学内容和教学模式，从而提高外语教学团队的整体专业素质。除此之外，学生在了解英语文化之后，会更好地把握英语学习技能，掌控英语学习技巧。教师与学生共同进步才会推进我国英语教育事业的继续前进。

二、语言和文化的关系

语言和文化之间有着密切的联系，两者相生相依，相互影响。在人类看来，语言不单单是一系列符号体系，人类本身的交流过程告诉人类，语言需要长期的发展与改进。在很长时间以来，大多数人认为，只要掌握了语言的语法、词汇等，就可以毫无障碍地进行交流与沟通，实践证明，这种想法是错误的。从语言教学经验来看，掌握语言的语音、语调、语法等是学习语言的基本要求，但与此同时，还要知道掌握一门语言的目的并不仅仅是掌握该门语言的基本要素。所以英语教师在教学过程中提高学生英语交流能力的同时，还要让学生对欧

美国家的文化底蕴有所接触，根据不同的语境、课题、文化背景合理运用语言。其实，根据中国英语学习者的学习经验来说，他们的英语交流能力最终和英语文化的接触程度有很大的关联，也就是他们的跨文化交际能力。

三、文化体验式教学的体现

（一）在教学内容上的体现

对于民族来说，其语言文化常常被划分为两个层面：第一层面是所指，第二层面是能指。就所指而言，主要是指民族语言文化中最为外在的内容，所以也就可以将其看作是显而易见表现在外的特征。就能指而言，主要是从民族语言的内部特征上来界定，存在着隐藏的属性与内容。而对于体验教学来说，就是将这种隐藏的内容通过有效的利用来加强文化上的交流。所以对于大学外语教学来说，就要将词语文本与文化情境等方面联系在一起，帮助学生理解与掌握好西方的文化知识，从而对英语语言产生更为深刻的认识。因此，可以说大学外语教学在文化体验教学模式的影响下，可以实现更好地发展，同时也可以成为文化之间交流的重要目标。

（二）在教学过程上的体现

教学过程也是文化传播的一种重要方式。从文化自身的角度出发，文化传播也存在着隐性与显性的特征。在文化传播的过程中，隐性与显性也是相互作用与影响的，可以共同促进文化传播的发展，增强文化交流的效果。就显性文化传播来说，该形式比较简单，教师在开展课堂教学的过程中，学生可以从自身的理解出发来掌握好这一内容，这也就成为显性文化传播的重要方式，所以也具有直接与直白的特点。对于隐性文化传播来说，则要在一定的情境下才能实现，也就是常说的将文化体验融入文化的内部中去，在此情境中提高学习与体验。所以对于隐性文化来说，可以培养好学生的价值观，同时也可以帮助学生端正学习的态度。因此，教师在开展大学外语教学的过程中，就要做好体验文化的教学工作，增强教学的质量与效果。

四、大学英语文化教学中生态失衡的对策

（一）注重英语实际运用能力，去除应试思维

要想促进大学英语课堂生态平衡化，首先要去除传统应试思维的影响。我国的很多工作单位都把英语四、六级证书当成衡量学生英语水平的标准，这导致英语课堂也致力于提升学生的应试水平。然而，一纸证书并不能证明什么，要更关注学生的英语实际运用能力。教师要减少教学内容中的应试成分，取而代之的是更多的日常交流所需要的技能，从而提升学生的口语表达能力，让学生真正学好外语，能够流利地用外语进行交流，而不是只会笔头功夫。

（二）重视课堂的跨文化交际作用

学习语言的目的在于运用语言进行有效交际。英语作为一门外语，不仅需要掌握其语言基础，具备听说读写译的技能，更重要的是能够熟练运用其作为与不同国家的人们交流的工具，也就是具备跨文化交际能力。但是，在传统的大学英语课堂中，教师只注重培养学生听

说读写译的能力，导致学生对外国文化不了解，从而致使现实交流中频频出现表述错误。为了改善这种情况，教师可以在课堂中播放一些外国原版的电影或历史、生活文化等方面的纪录片或是一些介绍外国习俗和节日等文化知识的视频，从而帮助学生拓宽视野，了解不同国家的文化差异，树立跨文化交际意识，提升自身的跨文化交际水平。

（三）为学生构建出真实的文化环境

在大学外语教学中融入文化体验式教学，已经成为重要的教学方式之一。其中最主要的做法就是把真实的文化情境融入课堂教学中。通过实践可以看出，只有构建出真实的文化环境，才能让学生感受到文化的影响，同时也可以真正地参与到文化中去感知与认识优秀的文化。因此，这种教学方法可以有效加深学生对文化知识的理解，增强学生的实践体验。只有在真实的文化情境影响下，才能促进文化体验教学的顺利开展，保证外语教学的效果可以满足实际的需求，让学生更好地参与到英语学习中去。

（四）突出学生的中心地位

在传统的大学外语教学中，教师往往过多地对语法知识或是句式等方面进行详细的讲解，这样也就使得课堂教学氛围十分枯燥与乏味，甚至使得学生逐渐丧失了学习的兴趣，教师也只能自己讲。而对于文化体验式教学来说，就是要不断突出学生的主体地位，采取正确的方法来引导学生，鼓励学生主动参与到学习中去，同时还要不断地激发出学生的学习热情，让学生产生主动探索知识的欲望。只有在这种学习兴趣的影响下，才能帮助教师更好地开展教学工作，促进学生的学习。对于教师自身来说，也可以在开展课堂教学以前给学生提出相关的任务，让学生查阅一些资料，提高学生主动探索知识的热情，从而确保课堂教学的顺利进行。在这种文化教学与语言知识教学并行方法的影响下，教师可以规避传统教学模式存在的弊端，让学生从被动的学习状态中解放出来，激发学生的学习热情，提升学生的学习效果。

第二节　外语教学中的文化教学目标

语言作为文化传播的工具，与文化关系相辅相成，高校英语教育要从单纯语言培训向语言语境文化过度，传授语言技巧的同时，将语境文化背景一并输出，让学生能够熟悉语境规则和规律。目前我国正处在高速发展时期，英语作为国际交际用语不可或缺，因此，各高校应该将语境文化教育重视起来，让语言和语境文化携手走进课堂。

一、大学外语教学中文化目标导入的必要性

在传授语言知识时，明确文化语境与语言的关系。教师在教学中导入文化背景知识，让学生在学习语言时了解相关民俗文化及其民族传统，拓展所教授语言的可接受范围，提升学生对异域语言知识学习的敏感度。

高校外语教学是为学生跨文化交际打基础，跨文化交际中语言交流包含交流对象民族文化、传统、习俗等综合性知识。高校外语教学应不局限在某种专业知识的传授，应以学习后，在国际语境下适应经济文化发展，在交流为前，综合特定语境解析能力对英语实践应用进行培养。高校外语教学在确定教学任务时就应该明确英语学习目的是培养跨文化交际，国际化

交流语境中听说解析能力。如果没有相关文化背景知识作为听说解析条件，那么翻译一词就显得空洞苍白，所以，高校外语教学必须要导入相关文化符号，作为学生学习英语的重要手段。高校英语不能只是作为必修课传授，而是应该站在拓宽学生视野、拓展他们学习语境的文化素质教学课，应该具备英语语境的社科以及人文等相关词条的渗入。

二、大学外语教学中文化目标导入存在的问题

（一）教材时滞性问题

高校所用教材按照教学大纲编制，随着高校新教学大纲的制定，高校英语课本也有了些变化。但增删内容跟不上时代变迁节奏，明显存在与时代脱节甚至是拖后腿的迹象。受传统教学理念影响的我国英语教材编写的周期比较长，时滞性弊端得不到有效解决，因此，教材的滞后性制约了校本课程的灵活性发挥。尤其是目前尚在使用的第四代教材，教材载体的发展趋势已经呈现出媒体化、立体化，多样化的态势，但教材资源的开发利用缺乏情境支撑，只注重主要教材，对听、说教材不够重视。而大学英语必修课程的定位存续价值对教材时滞性问题的影响，学生对已存在课程结构和教材内容的兴趣索然，导致学习效率和学习质量受到影响。因此，高校英语教材要紧跟时代节奏，适时更新内容，以保证学生在面对教材时存在一定程度的新鲜感和神秘感，激发他们探索新知识的欲望。

（二）教师教学过程中的文化导入意识不强

目前，我国教育还处在沿袭应试制度，学业以分数评判优劣阶段。衡量学生优秀的基本标准是考试结果，衡量教师工作业绩的基本标准是学生成绩。因此，高校英语教师任务以辅导学生们通过英语四、六级考试为主要教学目标，甚至有些高校将此作为教师的工作业绩和学生获准毕业的硬件条件。因此，严重影响了教师课堂上导入文化信息的兴趣和积极性。虽然文化和语言二者不能分割，但业绩考核的约束，学生及教师都不会用多余时间主动学习。同时，部分英语教师对英语语境文化背景熟稔在心，自认为对语言专业知识有足够储备，但相对语境文化知识的陌生，很难让他们做到在课堂上针对相关语境导入文化知识。

（三）学生文化接受意识不强，出现认识偏差

我国各级教育机构大都将外语教学视域放在语言基础功能的培养上，例如：语法、单词、语句使用等。从基础教学开始就僵化了英语语境学习，使得外语教学存在全国大致一体地注重语法、单词等的模块化。知识把英语作为一门语言形式传授给学生，只是通过各种听说练习，增加学生考试结果的分数，忽略相关语境文化知识的创博。没有语境知识辅助的语言学习缺少被接受的灵活性和主观性。而高校英语学习，也使得学生在考试和各种英语考评中钻入题海，以死记硬背应对教学大纲制定的考评结果。这样就让学生们感觉不到学习的乐趣，把英语作为一种语言从相关语境文化剥离出来，本质上没有认识到英语不仅仅是一种语言，而是在相关语境文化背景下进行跨文化交际的实用工具，英语作为语种是综合门类的知识而非是语言。

（四）教学条件有限

各大高校硬件环境设置不尽相同，诸多高校虽然在经济大潮和信息时代的影响下，为改

善教学环境做出了努力，但还是有部分高校没有为外语教学环境配备必要的与时代接轨的硬件设施。比如信息时代的互联网及随之升级的互联网＋技术，这些技术设施和措施可以让教师在课堂上导入文化背景信息事半功倍。互联网的兴起为教师在课堂上运用图片、声音以及与外界信息同步化提供技术支持，可以用声光电以及数字多媒体等等技术手段导入文化背景信息。但由于教学条件限制，目前，我国部分高校还只是依靠黑板和粉笔等较原始的工具做导入文化信息的工作。

三、大学外语教学中文化目标导入的创新途径

新世纪后，我国社会经济和国家语境的全面发展，为高校英语课堂培养跨文化交际人才提供更多改革创新的实践机会。依靠跨文化交际对大学外语教学中文化导入改革创新，是当前教育改革发展的主要途径，国家的整体发展也终将带动整个学科的进步。

（一）文化导入教学时代化，教材内容及时补充更新

教材的与时俱进以及内容与时代脱节都是客观存在的必然现象，改革后，教育主管机构已经在教材更新方面做出努力，高校教材更新改革的探索一直未曾停止。教材更新与教师应用反馈有着密切关系，高校英语教师应该把教学视域放大到时代格局中，适时地在课堂中更新语境文化信息，如：不同时期的电子邮件与传统信件，承担人文、社科等任务具有时效性，只有让学生理解课文中传统邮寄信件的重要性，才会提高学生的接受能力。在人类历史发展中，信件作为异地沟通唯一媒介，为亲情、友谊、爱情做出不可磨灭的贡献。而信息时代电子邮件同样承担部分交流沟通的责任，但传送速度和时间的不同，与传统信件存在本质区别。教师在课堂上加入信件在当时语境的文化信息，为学生理解文本所承载的文化信息和所学语言所指提供相关教学内容。

（二）提升教师自身专业素养，加强文化导入意识

高校英语教师在信息时代，应与时俱进加强自身业务修养水平，正确对待课堂及英语教育改革中出现的问题。如：在设计提高专业素养课程内容时，可根据课程进行时段的人文社科信息加以利用，在圣诞节时，将中国的春节与圣诞节的内涵文化进行对比，了解节日的性质、功能、相关人物带来的文化信息以及文化地位和作用。在课堂上为学生导入这些文化信息，可以激发学生学习的主观潜能。提升个人素质时，可以利用新媒体素材的英语电影、图片、音乐、PPT、文学等文化资源，运用科学手段引入课堂之中，展示英语文化的多样性和内容的趣味性。以此作为基础，加大对教师自身修养力度培训，不能单纯依靠教师自身力量进行教育试行改革。应通过教师反馈，及时更新教材内容，丰富课堂教学内容，导入文化与英语语言教学同步进行。

（三）认清社会发展趋势，正确树立学习目标

语言与文化之间的关系密不可分，因此，教育不应该追求高分而放弃对文化信息的接受和存贮。摆正学习目姿态，为走入社会实践能用而学，以学习目的的主观学习可以激励学生客观学习的能动性。如：国际化经济发展带给我国的商机很多，顺应时代发展需求，大学英语的学习可以为日后工作中与外商外企的合作交流打下基础。因此，了解并尊重对方风俗习惯、文化语言沟通禁忌等方面的内容，可以为商务交际中的合作成功打下良好基础。可见认清社会发展趋势，正确树立学习目标，不能把英语只作为考试项目，应将其作为跨文化交际

的工具进行学习。

（四）努力创造条件，充分合理利用各项资源

硬件设施限制教学条件，本质上影响英语教师在课堂进行文化导入的教学模式。因此，英语教师利用现有教学条件进行导入文化信息的教学模块的同时，利用网络、图书馆、英语角等平台鼓励学生参加英语语境色彩的课外活动，充实相关语境文化知识不足带来的欠缺。如：大学英语教材中有一句：He can be realized on.He eats no fish and plays the game. 面对人是否可靠和不吃鱼及玩游戏有什么关联带来的困惑，教师可以通过导入文化引导学生理解内含典故和相关英语文化，理解其真正含义。

高校英语教育要能够做到在课堂上向学生传授语法单词语句在不同语境中的使用方式，从个人文化素养和所学知识应用以国际化为标准的原则设计课标。教师应先提升自身文化修养，然后在课堂上导入文化元素，让学生们领略异域语境以及语言的文化魅力。让学生们成为具有综合性知识的人才，迎接即将面对的人生挑战。

第三节　外语教学中的文化教学内容

随着英语的工具性愈加突出，在当前大学英语的教学中，教师不仅仅是教授学生对于英语的听说读写，还要让学生重视跨文化的交流沟通能力，这样才能够跟上时代的脚步。但是根据当前大学英语的教学情况来说，学生十分重视对外交流能力，在学习英语中花费了大量的时间与精力，但是仍然缺乏在实际中英语的交流应用能力，而且对于中国文化并不能给予足够的学习时间与精力，因此需要通过在大学英语的教学中融入中国的文化内容来解决这个问题。本节探究了在大学外语教学中融入中国文化内容的必要性以及在大学外语教学中融入中国文化内容的措施。

一、在大学外语教学中融入中国文化内容的必要性

首先，学生民族的自豪感得以增强，教师要在英语课堂中渗透中国文化内容给学生，使学生的民族自豪感以及爱国情感被激发出来。其次，可以使学生跨文化的沟通交际能力以及对于英语的学习兴趣有所提升，学生在课堂上可以通过英语讨论中国的热点问题，活跃课堂气氛，也使学生的学习效率有所提高。最后，教师要对于中国文化进行有效的输出，教师要使学生传播中国的文化给全世界，加强学生对于中国文化的学习，使中西文化交流的逆差被逐渐扭转。

二、在大学外语教学中融入中国文化内容的措施

怎样在大学英语的教学中融入中国的文化内容，实现中文与英文共赢的局面，这就与文化的导入方式息息相关。英语教师在大学英语的教学中要使自己的教学观念有所改变，充分尊重学生的主体地位，使教师主要通过讲的教学模式有所改变，为学生创建一种自由开放轻松地学习环境，为学生自觉地获取中国文化的内容提供多种途径。学生根据自己的体验更加

深刻直接地感受到获得的知识，对于学生跨文化的沟通交际能力的提升十分重要，详细教学方式如下。

（一）情境表演的教学方法

在英语课堂的教学中教师让学生在一个虚拟的情境中扮演其中的一个角色，使学生完成教师交代给学生的任务就是情景表演的教学方法。在虚拟的情境中学生运用语言展开的交际活动，体验在跨文化的沟通交际过程中所遇到的问题，并且能够科学合理地使这些问题得到有效解决。情境表演的教学方式让学生愉快地学习文化的知识，教师组织学生在自己创设出的具有文化特点的交际情境中进行角色扮演，在表演的过程中使学生体会到中西方关于文化的差异。举例说明，教师可以选择几个人扮演来自中国以及说英文国家的人，教师可以要求学生在短剧中依据自己所扮演人物的国家文化，呈现出不同的语言与状态，对于对方不同的行为以及不同文化现象做出最真实的反映，使观看的学生以及表演者通过观察与表演调动他们的真实感受，使观看的学生产生共鸣，引发学生进行思考。在模拟的情境中，学生不仅得到了强化与锻炼，深入了解了中国文化与西方文化，还使自身英语的交际能力得到了提升。

（二）多媒体的教学方法

电教设备通过视频、图像以及声音给学生呈现出文化的内容，以便学生能够更好地掌握理解所学的知识。多媒体的教学方法可以使传统文化的教学方法得到弥补，不仅能够生动直观地展示出枯燥抽象的文化理论，使学生更容易理解知识，教学质量得到了有效的提高，而且，多媒体的教学刺激了学生听觉以及视觉，对于吸引学生的注意力与激发学生的学习兴趣都十分有帮助，这样学生就会全面地理解学习内容。举例说明，教师在讲解中国的饮食文化时，可以在多媒体上播放中国的美食图像，让学生大概了解，再播放西方的美食图像，让学生进行对比，并通过英语表达出两者的区别。教师还可以通过多媒体在课上播放一些有深度的能够反映出中西方文化的电影供学生观看学习，培养他们对于中西方的文化兴趣。

（三）应用主题的教学方法

由于在大学英语的教材中，中国文化的内容较少，因此造成中国文化的缺失，要改变这种情况，教师不仅要对英语教材中已经存在的中国文化内容进行挖掘，还要选择一些具有中国文化特色的现象，通过主题的形式对比教师先前让学生收集查找准备的相关主题的中西文化资料，教师可以为学生提供英语文化的书籍或者语言文化的网站供学生作为查找收集资料的参考，防止学生因为查找资料而导致时间以及精力的浪费。学生收集资料以后，教师组织学生分组在课下进行讨论分析，课上可以通过任何形式将结果展示出来。学生在讨论的时候教师要合理掌控时间，对学生进行密切观察，学生遇到的难题教师要随时帮助解决，避免主题偏离或者中文的使用有所偏离这种情况发生。

综上所述，在大学英语的教学中融入中国的文化内容十分重要，可以帮助学生提升英语交际的综合水平，并且成为现阶段大学外语教学中的教学目标，由此可见，在大学英语的教学中融入中国文化内容能够促进学生英语交际的综合能力的提升。由于中国文化是母语，学生要想学好英语就要先学好中文，尽管中国文化与西方文化存在一定的差异性，但是却能够互相弥补，学生在累计西方文化的时候，也不要忘记对于中国文化内容的积累，这样才能够使自己的交际能力得到培养，对于提升学生的综合交际能力是十分有帮助的。

第四节　外语教学中的文化教学必要性

　　语言不是孤立的，它深深扎根于民族文化之中，并且反映该民族的信仰和情感，因此，语言既是文化的一部分，又是文化的载体。既然语言与文化是密不可分的，那么在语言教学中就不可能不进行文化教学，这一点早在 20 世纪 40 和 50 年代美国语言学家 Fries 和 Lado 就曾经指出过。1972 年 Hymes 提出了交际能力观，此后，国内外学者对于交际能力，尤其是跨文化交际能力的讨论就一直没有间断。随着讨论的深入，在外语教学过程中把语言教学与文化教学相结合，培养学习者的跨文化交际能力已经成为广大外语教师的共识。但是迄今为止，无论是笔者的所见所闻，还是见之于报刊的调查研究都表明，中国学生的跨文化交际能力不强，高分低能的现象普遍存在。本节拟从理论和现实两个方面来进一步论证大学外语教学中文化教学的必要性和迫切性，并针对目前我国大学外语教学中存在的问题，探索、总结出一些切实可行的途径，有意识地寓文化教学于语言教学之中，从而在提高学生语言能力的同时，更加注重提高学生的跨文化交际能力。

一、大学外语教学中跨文化教学的必要性

　　在大学外语教学中进行文化教学是外语教学的本质属性和内在规律，不仅有充分的理论根据，而且也是现实的迫切需要。

（一）理论根据

1. 语言的文化性

　　语言是人类在长期的劳动生活文化创造活动中产生的，它既是文化的重要载体，又是文化的重要组成部分，两者互相依存，密不可分。语言作为表达、记录、传承社会文化生活的工具之一，不可避免地被打上所依存的文化的烙印。任何语言都体现着该民族的风土人情、文化习俗及历史的演变和发展，辉映着文化思维、民族心理、人文历史、社会价值，也蕴藏着该民族的人生观、生活方式和精神世界。很多语言学家们对于语言的这种文化性都有过非常精辟的论述。如美国语言学家 Sapir 曾说："语言不能脱离文化而存在，就是说不能脱离社会流传下来的，决定我们生活风貌和信仰的总体。"英国著名的翻译理论家 Bassnett 也曾比喻说，文化是躯体、语言是心脏，躯体与心脏相互协调才能使人充满生机和活力。董亚芬指出，"任何一种民族语言都是该民族文化的重要组成部分和载体。在语言材料中，篇章、句子甚至每个词无不包含着本民族的文化信息。"王开玉总结说："语言不仅是在一定范围内社会约定俗成的语言符号和书写符号，它还反映使用该语言的地域特征，经济发展，风土人情和社会风俗。因此，可以说语言反映社会文化，同时又受到社会文化的制约。"综上所述，在语言教学中不论及语言的文化背景知识，就无法解释语言。

2. 外语学习非语言环境的制约

　　语言是思维的工具，是客观世界的映像，是一种社会现象。任何人的成长都必须处于某个特定的社会环境之中，并与同居于一个语言群体的那部分人共同拥有一个社会环境，而这个社会环境是以特殊的方式通过母语构建起来的，即语言环境。儿童习得母语的过程是一个

人的社会化过程，是人与社会环境无意识触发的过程，是自然的。如生活在英语文化环境中的儿童就能学会说英语，而生活在汉语文化环境中的儿童就能学会说汉语。然而与母语习得相比，外语学习却面临着一个无法回避的制约因素，即非语言环境的制约。由于外语学习被置于一个与其社会语言事实相异的环境之中，语言习得的社会因袭性程式和自然流程被打破或中断，没有其文化的浸染与熏陶，没有其社会的孕育与滋养，语言与其所依存的社会环境相互隔绝，外语学习陷入非本土文化的氛围之中，因而，葛宝祥认为，"这种语言习得社会化的先天不足不仅更加凸显了外语学习的文化性的必要性，同时也释解了强化非语言环境中外语学习的文化性是弥补这种先天不足的目的语文化、缩短学习主体的社会与心理差距感和陌生感，避免语用功能边缘化和形式化、实现语言的社会功能的唯一合理现实"。

3. 母语文化迁移的影响

王晓军指出，中国的外语学习者不可能像儿童发展第一语言能力那样完全依靠潜意识的、非正式的受语言环境潜移默化的方式去培养外语能力，他们一方面受到非语言环境的制约；另一方面又受到自身母语的影响，即在与大量的目的语和母语接触中吸收语言材料，形成双语互动，从而造成母语迁移现象。刘润清说过，"学习外语时，完全脱离母语是不可能的。语言之间有些普遍现象，不参考母语，不与母语对比，会造成莫大损失"。事实上，外语学习者在学习外语的过程中都自觉与不自觉地要将外语与其母语做对比，试图找出其相似之处和不同之处，从而加速外语与外语文化的学习。

从语言共性角度看，一个外语学习者总会牵涉到两方面的语言知识，一是语言的共同性，二是他的母语的特定知识。正是由于各种语言的共性与个性造成了外语学习过程中的母语迁移现象。当母语对外语学习有促进作用时，便是正迁移；当母语对外语学习有抑制或干扰作用时，便是负迁移，亦称干扰（interference）。随着母语迁移研究的深入，研究者们又进一步发现了文化迁移或文化定势现象，即在使用外语时都遵守着母语的文化规约。根据戴炜栋的看法，文化迁移往往导致语言习得过程中语用失误，从而导致语言交际的失败。不仅如此，母语迁移的其他核心方面如语义和句法也直接或间接受到文化的影响。鉴于母语文化迁移的影响，目标语的文化教学在整个外语学习过程中尤显重要。

语言的文化属性、外语学习非语言环境的制约以及外语学习者自身母语的影响三位一体，相互塑造、相互渗透，共同昭示着外语教学应该遵循的内在逻辑与规律。

（二）现实需要

1. 贯彻大学外语教学大纲的要求

在我国的大学外语教学界，跨文化教学在外语教学中的作用已经受到普遍的关注。教育部高等教育司 2007 年修订颁布的《大学英语课程教学要求》（以下简称《要求》）指出："大学英语是以英语语言知识与应用技能、学习策略和跨文化交际为主要内容，以外语教学理论为指导，并集多种教学模式和教学手段为一体的教学体系。"《要求》明确规定，"各校在教学中安排一定的学习策略和跨文化交际的内容，以提高学生的自主学习和交际能力。"而2015 年颁布的《大学外语教学指南》（讨论稿）再次明确规定："大学英语的教学目标是培养学生的英语应用能力，增强跨文化交际意识和交际能力，同时发展自主学习能力，提高综合文化素养，使他们在学习、生活、社会交往和未来工作中能够有效地使用英语，满足国家、社会、学校和个人发展的需要。"

2. 改变大学外语教学现状的需要

尽管越来越多的外语教学和研究人员意识到将语言教学与文化教学有机结合的重要性

和必要性，然而中国的大学外语教学仍然基本上是以传授英语语言知识体系为主，其原因主要有以下几个方面：第一，传统的大学外语教学理论、教学模式根深蒂固，新型的以跨文化教育为主导的大学外语教学理论和教学模式尚未完全树立起来。第二，课时的局限性。绝大多数高校每周开设四学时英语课，在这短短的四学时课堂教学中，教师要兼顾听、说、读、写、译等多方面语言技能的讲解，学生实际应用英语进行交际的机会很少。第三，大学英语师资力量的薄弱。自高校扩招以来，英语教师短缺，大学英语教师普遍超负荷工作，很难挤出时间自我充电，从而造成教师本身的跨文化交际能力不强。另一方面，由于目前高校的职称晋升是以发表论文的等级、数量为最重要的衡量标准，许多教师集中精力写论文，课堂教学成了"副业"，教学效果也就不言自明。第四，应试教育现象仍然比较严重。全国大学英语四、六级考试是衡量教学的重要标准，对促进大学外语教学是十分必要的，但问题是过分强调四、六级考试必然会导致大学英语教师为考而教，学生为考而学，一切为了考试的应试教育，学生的应试能力也许提高了，但实际运用语言的交际能力未必能够得到相应的提高，高分低能的现象比较普遍，专家学者的大量调查研究都证实了这一点。

综上所述，在大学外语教学过程中把语言教学与文化教学相结合，提高学生的跨文化交际能力，不仅是大学外语教学大纲的要求，而且也是改变目前大学外语教学现状的迫切需要。

二、大学外语教学中文化教学的原则和策略

在大学外语教学中对目的语的文化教学不是盲目进行的，应该在一定的原则指导下有策略地实施。

首先，应该实行阶段性原则。即文化内容的导入应遵循循序渐进的原则，根据学生的语言水平，接受和领悟能力，确定文化教学的内容，由浅入深。其次，教师还应注重实用性原则。即所导入的文化内容应与学生所学的语言内容密切相关，与日常交际所涉及的主要方面密切相关，同时也要考虑学生将来所从事的职业性质等因素。最后，还要贯彻适合性原则。适合性原则主要指在教学内容和教学方法上的适度。

根据以上的原则，在具体的文化教学的过程中应采用以下策略：

第一，分阶段教学。Hanvey 提出对文化差异敏感性的培养可以分为以下四个阶段：

第一阶段是对表面的明显的文化特征的识别；第二阶段是对于细微而有意义的与自己的文化迥异的文化特征的识别，通常反应是认为不可置信或难以接受；第三阶段类似第二阶段，不同的是认为通过道理上的分析可以接受这种差异；第四阶段是能够做到从对方的立场出发来感受其文化。由此我们认为，文化教学也应分为初级、中级、高级三个阶段进行。初级阶段要多揭示与表层文化有关的文化背景及语义；中级阶段应把重点放在涉及人们交际过程中必须遵循的各种规则以及某些风俗习惯；高级阶段要偏重文化知识，以提高文化意识、文化素养为主，使学生在掌握交际文化的基础上，进一步认识构成英美主流文化的深层内容，包括价值观念、思维方式、审美趣味、道德情操、宗教信仰、民族性格等。

第二，分时段实施。包括课前预习、课堂讲解和课后强化。

第三，分内容搭配。文化教学的内容量大面宽，但并不要求学生通晓一切与英语国家文化有关的知识，因此，教师对文化教学的内容必须要有选择性，在循序渐进的同时与语言教学搭配同步进行，采用融合法，寓文化教学于语言教学之中。

三、大学外语教学中文化教学的途径和方法

根据 Byram 和 Margan 对 ESP 等项目的研究，文化教学研究的变量可分为如下六个方面：环境变量、教师变量、学习者变量、教学法变量、教材变量和测试变量等，结合我国目前大学外语教学中存在的各种问题，我们同样提出可以通过以下六个方面的改革来提高学生的跨文化交际能力。

（一）建设高素质的教师队伍

教师作为文化的主要传播者，应深谙中国文化和英语所代表的西方文化在语言层次、非语言交际、思维方式、和叙事结构及社会语言等四个层面上的对比意义。对于外语教师来说，最大的挑战不在于在语言外再加上文化知识的讲解或另开一门文化课，而在于如何将语言和文化融合在一起来教授。只有教师具备了较强的跨文化交际能力，才能在课堂上进行有效的跨文化交际教学。因此，应该给大学英语的一线教师提供更多的出国机会和专业培训，建设一支具有较高跨文化交际水平的高素质教师队伍。

（二）增强学生的跨文化意识

现今的大学外语教学过分强调语言知识而忽略文化知识，强调语言的结构如语言、词汇、语法等规则的运用，忽视了语言的使用规则，而语言的使用规则实际上就是这种语言所属文化的各种因素，包括信仰、习惯、行为、准则等。要改变这种现状，首先，要让学生明白大学英语的教学目标之一就是提高学生的跨文化交际能力，而不仅仅是英语语言知识和应用技能的掌握。其次，在具体的文化教学过程中，教师要适时转变教学方法和重点，在搞好字、词、句、语篇等纯语言技巧教学的同时，加强培养跨文化语境下的外语教学，即加强日常会话、生活、工作、学习、礼仪等文化的表层内容以及世界观和价值观、政治经济、法律制度、习惯和语言行为的文化特征性等文化的深层部分内容的教学，从而让学生掌握更多的文化内容，增强跨文化意识，并最终达到文化理解和交流。

（三）营造跨文化交际的氛围

语言习得的环境包括自然环境和构建环境。前者是指目的语国家本身所具有的学习语言与文化的环境，后者指以教室作为语言学习的主要环境。如前所述，中国的大学外语教学环境是构建环境，受到语言习得非语言环境的制约，很不利于学习者获得广泛的目的语的社会文化制度和价值观知识。目前作为大学外语教学中学生获得文化知识的主要途径的课堂教学，主要教授的是规则语言，这很难满足当代大学生了解英语国家社会生活的需要。为此，我们必须采取多种多样的形式来营造跨文化交际的氛围。一方面，可以在课堂上创设语境和制造情景，使学生能够在一种自然、真实或模拟真实的语境中学习语言，把语言的学习和运用有机地结合起来；另一方面，英语课堂教学毕竟有限，尤其是大学英语，要充分利用第二课堂辅助进行文化教学，组织学生观看英文原版录像、电影。录像和电影提供的语境多，可观察姿态、表情、动作等辅助语言手段；鼓励学生大量阅读与文化现象有关的书籍、报纸和杂志，留心积累有关文化背景方面的知识；还可主动与外籍教师和留学生接触交谈；举办专题讲座；开展英语演讲比赛、英语辩论赛等活动；开设"英语角"、英语沙龙；组织学生收听 VOA、BBC 等英语广播等。这样就可逐渐深入了解所学语言国家的历史、地理、文学、教育、艺术、哲学、政治、科技、风俗习惯等各方面的文化知识。

（四）改进大学英语教材的编写

教材是反映教学模式的知识载体，是决定教学效果的重要保证。教材应具有思想性、科学性、趣味性和实用性，教材应是为提高学生语言应用能力提供最佳的语言样本。而目前学生使用的大学英语基础阶段的教材，主要是为了培养学生听、说、读、写、译等五方面的能力，是以帮助学生通过全国大学英语四级考试为目标的，所涉及的文化内容尚不足以满足目前的跨文化教学要求。跨文化教学显然呼唤与之相适应的配套教材，这类教材的编写应以多元文化为导向，以语言文化对比、参照为方法，以多国文化背景为材料，以培养跨文化交际能力为目的，以现代语言学理论为指导。教材应以任务为中心而不是以练习为中心。教材的语言背景不应局限于英、美、加、澳等以英语为母语的国家，而应涵盖尽可能广的国家和文化。此外，教材也应有一定量的以中国文化为背景的语言材料。

（五）改革大学外语教学方法

长期以来，外语教学领域遵循的都是以教师为中心、学生接受教师所传授知识的传统教学手段，而没有把传授语言知识和文化知识放在同等重要的位置上，忽视了对社会文化因素的重视，造成脱离社会文化领域的不良后果——大量的时间投入和低下的效率。因此，教师应当按照学习心理、语言学习的本质和学生的特点，对教学方法进行改革，在教学过程中注重文化的导入，注意培养学生表达的得体性，以学生为主体，以教师为主导，培养和调动学生学习的主观能动性和积极性。

（六）改革大学英语测试内容和方式

既然测试作为教学的检查和促进手段，自然要和教学的内容和目的紧密相连。文化教学的目的有二：一是使学习者充分了解目的语文化方面的知识；二是培养学习者跨文化的交际能力。因此，测试的内容也应该包括两个方面：一是检查学习者是否掌握了学习过程中所涉及的文化知识；二是检测学习者是否具备了应有的跨文化交际能力，即灵活运用功能变体的能力、用语言做事的能力、运用交际策略达到既定交流目的的能力。另一方面，在测试方法上，将形成性考核和终结性考核结合起来，加强对学生认知、心理和行为多个层面的综合评价，让学生在整个学习过程中始终处于积极能动状态，从而有利于学生跨文化交际能力的提高。

本节一方面从语言与文化的关系，外语学习非语言环境的制约以及母语文化迁移的影响三个维度，在理论上进一步厘清了大学外语教学中文化教学的必要性，以期与广大同行一起提高认识；另一方面，通过对目前我国大学外语教学现状的分析，从实践上论证了在大学外语教学中进行文化教学的迫切性，并进而结合我国大学外语教学中存在的各种问题，探索、总结出一些切实可行的文化教学的原则、途径和方法。

从外语教学所涉及的各种因素来看，大学外语教学中的文化教学是一个极为复杂的、立体的系统工程，在观念、内容、目标、方法等方面都在不断发生新的变化，教学策略和途径也在不断推陈出新，作为大学英语教师，我们只有在理论和实践两个方面不断探索，才能适应新世纪日益发展的大学外语教学的挑战和需要，从而在实践教学中有意识地寓文化教学于语言教学之中，切实提高学生的跨文化交际能力。

第三章 中国文化与外语教学

第一节 中国语境与大学英语文化教学

从我国大学英语文化教学的现状出发，分析导致"中国文化失语"及文化教学生态失衡的原因。从文化教学理念、英语教材建设、英语课程设置和文化教学方法四个方面研究解决对策，以期为我国大学英语文化教学提供借鉴和参考。

一、中国语境下的大学英语文化教学现状及成因

目前，在我国大学外语教学中，目的语文化的输入已得到普遍重视，但本土文化的输入一直处于边缘化，导致大学英语文化教学的生态失衡。尽管从 2013 年起在全国大学英语四、六级考试中增加了对中国历史、文化、经济、社会发展等知识汉译英的考查，目的是让高校英语教师切实重视起本土文化及其相关英语表达在文化教学中的意义和作用，但从考试结果来看，汉译英部分学生的得分率一直偏低，考生答卷上经常会出现各种令人哭笑不得的"神"翻译；从文化教学的角度来看，许多教师对于在大学英语课堂进行本土文化教学仍然重视不够且对于培养学生跨文化交际能力缺乏行之有效的方法。

大学外语教学强调英美文化，忽视了母语文化，导致"中国文化失语"现象，其原因是多方面的：

首先，从传统观念的角度，大学英语课往往被定位为对主要英语国家语言和文化进行学习的课程，并不把中国文化及相关英语表达作为英语课堂学习的主要内容，且以往研究也表明母语对英语语言学习有一定的负迁移作用，而强调应"沉浸"在英语语言环境中学习语言和文化，这加剧了"中国文化失语"问题。

其次，从英语教材的角度，大学英语教材的内容多是以英美国家的文化为背景，对中国文化介绍很少，对中西文化的对比研究更少，尤为欠缺的是培养学生用英文表述本土文化的能力。这就使得英语教师即使想进行本土文化教学，但缺乏合适的教材为依托，可利用的教学资料比较有限。

再次，从教学环境的角度，我国高校大学英语课班级学生人数较多且学生英语水平参差不齐，课时也在不断缩减，在这种情况下，大学英语教师忙于完成基本的教学任务，对于培养学生中国文化素养及中国文化英语表达心有余而力不足。

最后，从教学方法的角度，如何在英语课堂导入中国传统文化及其英语表达，如何使中西文化在英语课堂生态环境中和谐共生、相互促进，如何培养学生成为学贯中西的跨文化交

际者，缺乏具体可行的教学方法和措施，这也是导致中国语境下大学生跨文化交际中"中国文化失语"现象的因素之一。

二、中国语境下的大学英语文化教学策略

（一）改变传统的外语教学观念，确立中西文化互利共生的大学英语文化教学理念

在大学外语教学过程中，让学生学习用英语认知中国文化、用英语表达中国文化、用英语比较中西文化，使其对这两种文化的认识在深度和广度上达到新的水平。因此，大学英语文化教学应该具有学习西方文化与弘扬中国文化的双重属性。

大学英语文化教学培养的学生应具备了解西方主要英语国家文化并能用英语表达的能力，还应具备熟悉中国本土文化并能用英语表达的能力。换句话说，从文化教学的角度来看，学生所需具备的跨文化交际能力应该是一种"双文化交际能力"，即当学生无论是在面对本土文化，西方文化还是中西文化交融的复杂情境时，所具备的用英语进行交流和解决一系列跨文化交际问题的能力。因此，教师应树立中西文化互利共生的大学英语文化教学理念，突破以往英语课堂以西方文化为主的教学思维定式，有意识地把中国文化及相关英语表达引入大学英语课堂，并引导学生与西方文化进行系统的对比分析，发挥本土文化在大学英语文化教学中的正迁移作用。这样，不但能够增强学生学习英语语言和中西方文化的兴趣，还能在潜移默化中培养学生的多元文化意识和跨文化思辨能力。

（二）编写或挖掘大学英语教材中的中西文化元素，加强英语课堂多元文化教学建设

当前，许多高校使用的大学英语教材涉及的内容以英美国家文化为主，中国文化元素在英语教材中很少涉及，这也导致英语文化教学变成了单一的西方文化教学。如果不从教材、教学内容上进行改革、创新，英语课堂多元文化教学是不可能实现的。

为了改变目前文化教学中出现的中西文化失衡现象，编写或挖掘大学英语教材中的中西文化元素，加强英语课堂多元文化教学建设势在必行。一方面，大学英语教师可以组建科研团队，以大学外语教学大纲、已出版的与中国传统文化相关的英语读本、各高校制订的人才培养方案等为依据编写体现中西文化兼容并蓄的大学英语教材。编写的教材每一个单元都应有一个鲜明的文化主题，内容应既涉及表达中西文化的英语语言的学习，又涉及对中西文化内涵的学习及中西文化的对比分析，从而使英语课堂多元文化教学有"抓手"。另一方面，如果不具备编写教材的条件，大学英语教师可以充分挖掘现有教材中的文化元素，整理教材中每个单元体现的文化元素作为课堂文化教学的主题，有意识地引导学生围绕单元文化主题进行中西文化内涵及相关英语表达的学习，尤其要重视中国本土文化及相关英语表达的学习，促成中西文化在大学英语课堂的有机结合，真正实现英语课堂多元文化教学。

（三）依据各校实际情况，开设跨文化交际课程或与中国文化相关的英语选修课程

高等学校大学外语教学指导委员会研究制定的《大学外语教学指南》中明确指出："跨文化交际课程旨在进行跨文化教育，帮助学生了解中外不同的世界观、价值观、思维方式等

方面的差异，培养学生的跨文化意识，提高学生的社会语言能力和跨文化交际能力。"尤其在国家实施"中国文化走出去"的背景下，高校开设跨文化交际课程或与中国文化相关的英语选修课程具有重要的现实意义和战略意义。

高校可以依据自身实际情况进行大学英语课程设置方面的改革或调整，可以在第三或第四学期开设跨文化交际课程，取代传统意义上的大学英语课程。这样，教师进行中西文化教学的课时会更有保障，从而使文化教学内容更全面、具体，同时，学生对于中西方文化及相关英语表达的学习也会更具针对性。高校也可以积极鼓励教师申报与中国文化相关的英语选修课程，作为大学英语课程的有益补充或后续课程，目的是进一步提升学生的本土文化英语表达能力和跨文化思辨能力。需要指出的是，语言始终是外语教学的重心和归宿，但文化的引入绝不是外语教学核心的转移，而是英语语言教学取得成效的促进因素，是语言教学的深化。此外，大学英语教师要确立"从文化的角度教语言"的外语教学指导思想，不断提高自身的中国文化修养和中国文化英语表达能力，从而切实胜任跨文化交际课程或与中国文化相关的英语选修课程的教学工作。

（四）综合使用多种教学方法实施英语课堂文化教学，激发学生的求知欲和学习兴趣

要想解决学生中普遍存在的"中国文化失语"现象，提高学生的跨文化意识和能力，英语教师在课堂中采取何种教学策略非常关键。"文化"本身就是一个很抽象的概念，如果教师只是平铺直叙地告诉学生有关中西文化及相关英语表达的内容，而未能调动学生的主观能动性和参与性，那么教学效果就会大打折扣，甚至会导致部分学生对语言和文化的学习产生"畏惧"心理，结果适得其反。

可以说，文化教学比单纯的语言教学难度更大，更需要英语教师在综合考虑学生英语语言水平、中西文化素养、跨文化交际能力等的基础上灵活使用多种教学方法开展英语文化教学，使学生对语言文化的学习一直保持一种求知欲和亲近感。在大学英语文化教学的过程中，教师可以采用讲授式、情景式、探究式、体验式、任务型、交际型、合作型等多种教学方法进行中西文化及相关英语表达的教学。多元化的教学方法既可以丰富教师进行文化教学的手段，又可以充分调动学生的主观能动性和学习兴趣。此外，文化教学应以文化产出为导向，积极鼓励学生及时产出学到的中西文化知识及英语表达。学生不再单单学习课文，而是以课文为手段来学习用英语完成产出任务。例如：课堂上教师可以创设各种交际情景，引导学生用课堂所学英语语言文化知识进行情景对话或跨文化交际，这样，学生在进行语言和文化产出的过程中能够更真切地感受到语言和文化的魅力，并且对所学语言及文化知识有更深刻的认识和理解。

在大学外语教学中，跨文化交际必须以中国文化为基础，只有在深入了解本民族文化的基础上，学习者才能对目的语文化进行深入剖析，然后取其精华，互通有无。因此，大学英语文化教学要处理好本民族文化与目的语文化之间的关系，让两种截然不同的文化在英语课堂相互融合、相互促进、相辅相成，尤其要重视中国文化内涵及相关英语表达在大学英语文化教学中的意义和作用。只有这样，培养出来的学生才能成为真正合格的跨文化交际者。

第二节　中国文化元素与大学外语教学

在大学外语教学中，无论是教材的编写还是教师的课堂讲授，重心都放在学生英语语言能力的提升和西方文化的学习上，中国文化元素不足。一些学生在跨文化交际时出现了"中国文化失语症"这一状况。为应对这一缺失，应在大学外语教学中融入中国文化。通过改编大学英语教材、开阔学生跨文化交际视野、提高英语教师本土文化修养和采取有效学习方法等路径实现。

当代一些中国大学生追捧西方文化，热衷于各种西方洋节，如情人节、圣诞节、愚人节、万圣节、母亲节、感恩节等，出现了一个荒诞的现象——忽视中国传统文化节日，这反映出一个问题，即在教育中忽视对学生进行中国文化教育输入。大学生能顺利地表达 Thanksgiving Day、April Fools' Day、Valentine's Day、Halloween 等西方节日，但在大学英语四、六级考试中却出现了把"黄袍"翻译成"Yellow Clothes"，"皇家宫殿"翻译成"king's house are yellow"等闹剧。这正是从丛教授提出的大学生"中国文化失症"，即由于学生对中国文化内涵的英语释义掌握不足，在跨文化交际中出现交际失误，无法用合适的词语传递中国文化，导致交际失败，更引起外国人对中国文化理解的偏差。

随着"一带一路"倡议的推进，中国与世界各国交流更密切，中国经济文化走出去的必要性日益凸显。在外语教育中，从 2013 年起，大学英语四、六级翻译部分得到了改革，强调大学生对中国历史、经济、文化等中国传统文化的了解，侧重学生用英文将一小段反映中国文化的中文翻译成英文，并没有从根本上改变大学生的中国文化失语症局面。因此，在大学外语教学中，教师应加强引导学生理解掌握如何用地道的英文表达传统中国文化，用英语讲好中国故事，推动中国文化走向世界，最终实现中国文化走出去的宏伟蓝图。

一、"中国文化失语现象"产生的原因分析

（一）历史文化原因

自近现代以来，无论从经济发展还是科技创新来讲，和西方国家相比，我们还存在一定差距。在国际交往中，西方国家往往强势地输出他们的文化和价值观，中国文化没有得到应有的重视，说明我们有长足的进步空间可以开拓。

（二）教育环境问题

从宏观层面来讲，在大学英语通识课程中，教材的编写过于强调西方文化的输入，忽视中国传统文化的输出。为了实现教学目标，一些教师在课堂上花大量时间引入西方文化以帮助学生更好地掌握课文内容。一些教师在课堂上很少涉及如何用英文讲好中国故事，传播中国文化内容。从微观层面来讲，在课堂教学中，一些教师把大量时间和精力花在如何提高学生的听说读写英语语言能力。学生无法在课堂中学会如何用英语表达本土文化。同时，部分大学英语教师跨文化交际的知识储备不足，对如何用准确的英文传递中国文化存在一定问题，更加剧了大学生存在中国文化失语现象。

（三）学生自身文化认同不足

语言学家 Litter wood 提出，当学习者学习一种新的语言模式的时候，在一定程度上降低对原本身份的认同感。在潜移默化中，他们逐渐接受了目标语的文化认知世界方式。中国文化博大精深，如果学生接触的都是老旧文化现象，那么在跨文化交际中，无法使用英语讲述中国文化。相反，他们轻易接受西方文化，甚至把某些西方的文化现象当成潮流和入时的代表。

二、大学外语教学中导入中国文化的实现路径

（一）选编中国文化导读内容进入大学英语教材

目前，在通识英语教材中，极少有反映中国文化的内容。教材编写时应注重引入西方文化，注入中国元素，比如中国经典名著的英译本选读，如中国四大名著的经典章节选读，再比如《围城》经典章节选读。值得一提的是林语堂先生的《吾国与吾民》，该书深刻剖析了中国人的性格、政治、生活、社会，并与西方人及社会进行了广泛深刻的比较。通过阅读英译经典，学生们的英语语言能力既能得到提高，家国情怀又能得到提升。同时，既符合不同学生英语水平，又能反映中国传统文化和现代特色的中国文化概况教材应该被编纂，才能满足不同英语能力水平学生的需要。

（二）培养学生的跨文化交际视野

中国文化博大精深，在大学英语课堂介绍中国文化切忌干巴巴地将文化当成词汇、翻译等知识点对学生进行灌输。如果这样做，只会令学生对如何用英文讲好中国故事望而却步。即使他们在学习过程中掌握了一些与中国文化相对应的英语词汇，但在后续过程中学习者们也会由于没有了解中国文化现象的精髓而淡忘。相反，一个系统的大学英语课堂中国文化教学体系应该被建立。用英语讲述中国文化是希望通过培养学习者们的文化感性，提高中国的文化质量。因此，在讲述中国文化时，要深挖文化现象背后反映的基础思想和核心文化，还应将西方文化现象中的名人轶事和文化典故引入课堂，引导学生进行跨文化对比。

虽然文化本身并无优劣之分，但是教师要在鼓励大学生尊重外来文化的基础上提倡取其精华、去其糟粕。比如讲到儒家思想时，核心思想是"仁、义、礼、智、信"，主张自立、助人、克制自身、明白是非曲直，这"五常"是做人的起码道德准则，并以此为原则，处理人与人之间、人与社会之间的关系。孔子主张"克己复礼"，在这种思想的指引下，中国人身上有一个突出特征即"恭顺谦卑"。与之对比，我们可引导学生了解深深影响西方社会的基督教文化，可谓是西方人的道德精神支柱。全世界通行的礼拜天（周日）是为了纪念耶稣复活设立的休息日。在这一天，西方许多教徒都到教堂朝圣，其中不乏国王首相及各界名流。在基督教的影响下，西方国家提倡"天赋人权""自由、民主、人权"等核心思想。但这种自由民主只能是一种基本的社会价值观，而非健全的社会核心价值观，在自由民主的背后带着明显的意识形态偏见，资本家们正是利用这些温情词汇掩饰其剥削掠夺的罪恶，为其获取巨大的经济利益。再比如讲到中国的饮食文化时，切忌将饮食文化讲成知识性的导入，死板地介绍八大菜系的分类方法、色香味俱全的风味特点及英语表达方式。相反，我们可以引导学生通过小组自主学习方式挖掘中西方饮食文化差异，并在课堂上呈现。与注重"色香味俱全"的中国饮食文化不同，西方的饮食文化注重理性的健康饮食文化概念，西方人会科学地

规定每日所需的维生素、热量和蛋白质摄取量，与营养相比，口味是屈居后位的。因此，在美国我们会发现牛排的口味和烹饪方法都是大同小异的，但它却会为不同目标顾客群体提供不同的牛排种类。比如说菲力牛排所使用的牛肉精瘦、嫩滑，但缺乏嚼劲，适合老人与小孩。与之相反的是肋眼牛排，它中间有脂肪夹杂，富有嚼劲，多汁，适合年轻男士，这也是他们理性饮食文化的一种体现。但在中国饮食文化中，"味"是被放在第一位的。我们注重食物的口感感性和搭配摆盘的艺术性，有时会出现过分烹调，失去食物原汁原味的状况。在这种情况下，我们要让学生学会西方食物的健康科学烹饪方法，用科学理性的态度完善中国饮食文化。

（三）提高英语教师的本土文化修养

要想改善学习者的中国文化失语症问题，大学英语教师首先应同时提高本土文化与西方文化的修养，使这两个知识体系有机整合，这样才能在大学外语教学中有意识、有自信地创设情境，引领学生掌握更多地道规范的中国文化英语表达方法。同时，教师还可以鼓励学生课后尽可能多地观看与中国文化相关的英语纪录片作为补充，如《这里是中国》《鸟瞰中国》《美丽中国》《中国故事》《舌尖上的中国》，在观看过程中，记录与中国文化的英译词汇表达方法及核心思想，并通过小组讨论的方式，在课堂上交流、讨论、合作及总结，或者PPT讲解呈现。在大学外语教学中，常用词汇和中国特色词汇的增添必定起到重要作用。

（四）采取有效的教学方法

在大学英语课堂进行中国文化课程教学切忌以教师为中心进行满堂知识性内容的灌输。教师可以充分利用多媒体互联网络进行翻转课堂教学。课前通过学习教师精心制作的微课或慕课，让学生提前学习知识性内容，并完成相关的课前作业。微课内容的设计要遵循由简单到复杂、由基础的识记到高级的应用原则，既能激发学生的学习兴趣，又能使学习者将知识内化为能力并加以运用。这种课前自主学习方法与学习者熟悉的预习不同，为学习者们搭建课前自主学习支架，有助于培养学习者的自主学习能力。翻转课堂强调学习者们的课堂参与，通过小组学习开展课堂活动。在课堂上，教师通过精心设计的一些活动与学生多元互动、答疑解惑，并进行师生、生生自评与互评的形成性学习评价活动。在小组讨论、师生、生生地多元互动过程中，学习者们能完成对课前视频学习的融会贯通，内化提升，最终运用。课后，教师根据学习者们本单元的学习情况，在网络平台上设计相应的课后作业，学习者们通过网络平台完成任务并得到相应的评价。课后作业的设计应满足从难到易、从基础识记到高级应用的多层次原则。

综上所述，在大学外语教学过程中，教师应注重培养学生的英语语言能力，这是英语核心素养的基础，更要以英语语言作为文化的载体进行跨文化交流。不仅要求学生了解西方文化，更应了解和掌握用英语传播中国文化的知识和能力，提升我们的家国情怀，最终实现中国文化走出去的宏伟蓝图。

第三节　大学外语教学与中国文化融合

英语学习的关键在于促进学生认识英语文化，引导学生在中西方文化对比中更好地克服语言障碍，促进学生掌握正确的对外交流方式，基于文化认同达到提高英语交流质量的目标。应当从提高我国多文化软实力和文化输出的视角开展英语高校教学。

本节分析了如何在高校外语教学中传播中国文化，促进学生在中西方文化对比中学习英语知识，消除因为文化差异造成的英语学习障碍，达到提高高校外语教学质量目标。高校英语教师还要创新教学理念，丰富英语课程教学内容，达到传播汉语文化的目标。

现代高校外语教学更关注学生的自主选择性，教师主要起到价值引导与知识传播的作用。高校教师往往更注重促进学生学习实用的英语交流技能，在教学时没能深刻地传播文化教学，尤其不注重实现中西方文化对比，不能成为优化中国文化传播的使者，不能激发学生的跨文化交流意识。中华文化失语在很大程度上影响学生学习英语选择，学生练习英语时严重脱离了中国文化的背景氛围，没能基于传播祖国文化，加强中西方文化认同，有效消除文化差异障碍的角度进行外语教学。虽然很多大学生已经具有较高的英语水准，但是不能在英语交际中有效展示个性化的特征，主要是因为英语交际时缺乏文化属性，有时在交流时存在着文化冲突的现象。当代高校外语教学应当更重视跨文化交际，教师应当摒弃单纯的英语文化输入，注重在文化差异的背景下促进学生更深层次地了解母语文化。

一、外语教学关注中国文化不足原因

（一）中国文化长期被忽视

高校外语教学往往注重研究英语语言要素，母语文化传播相对较弱，在提倡实用性外语教学的理念下，高校英语教师更注重英语文化的传播，还未能从中西方文化对比的角度促进学生关注母语文化，这在很大程度上忽略了学生就业时应用英语的主要场景氛围。由于高校教师对中华文化传播重视不足，没能基于中西方对比促进学生掌握英语知识的特征，因此导致学生英语学习态度与母语学习的态度差异。学生显然重视英语文化现象与内容，不自觉地忽略汉语文化的深度学习。长期以来，我国更重视英语教育的氛围，使得学生思维方式、文化理念与价值认同出现一定的偏差。培养学生的母语文化兴趣，促进学生深度的关注和学习母语尤其重要。

（二）外语教学理念失当

不少高校英语教师盲目的从考级出发开展外语教学，外语教学的实用性与理论性结合不足，教师忽略了学生未来英语语用的基本场景氛围，不能基于提升学生综合能力与自学能力开展外语教学活动。有时在英语课堂教学时过分注重英语语法、语音元素的教学。"中国失语症"现象是外语教学的现实问题。这主要是因为一直以来教师对英语知识教学更重视，外语教学的实用性不足，教师未能关注当代社会的形势变化。教师没能有效地提高学生的英语实用能力，大量课程设置只局限在高中阶段。大学语文只针对个别学生开设，不能有效地开辟传统文化的学习空间，造成学生对中华传统文化关注不足，学生缺乏良好的中华文化素养与认识感受能力。

二、高校英语教育促进中国文化传播对策略

（一）优化英语教材编制

英语教材是外语教学的重要载体。高校外语教学应当优化教材内容，注重充分的丰富和扩展教材，基于英语教材中的中国传统文化元素进行生动展示，促进学生有效关注中华文化。首先，加强英语教材编制，丰富英语教材中传统文化内容的比例，进一步引导学生深入地接触母语文化。其次，丰富和拓展高校英语教材，基于教材模拟英语跨文化交际的场景，提供丰富的微视频教学素材，满足学生自主学习外语教学的需要。第三，还要提供丰富的学习辅助材料，基于互联网向学生传统优质的外语教学内容，保证英语教材资源供给的时代性、专业性、文化性与实用性，解决学生英语练习无法可依的问题，基于丰富的教学资源达到提高学生跨文化意识目标。

（二）优化英语课程设置

为了提高外语教学的整体质量，促进学生在英语学习中直观感受中华文化的魅力，还要优化英语课程的设置，基于中西方文化对比设置比较文学类英语课程内容。进一步增加英语背景课程的人文性，基于丰富的人文内容促进学生关注优秀的中华传统文化。英语课程应当以域外视角引导学生反思。还要根据我国近年来英语等级考试中逐步加大中国传统文化的内容，促进学生更主动地关注和学习中国传统文化，引导学生进一步关注母语学习，在教学中从微观角度进行语言要素的比较教学。还要充分地运用慕课、微课设置中英交流的场景，围绕中国话题组织开展英语语言交际训练活动，设置职业性的英语交际场景，围绕着实用英语进行中华文化的传播实践训练，进一步促进大学生增加母语认同感，引导学生形成民族文化意识。

（三）培养文化主体意识

高校外语教学应当丰富中英文化的对比内容，在英语课堂启发学生更好地关注中华文化，英语教师应当构建跨文化交际的教学场景，引导学生突破英语听说读写练习的桎梏。教师在开展外语教学过程时应当培养学生正确的学习观，促进学生对英语文化有正确的文化观。引导学生以客观的眼光看待英语和母语，促进学生在学习英语时更好地关注祖国的优秀文化，教师应当引导学生重视母语的作用和地位，在跨文化交流的过程中促进学生辩证地看待英语文化，基于母语文化的内容感受英语文化，这样才能推动中西方文化的交流，达到促进英语学习深度开展的目标。

高校英语课堂是传播优质文化的重要载体，中国文化失语不仅影响学生对英语文化的理解，而且造成文化供给不平衡的现象，学生长期的从英语文化角度学习语文，影响了大学生的价值观，思维方式，不利于深化英语教育改革，学生对中华文化缺乏认同感。只有将英语与母语结合，才能提高外语教学的质量，促进大学生形成跨文化意识。

第四节　中国文化输出的大学英语金课教学

随着现代教育事业的不断进步，课堂教育质量越来越受到重视，其中大学外语教学作为大学中公共课程的组成部分是大学生接触英语国家文化的重要渠道，是锻炼大学生语言能力的重要课程，而在教育部高等教育司司长吴岩"要消灭'水课'，打造有创新性、挑战度的金课"的号召下，进一步打造中国文化输出的"金课"教学势在必行。

大学英语肩负着传播西方优秀文化的重要作用，学生更需要在学习西方文化的同时加强对中华文化的理解，而在大学英语中进行"金课"的打造主要就是关注师生互动的课堂教学方式、学生学习能力的提高，同时也能够避免"填鸭式"教学模式的出现，并在基于"对分＋翻转"混合教学模式的应用下进一步提高大学生用英语畅谈中国文化的能力和语言应用技能。

一、中国文化输出的大学英语"金课"教学研究

（一）背景分析

教育部明确指出要淘汰"水课"、打造"金课"，并在教学设计中深挖中国文化主题背后的核心理念，通过对中国与英语国家共同价值理念的探寻来让学生领略和体验凝聚中华智慧的精神财富和丰富的中国文化。基于此背景下，大学外语教学课堂中也加强了对分课堂以及翻转课堂的应用，以便进一步提高中华文化输出的效果，提高外语教学质量。

1. 对分课堂

对分课堂融合讲授式和讨论式课堂的优点，强调交互式学习，其主要分为三个阶段，第一个阶段是教师讲授；第二个阶段学生课后内化自授；第三个阶段是师生和生生相互讨论。通过以上三个阶段的学习能够将教师的讲授实践与学生的讨论时间错开，极大地给予学生自主讨论的空间，满足不同学生的学习需求，是打造"金课"的重要课堂教学模式。

2. 翻转课堂

翻转课堂是将传统的教学过程翻转过来，让学习者在课前完成对应章节和教材内容的学习，然后在课上将所学内容进行展示和讨论，加快学生知识内化的进程，从而提高学生的学习能力。翻转课堂在实施过程中与对分课堂相融合能够有效地实现学生的自主学习、合作学习以及研究性学习。

（二）教学实施措施

打造中国文化输出的大学英语"金课"主要就是在课堂教学过程中将中国文化研究课程与大学英语课程相结合，旨在利用中国文化输出能力培养的外语"金课"教学来提高学生的英语应用能力。其具体的教学实施措施如下所示：

1. 教学目标的确立

教学目标的确立应该聚焦于语言学习目标与跨文化交际能力提升目标的共同实现，并通过其教学目标的实现来判断学生是否具备较为优秀的中华文化输出能力以及大学英语应用能。

2. 教学形式的展现

确定学生在学习中的主体地位，发挥教师的主导作用，充分给予学生学习的自主空间，并借助先进的信息手段实现学生的线上自主学习，与此同时，还要加强对分课堂与翻转课堂教学模式的应用，加快学生知识内化的进程。

3. 教学手段的应用

应充分借用先进的多媒体技术手段加强课堂讲解的效果，教师可以让学生观看视频，并在线阅读相关的文本然后发表评论，通过多种方式进行线上的自主学习，同时，学生也能够通过 PPT 向教师、同学展示自己的学习成果，并以此进行讨论探究。

4. 教学评价方法的使用

应该采用过程性评价原则，评价内容包括学生的自主学习过程效果、学生的测试题目、课堂展示活动互评以及师评、课堂出勤，等等多方面。

二、打造"金课"策略——加强对课程资源的开发应用

（一）利用教师自身的资源

教师在课堂教学中主要起到主导作用，而教师的教起到至关重要的作用。过去教师在自身资源的开发中主要就是利用教科书或者教学参考书，而当前的大学英语教师一般都会有国外学习的经历，因此，教师要注重对自身资源的开发，将自己在国外学习的经济以及文化感受讲授给学生，让学生直观地感受到英语国家的文化氛围或者教师可以将有代表性的英语经典作品推荐给学生。

（二）利用学生自身资源

学生是学习者，但是其自身也有着较为重要的学习资源，而且将学生的个人经历与课堂教学相结合，可以提高学生课堂参与度，鼓励学生分享与倾听。成功的学生案例也可以作为课程资源，例如在大学英语四、六级出成绩后，班级上高分同学就可以起到榜样作用，分享备考过程，推荐相关教材、网站等。

（三）网络课程资源

当前越来越多的教育平台开始在互联网平台中兴起，网络世界中含有的大量教育资源能够开拓学生的视野，增强学生的学习能力。

综上所述，"金课"的打造是构建学习型社会的重要举措，而在中华民族实现伟大复兴的关键时期，必须要通过打造中华文化输出的大学英语"金课"教学来提高人力资源的质量，而利用对分课堂以及翻转课堂教学模式能够从教学目标的确立、教学形式的展现、教学手段的应用以及教学评价方法的使用等各环节来提高大学英语课堂教学的质量，并通过教育资源的开发利用进一步提高大学生的英语应用能力。

第五节　基于 OBE 的中国传统文化外语教学

推动中国优秀文化"走出去"是提升我国软实力和国家形象国际认同的有效途径。在文

化"走出去"人才培养上，外语教育责无旁贷，当前大学生普遍存在的"中国文化失语"现象也引起了广泛重视，对"中国传统文化"的外语教学进行了一系列的探索。本研究采用成果导向教育理念（OBE），探索"中国传统文化"外语教学新途径，学生在产出学习成果的过程中培养文化自觉，习得母语传统文化的英语表达。

一、研究背景

2000 年南京大学从丛教授在《光明日报》上发文，首次提出"中国文化失语"一词。他指出在进行非英语专业博士生外语教学改革过程中，发现"中国文化失语"现象在当前大学生中普遍存在。课题组在研究过程中也发现，即便通过了 CET-4，CET-6，很多学生对传统文化的英语表达能力几近空白。以最为学生所熟知的中国传统节日为例，不知"重阳节""端午节"英语表达的学生大有人在，更不用说相关节日所蕴含的历史文化内涵的英语介绍了。

《高等学校英语专业外语教学大纲》要求英语专业学生须具有广博的文化知识及跨文化交际能力。外语教学的最终目的是把英语学习者培养成为熟练掌握目的语和母语的双语人和双文化人。当前大学生"中国传统文化"英语输出能力的极端匮乏与外语教学目标是背离的，与当前建立"文化自信"的社会需求也是相悖的。因此，外语教学界必须担当起"中国文化"英语表达的教学使命。

二、成果导向教育概念

成果导向教育（OBE）由美国学者 Spady 提出，"成果"指的是学生在最终学习过程后证明自己真正具备的能力。成果导向教育理念最鲜明的特点就是强调能力培养、学习产出和人才培养质量。

三、基于 OBE 的"中国传统文化"外语教学实施

课题组以"学生"为主体，采用成果导向教育理念，依据成果目标，反向设计课程"中国传统文化"外语教学，让学生主动参与到成果产生过程中，实现"做中学""研中学"。

（一）确定教学对象

确定教学对象为学院 17 级英语专业两个班级的学生。

（二）教师设定项目选题范围

通过对两个班学生的调查发现，其中有 1/3 以上的学生计划专升本，继续英语专业学习，相当一部分学生想从事英语教育，也有一部分学生想从事外贸及其他涉外工作。因此，在教学中需丰富学生中外文化知识，帮助其建立全球视野，具备跨文化交际能力，实现母语文化和目的语文化的双向交流。鉴于此，课题项目范围确定为"中国传统文化的英语表达"。"传统文化"是指民族文化发展中积淀的相对稳定的东西，是支配人们思想和行为的某种习惯的程式，分为十大类别，包括思想意识、修身养性、服饰饰品、节日习俗、笔墨艺术、饮食文化、舞台艺术、建筑艺术、文学艺术、名胜古迹。

（三）指导学生确定具体项目

学生以 5~6 人为一组形成项目组，在设定的选题范围内确定项目。目的在于通过选定项目，让学生廓清"传统文化"的内涵，并对"传统文化"分类等有系统认识。

（四）指导学生申报校外项目

教师鼓励学生积极申报校外各类项目，教师进行全程指导，其中由陈思宇主持，刘思思、张炯辉、肖雅琦、吕宏鳌参与的项目——《在杭大学生中国传统文化英语输出能力现状调研及传播实践——以传统节日为例》（该项目名称以下简称"传统节日项目"）获"2018 年浙江省大学生科技创新活动计划暨新苗人才计划"立项。

（五）基于 OBE 的"中国传统文化"外语教学具体实施

本节以上述立项项目的开展为例，探讨如何实行成果导向教学。该项目的研究内容及 OBE 具体实施情况如下：

其一，查阅"中国传统节日"中英文资料，为设计问卷及测试卷进行知识储备。教师推荐相关书籍供学生研读，如《红楼梦》《英语畅谈中国文化》《用英语介绍中国高频 100 话题》《中国节庆文化丛书（中英双语）》等。课题组学生通过自主学习方式，掌握中国主要传统节日的名称、历史典故、传统习俗等英语表述，教师在学习过程中进行答疑并对学习进程进行总体调控。

其二，调查"在杭大学生中国传统节日文化英语输出能力"。项目组学生在教师指导下，紧扣"中国传统文化""英语输出能力"关键词，对在杭大学生的母语传统文化输出能力进行调查。采用了问卷和测试相结合的形式。

问卷设计：在教师指导下设计问卷。问卷包含传统文化学习意识、传统文化学习意愿、传统文化英语学习资源、传统文化英语表达能力和传统文化外语教学建议五个维度，共 15 个题项，如"在与外国友人交流时，你认为有必要传播中国文化吗？""你平时会观看或阅读有关中国传统节日的英语学习资料吗？"等封闭性题项；也有开放性题项，如"为了提高大学生中国传统文化的英语表达能力或更好地传播中国传统文化，您会设计什么活动？"

测试卷设计：根据所积累的"传统节日"中英文知识，梳理体现"中国传统节日"文化的典型词汇，确定测试内容。测试时被测者须独立完成，不能查阅工具书，不能上网搜索，也不能相互商量。测试卷包括两个部分。①中英词汇互译。包括"春节""红包""贴春联"等 24 个典型节日中文词汇，需要被测试者把这些词汇译成对应的英文；②被测试者任意选择一个中国传统节日，用英语介绍。

问卷调查及测试：对杭州 12 所高校的大学生进行了问卷调查，共发放问卷 529 份，收回 529 份，其中有效问卷 527 份；发放测试卷 200 份，收回 191 份。课题组学生在教师指导下对调查数据进行分析，发现 97.2% 的大学生认为，有必要与外国友人传播中国传统文化，但是能用英语熟练介绍的大学生仅占调查对象的 6.9%。项目组学生在批改测试卷时，发现测试结果触目惊心，举个例子，在 191 份测试卷中，"猜灯谜"英语表述正确的只有两份。以上仅是调查数据中的冰山一角。通过些数据分析，项目组学生对"母语传统文化"的英语表达现状有了更全面、更深刻的认识，同时也认识到大学生"母语传统文化"传承和对外传播任重道远。

其三，探索和实践传播中国传统节日文化多种途径。为有效传播"传统节日"文化，项目组借助微信公众号和喜马拉雅这两个广受欢迎的平台，设计短小精悍的中英双语文案和音频，方便大学生利用"碎片化时间"进行"移动学习"。喜马拉雅专辑名称为"Chinese Festivals 中国传统节日"，微信公众号名称为"英语畅谈传统文化"，每个成员负责一到两个传统节日的双语文案创作、推送和音频录制。在喜马拉雅平台录制推送腊八节、春节、元宵节等 15 个音频，点击量 1003 次；"英语畅谈传统文化"微信公众号推文 8 篇。

成果导向教育是对"中国传统文化"外语教学的一次新的尝试，学生的学习成果就是要达成的最终教学目标，"教"和"学"都是围绕产出成果开展并为之服务的。在整个教学过程中，学生是主体，教师是 facilitator，即诱导者，促成者，在全过程中起帮助、建议、指导等作用。

（1）成果导向教育体现了"做中学"的教学思想。美国著名哲学家、教育家杜威指出，知识的获得不是个体"旁观"的过程，而是"探究"的过程。在本研究中，学生通过研读文献，自主学习探究，了解"传统文化"的内涵及类别，建构自己的知识体系，内化为自己知识结构的一部分。与传统的植入式"传统文化"外语教学相比，通过"教学研"一体化模式构建的知识体系更加完整。

（2）通过"传统文化输出能力"这一成果项目，项目组学生发现当前大学生"中国传统文化"的英语表达能力极为匮乏，具体表现为词汇量的贫乏，传统文化知识的缺失等，深刻体会到"母语传统文化"传承和双语传播的紧迫性和使命感，"母语传统文化"学习意识和意愿得到加强。以下是课题组学生在实施调查后的感想摘录。

我们从三个学院随机访问了六十名不同专业的大学生，其中英语专业的表现较为出色，大多能够填写出问卷上 40%~60% 的问题，能用流利的口语向我们展示自己熟知的传统节日的由来及习俗；非英语专业的学生就较为乏力，有些同学写上几个便草草了事，有一些则是英语能力较弱，对于测试卷上的题目只能答出 10%~20%。同学们能够写出 The Spring Festival，但是其他有关传统节日的英语单词几乎空白。

我们调查了服装设计、建筑、电工和英语等专业的学生。从测试卷答题情况来看，同学们印象最深的就是春节 The Spring Festival，其他都是绞尽脑汁去想，使用的基本上是中式英语。经过本次调查，我们发现在杭大学生对于传统节日并不熟悉，这也使他们在测试的时候意识到自己的知识薄弱，也会因为测试卷上一片空白而感到不好意思。所以宣扬传统文化还是很重要且意义重大的！

调查过程中发现，非英语专业的同学对于英语已经是很陌生了，大部分都属于中式英语。英语专业的同学相比之下，对于英语的掌握情况更好，而且英语专业的同学不畏惧讲英语，口语能力也非常好。……但就对"中国传统节日"的测试来看，不论英语专业还是非英语专业，对于传统节日都不是很了解，许多节日的英语表达更是从未接触过。除了大家最熟悉的春节，其他相关的英语表达都是捉襟见肘。所以，我们大学生需要多花时间多花点心思去接触传统文化，并提高传统文化的英语表达能力。

成果导向教育有效实现了语言"输入"向"输出"的转化。Krashen 的"语言输入假说"（Input Hypothesis）理论指出，可理解性的，具有一定个人意义的足量语言"输入"能促成语言习得。课题组学生为完成项目，需接触大量有关"中国传统文化"的双语资料，教师提供答疑等帮助，实现语言"输入"的可理解性，从而促成"母语传统文化"英语语言的习得。而根据 Swain 的"语言输出假说"（Comprehensive Output Hypothesis），大量的实践机会则可促进对二语的理解，使学习者有效地将自己内化的知识运用到实践中，从而提高其语言运用能力。课题组学生通过各种实践，把内化的"传统节日文化"英语语言知识运用到微信公众号原创推文和喜马拉雅原创音频录制实践中，有效地促进"母语传统文化"英语输出能力。

成果导向教育改变了传统教学中教师为中心的弊端，让学生成为教学主体，唤醒激发了学生对外传播"中国传统文化"的意识，通过自觉学习，提升"母语传统文化"的英语表达能力，实现"文化自信"。

第六节　大学外语教学中的中国文化认同

在我国目前的大学外语教学中，由于广大教师极其注重英语国家文化知识在外语教学中的输入，使得中国文化几乎被忽略掉。因此，在学习过程中遇到中国文化的内容时，几乎无法用英语进行有效的交际。显而易见，英语学习不应该只是了解英美或西方文化，还应更好地理解并传播中国文化，增强大学生的民族文化认同感。本节首先论述了进行中国文化认同教育的重要性，在此基础上对外语教学中的中国文化认同教育进行具体的探讨。

大学英语作为我国高等教育阶段的语言基础课程和必修课程，不但要培养学生听说读写译的语言基本技能和综合运用能力，还要了解英美国家文化，拓宽视野，增强学生的综合文化素养。由于大学外语教学中，教师过多强调英语思维模式的重要性，加之全球文化的渗透与冲击，使得很多大学生对于英美文化的认同感远超于对母语的认同感，这与我们的课程培养目标是背道而驰的，因此，在大学外语教学中必须全面实施中国文化认同教育。

一、大学外语教学中实施中国文化认同教育的必要性

（一）培养大学生的人文素养

由于我国高等教育的职能目标是：培养专门人才、科学研究、服务社会。因此，大学阶段我们更多关注的是专业文化知识的学习和专业技能的培养。大学生的主要精力和时间都投入到专业课的学习中，这在无形中减少了对中国传统文化的学习和研究。加之，在大学英语的学习过程中深受英美国家文化的熏陶，逐渐淡化了对母语文化的认知，导致当代中国大学生的人文素养较低，道德约束减弱。所以在大学外语教学过程中，必须加强对中国传统文化知识的传授，增强学生们的民族文化认同感，提高其自身的道德素质和人文素养。

（二）激发大学生的民族情感

众所周知，中国文化为推动世界文明的发展、社会的进步做出了突出贡献。认识一个民族，需要了解这个民族的文化，只有文化上认同，才会有情感上的共鸣，才能提高民族的凝聚力，增强民族团结和促进社会安定。我们每个中国人的情感都与民族文化，祖国命运紧密相连。因此，每个大学生都应该热爱祖国，具有高度的民族自豪感，责任心，而这一切都源于对民族文化的认同。

（三）适应文化全球化的发展

中国加入 WTO 后，越来越多的外来事物渗透到大学生的日常生活中，加之在英语学习过程中深受英美文化的感染，这都对大学生的文化立场产生了巨大的影响，很多大学生浅显地认为，欧美国家的文化不论其内容和性质都是好的。由于盲目地崇洋媚外，致使当代大学

生的文化素养降低，道德观念日趋下降。这种对民族文化认同感的缺失会给我们国家的未来和发展带来严重的威胁。因此当代大学生必须加强对母语的认知，大量阅读中华民族优秀的文化遗产，丰富自己的人文精神，增强民族自豪感和社会责任感。

二、大学外语教学中大学生进行文化认同教育的策略

（一）修订教学大纲

在传统的大学外语教学大纲中，对中国传统文化的介绍都只是在极个别单元中有所涉及，但是内容相对较少。学生们在日常学习中只是零散地接触到中国传统文化，缺乏系统的学习，这对学生全面了解中国优秀传统文化十分不利。因此，为了加强大学生的民族文化认同感，必须在大学外语教学大纲中纳入中国传统文化因素，以此来提高民族文化在外语教学中的地位。大纲的制定必须要求分层次进行外语教学，在要求识记的大纲词汇中，加入适量的有关中国传统文化的词汇。

（二）完善课程设置

在大学外语教学中，涉及众多与英美国家文化有关的课程，但是针对中国文化的课程设计却相对较少。因此，学生在日常学习生活中，所接触到的是各式各样的英美国家文化内容。长此以往，这对中国文化的继承和发展十分不利。因此，我们需要在大学英语的课程中将中国的物质文化和精神文化纳入到课程体系中去，以便有效地增加文化内容的含量，改善学生的英语运用能力。

（三）改革教材

目前，国内几乎没有与中国文化相关的大学英语教材，这使得教师在教学过程中很难进行中国文化认同教育，同时也给学生在跨文化交际方面带来困难，学生只能停留在理论层面，不能得到良好的锻炼。这些事实的存在导致很多学生不能深入了解中国文化。因此大学英语教材的编写方面，应该将反映中国文化的文章译成英文，使学生在训练听说读写译的基础上，增强对本国文化的英语表达能力。

（四）考试改革

传统的大学英语教材主要培养和考查学生听说读写译的能力，其中听说读写译的材料几乎不涉及有关中国文化的部分，没有考试的压力，大学生更加不会将更多的时间和精力放到中国文化的学习上。为了能考出理想的成绩，便会增加对英美文化的学习，这对中国文化的学习和发扬是极为不利的。因此，我们需要在考试中增加与中国文化相关的考察点，例如四六级考试中增加大量的中国文化素材的翻译，如果对传统文化和相关术语的英文表达不甚了解，就很难在翻译中取得高分。

（五）更显观念

要使中国文化在大学外语教学中占有一席之地，首先广大英语教师要转变传统的外语教学理念。只有教师改变自己的教学模式，充分重视中国文化在外语教学中的地位，加强自身在中西文化知识方面的素养，将二者巧妙的融入课堂教学。这样既可以培养学生的文化意识，又能增强学生对中西方文化的深层次理解。

总之，在大学外语教学中加强对中国文化认同的教育，是继承和发扬我国优秀传统文化

的需要，也是提高大学生跨文化交际的需要。鉴于当前外语教学的现状，我们必须在大学外语教学中引导学生接受中华民族的优秀文化，增强民族意识，消除文化认同危机。

第七节　大学外语教学与中国传统文化自信

随着全球化的不断发展，世界各国的交流越来越频繁，越来越多的外国文化融入我国人们的生活当中，对于我国人们的生活方式和思维方式造成一定的影响。当代大学生处于建立世界观、人生观、价值观的关键时期，如果无法建立起文化自信，一味地追求外国文化和生活思维方式，那么一定会对其三观的树立形成一定的冲击，对于即将进入到社会的大学生而言极为不利，所以说必须建立当代大学生的文化自信。本节立足于中国传统文化自信建立的角度，通过对大学外语教学方式进行分析，探索二者融合发展的具体措施。

一、文化自信相关概述

（一）文化自信的内涵

在每一个国家和民族的延续和发展当中文化都有着非常重要的作用，在社会建设的各个方面中都能够看到文化的影子，文化维系着人们的生产和生活，同时可以通过文化对不同的民族进行区分，表现出独特性的特点，是每一个国家在发展的时候都必须要重视的。那么文化自信就是在文化方面的自信，是对于自身国家和民族文化的认可和相信，并且对本国文化的传承和发展展现出自信心。

（二）文化自信的特点

在经历了五千年的发展之后，无论是我国的文化还是我国人民的文化自信都显示出时代性的特点，而现阶段所提倡的文化自信就是结合了时代特色的社会主义文化自信，主要特点有以下几个方面。首先是文化自信反映出了我国数千年文化的传承与发展，并且在很大程度上表现了民族特色，我国文化发展到现在已经成了独特的体系，同时也是文化自信强有力的基础；其次是文化自信能够引导我国现阶段的社会主义建设，对于我国人民的三观建立以及价值判断都有着强有力的引导作用，促进社会主义现代化建设；再就是能够促进人民的思想精神建设，使我国人民在对文化自信内涵全面了解的基础上完成感情的升华；最后是能够对我国文化的吸引力进行进一步的加强，增强我国文化的国际影响力。

二、大学生文化自信现状

（一）大学生尚未对文化自信形成全面的认识

认识问题是对问题进行深入探讨的基础，只有先全面了解文化自信才能真正地做到文化自信，但是从对目前现状的了解来看当代大学生还未能对文化自信形成全面的认识。在实际的大学外语教学当中，大部分高校在进行外语教学的时候都是把英语知识和英语技能作为重点，却不能采取好的方式来对中国传统文化进行传播。在这种情况之下高校学生无法在外语教学当中学习到中国传统文化，反而是将西方文化作为学习的重点，再加上当代大学生对于中国传统文化的普遍不重视，长久下去不仅导致大学生无法对中国传统文化以及文化自信形成较为全面的认识，甚至是英语教师也不能完成对中国传统文化的深入理解，从而导致高校学生无法建立起文化自信。

（二）对于文化自信不重视

对于文化自信的不重视属于意识层面的问题，而意识往往是指导实践的关键所在，主要表现在以下几个方面：首先是当代大学生生长在信息技术发达的时代，每天都受到文化多样性的冲击，在这种情况之下很容易会受到一些不良信息的影响，并且长期处于互联网冲击下的大学生逐渐丧失了传统文化学习的意识和动力，很难形成文化自信；其次不重视还表现在高校英语教师的不重视，大多的英语教师所接触的都是西方文化，无论是在思想上还是在生活方式上都多少会受到西方文化的影响，而其传统的外语教学方式当中几乎没有中国传统文化的出现，也就很难对文化自信重视；最后是高校领导阶层对外语教学当中中国传统文化自信建立的不重视，在大多数的领导阶层意识当中外语教学就应该与中国文化进行一定的分离，这样才能保证学生在学习英语的同时学习西方文化，或者是大多数的领导都会以为大学生外语教学中中国传统文化自信的建立是多此一举，也就是在这种意识的影响下导致一些促进英语课堂中传统文化建设的方案迟迟不能实施，很难帮助大学生建立文化自信。

三、大学外语教学帮助大学生建立文化自信的发展措施

（一）革新意识，完成对文化自信的全面认识

本节中已经说过意识的重要性，必须先行对意识方面进行革新才能更好地展开后续工作，而意识的革新主要可以从以下几个方面进行。首先是对高校领导阶层进行硬性要求，毕竟领导阶层不是大学英语课堂的直接接受者，所以需要通过硬性要求使其明白大学外语教学中融入中国传统文化自信的重要性，在此基础上才能做出一些有益教学工作的规划；其次是对大学英语教师的意识进行革新，教师是大学英语课程的教授者，其意识是否革新在很大程度上决定了教学内容，可以在领导阶层完成意识革新的基础上对教师进行指导，从而完成对大学外语教学的具体规划；最后是对学生的意识进行革新，要先使学生明确建立文化自信的重要性，使其感知到中国传统文化的魅力，在此基础上主动地去接受去探知中国传统文化，从而建立其文化自信。

（二）优化大学外语教学

既然是通过大学外语教学来完成建立文化自信的目标，就必须对现阶段的外语教学进行优化，而具体的优化措施可以有以下几个方面：首先是对教学方式进行优化，以往的高校外语教学方式是单纯的为教授英语知识，传授英语技能，传播国外文化为目的，而想要使大学外语教学能够帮助建立文化自信，就必须将教学的侧重点转移到中国传统文化方面，在此基础上完成对教学方式的转换；其次是教学内容的优化，以往的大学外语教学当中主要内容都与中国传统文化无关，大多是在传输国外的生活方式和思维模式，间接地传播国外文化，必须对这种形式进行改善，要在大学外语教学当中大量的加入中国传统文化内容，以英语的形式对中国传统文化进行传播，从而引起高校学生的文化共鸣，促进其文化自信的建立；最后是对英语教师的专业素养和教学能力进行提升，想要在课堂上传播中国传统文化，就必须使

教师先对传统文化有深入的了解，必须先保证教师有能力对中国传统文化进行传播。

（三）利用现代信息技术助力大学生文化自信的建立

处于信息时代就免不了对现代信息技术的使用，现代信息技术在给大学生文化自信的建立带来难度的同时也提供了机会。首先是英语教师可以通过对各种社交媒体的使用来传播中国传统文化知识，像是一些传统文化文献的英译版可以通过社交媒体进行更加便利的分享；同时英语教师能够通过现代信息技术来加强与大学生的思想互动，思想上的交流能够使大学生更加直观且深入地了解到中国传统文化，从而促进文化自信的建立。

经过本节的分析可以知道，通过大学外语教学建立中国传统文化自信虽然存在着一定的难度，但是还是有很多可行的措施能够促进工作的顺利开展，希望本节能够对当代大学生文化自信的建立提供一些帮助。

第四章 英美文学与外语教学

第一节 英美文学融入大学外语教学

如今在全球一体化形式下，英语是用来沟通和交流的通用语言。大学英语是中国高等学校教育中的必修课和基础课程。学生不仅要加强英语的听说读写译等基础能力，还要提高英语的综合素质，以便适应我国的国际交往和社会发展的需要。如果想提升学生英语能力的综合素养，就需要学生学习西方的文化背景和文学，教师要探索将英美文学与大学外语教学充分、有机地结合。

一、英美文学特点和培养目标

文学的特点是形象生动、凝练精美、典雅深邃。文学语言具有生活语言的特征，它来源生活、反映生活，具有朴实自然、通俗易懂的特点。文学是被加工和提炼的语言，因此文学是语言的艺术又是艺术的语言，是时代和生活审美的产物。优秀的文学作品承载着历史的重量和作者的智慧与思考，文学作品中有丰富的、经典的语言片段及深刻的人生哲理。文学语言是语言应用的最高层次，文学作品是最合适的学习语言与文化的材料，一部优秀的文学作品是世界上最贴切而强有力的语言。英美文学作品中的语言是英语的精华，里面包含千姿百态的人生，充满富于哲理和催人奋发的警句名言。教师指导学生学习和涉猎英美文学就是让学生身处英语语言环境和感受文化氛围，通过学习文学，学生可以快速地获得英语知识。

对于非英语专业的学生，英美文学培养目标有三个：第一是阅读和体验英美文学原著，这是一种基于感性认知的经验层次。它强调把阅读英美文学作品的过程交给学生，让学生亲身阅读和体验英美文学经典作品，在此过程中，逐渐培养起对阅读的兴趣和欣赏判断的能力。同时，由于学生阅读大量文学原著，他们的英语听说读写译的能力和水平也得到了提高。第二是通过英美文学认识英美文化和风俗，这是一种基于文化认知和文化认可的跨文化交流层次。它的重心是帮助学生拓宽文化视野和思想范畴，进而增强学生的综合人文素质和跨文化交际的意识和能力。文学是文化的重要载体和民族个性的重要表现形式，学生通过大量阅读英美文学，就可以学到英美文化和跨文化交际。第三是通过学习文学领悟人生和生命的意义，培养人文情怀，张扬人文主义精神，这是基于人文关怀和道德塑造的哲学层次。它的重心是陶冶学生情操，开拓学生视野。学生在文学作品中认识人生，丰富精神文化生活。因为文学涉猎广泛的题材，充分表达并反思生活方面的价值，这是最好的提高道德修养的途径。

二、在非英语专业的大学外语教学中融入英美文学的可行性和意义

在非英语专业教学中开展英美文学教学是可行的,完全具备开设英美文学的软硬件条件,原因有以下几条:其一,学生深受英美文化的影响。中国大学生对西方文化了解很多,对西方文化更感兴趣。对英语教育而言,这是一个好现象,好机遇,应好好利用,为英美文学教学服务。其二,学生的英语水平普遍提高。近年来,我国中小学外语教学改革的力度很大,成绩突出,很多新生英语词汇量大,有能力阅读原著。未来中小学生的英语能力将分为九个等级,高中毕业时的英语水平相当于现在大学非英语专业学生的四、六级水平。其三,教师教学和科研能力强。现在从事大学公共外语教学的教师水平有了很大的改善,教师的教学和科研水平提高很快。很多教师就是专门研究英美文学的,而且都对英美文学作品有自己独到的见解,这些教师愿意在大学外语教学中融入英美文学课程,并且愿意发挥自己的特长来研究新的教学模式和促进专业研究并提高科研效果。其四,教学手段先进和多样。现在多媒体教学手段普遍运用在教学中,各高校基本都有完备的语音室、多媒体教室、校园网络、教学电台等一系列的现代化教学硬件设施,并且拥有大量的多媒体软件资源。教学资源不仅有英美文学原著文本,还有文学名著影碟,综合了视听说多媒体特征,更加形象直观。因此,借助多媒体教学手段在课堂上播放文学作品,会使学生产生极大的兴趣。

在大学外语教学中融入英美文学的意义十分显著。首先,增强学生的积极性和兴趣。文学作品丰富多彩,文学大师原汁原味的语言会激发学生阅读文学作品的兴趣,使学生养成主动阅读文学作品的好习惯,从被动学习变成主动学习。学生不仅品味不同文化的语言,而且提高了阅读水平。其次,提高学生的语感和语言运用能力。文学作品是最为丰富的语言材料,包含各类词汇、句式和语法知识,通过大量的阅读就会提高学生对语言的感受能力和对作品的鉴赏能力,对语言特点更加敏感,进而提高对语言的认识。再次,提升学生的思维能力。阅读文学作品有利于培养学生的创新能力和拓展学生的思维方向,提高创造性思维能力。作品为学生提供了开发性思考、解读、辩证和分析的机会,这就培养了学生独立思考和批判性思考的能力。第四,培养学生的人文素养。文学作品作为文化和语言的双重载体,记录着人类在文明发展的道路上积累的智慧与精神的结晶,具有道德教育的意义。英美文学是重要的文化资源,帮助学生开阔视野、陶冶性情、提高品位、塑造完美人格,从而培养健康向上的人生观和价值观。最后,帮助学生了解西方文化。学习英美文学是了解西方文化的重要途径,作品中包含着对生活的思考、价值取向和特定的意识形态。学生会接触到西方的思想观点、西方人的视角和价值评判,加深理解西方人的思维方式,逐步了解西方文化和风土人情。

三、英美文学融入大学外语教学的途径和方法

讲授英美文学历史发展过程和欣赏方法。在学生大量阅读之前,教师可以安排几个专题讲座为学生讲解英美文学史大致的发展脉络,以便学生大致了解作品所处的年代,以免学生盲目地、毫无关联地阅读文学作品。同时讲授英美文学概况和在不同时期的特点,不同时期的历史背景,不同时期的代表性作家及其写作风格和特征,这样学生在读作品时思路更清晰。安排"西方名著赏析"这样的专题讲座,挑选代表性的作家作品,如:莎士比亚、狄更斯、海明威等的作品专门分析讲解讨论。或开设某一文学专题,如:浪漫主义文学、圣经文学、

希腊神话等。此外，教师还应介绍一些文学作品的欣赏方法，如文本细读，对比与比较，人物分析和文体分析等，指导学生从哪个方面去体味和思考作品。

充分利用计算机网络。很多学校配备信息化设备等优秀资源，为学生创造良好的学习环境。计算机网络是高校应用最为广泛的技术手段，在有限的时间内，教师组织有效的英美文学教学，这需要借助计算机辅助手段。在教学中充分发挥计算机和多媒体技术的应用优势，采用音频、视频等方式呈现出文学信息内容的多样化。同时，教师可利用信息化网络的交互性，在网上开设英美文学作品展览，向学生推荐优秀的英美文学作品，或编辑一些测试题，或参与学生的网上交流和讨论并答疑解惑，提高学生的学习效率。

合理分配课上和课后的阅读任务。精读和泛读的选材要考虑作品的难易程度和学生的阅读能力和阅读兴趣，作品内容积极健康，语言地道优美。教师在课上节选作品的精彩部分进行精讲，其内容特色要适用于精读。在精读讲解之前，教师安排学生预习作品大意并总结归纳，课上教师详细分析经典细节。其余的作品部分可设为泛读，了解作品内容，欣赏风土人情、语言习惯，让学生在一或两个星期内完成。课后教师要增加学生的阅读量，给学生列出课外阅读书目，由简入深，并让学生记录读书笔记和成果，逐步养成阅读习惯，对作品才会有更深层次的思考。

安排丰富多彩的英美文学学习活动。除了精读和泛读这些基本的阅读活动之外，教师还应安排一系列的其他活动，激发学生的思维，帮助他们了解作品。教师让学生背诵名篇的经典段落并课上检查。课堂讨论是英美文学学习的重要部分，教师将学生分成若干小组，学生两人或多人讨论，然后在班内自由发言，分享心得。精讲作品之后，教师当场设定游戏环节，让学生思考并抢答问题的答案。教师在学生阅读某一名著之后，鼓励学生将精彩部分编成剧本在课下排演好并在课上表演，或者在课下表演同时制作成视频短片，学生在课堂上欣赏和品鉴。教师还可要求学生给一些经典文学作品的片段配音，在课上开展配音竞赛等。教师安排学生做阅读演讲展示，教师先布置给学生某一书目，给出赏析的思路和研究的角度，然后学生查阅资料边读边进行文学研究，在课堂上学生演讲时要有条理地表达读书体会和研究成果。教师在课上利用多媒体给学生播放原版电影，帮助学生身临其境地理解作品。安排学生每学期末上交一份读书报告，在网上和学生分享读书心得。通过参加以上这些活动，学生学习的积极性就会被充分调动起来，学生学习语言的同时感受语言和文化的魅力并深化对文学作品的理解。

在大学外语教学中融入英美文学教学是十分必要而且可行的，是国家和社会培养复合型人才的需要。阅读文学作品使学生感受到英美文化的氛围，提高学生英语综合能力水平。大学英语和英美文学教学结合就是把语言训练和人文知识结合起来，提升学生的文化素养和文学审美能力，培养出符合时代要求的英语人才。教师首先要制订英美文学教学的目标和任务，逐步培养学生阅读的兴趣和习惯，探索教授非英语专业学生英美文学的教学方法和思路模式，最终提升学生的综合素质并推动大学外语教学改革的发展！

第二节　英美文学作品阅读与外语教学

近年来，许多高校都在修改英语专业教学大纲，削减英美文学课程，增设经贸英语、金融英语、法律英语、旅游英语和文秘英语等实用课程，将英美文学课程由原来的必修课和主干课降为选修课和辅修课，使英美文学课程在英语专业教学大纲中的权重降低，甚至沦为边缘课程。这种做法无形中降低了学生对英美文学课程重要性的认识，影响了他们对待这门课程的态度，在一定程度上填塞了他们最为快捷、生动地学习英语语言和西方文学与文化的有效途径，不可避免地影响学生人文素养的熏陶和提升。高等院校英语专业的情况尚且如此，大学外语教学以及中学的外语教学中的情况就更加令人担忧。

有鉴于此，本节拟从英美文学作品阅读对英语学习的重要性入手，探讨作品阅读和教学的关系，指出学习或阅读英美文学作品在激发学习兴趣、扩大词汇量、提高阅读理解能力、提升写作水平、积累文化背景知识和提高跨文化交际能力等方面对学习英语所起到的重要作用。在外语教学中应加强对英美文学作品的阅读并采用多种教学方法，以期为英美文学作品阅读和外语教学搭建桥梁，使两者相互促进、相得益彰，从而为广大的英语学习者提供更有效、更持久的学习路径。

一、英美文学作品阅读的重要性

（一）英美文学作品与精神文化生活

改革开放以来，随着英语的普及，西方国家尤其是英美两国的文学作品在国内已随处可见，无处不在。首先，英美文学作品的原版书籍和中文译本充斥着国内的图书市场，而且价格不高，给人们接触和阅读这些作品提供了极大的便利。其次，根据英美文学作品改编而成的影视作品在国内也得到广泛传播，受到观众的喜爱和欢迎。几乎所有英美文学经典作品都有被改编成影视作品，有的甚至有数个不同的版本，譬如英国文学中的史诗《贝奥武夫》、莎士比亚戏剧、17 世纪约翰·班扬的《天路历程》、18 世纪丹尼尔·笛福的《鲁滨孙漂流记》、19 世纪简·奥斯丁、夏洛特·勃朗特、查尔斯·狄更斯和托马斯·哈代等作家的小说等。第三，英美文学作品中的某些诗歌以歌曲的形式广为传唱，受到我国读者的青睐。像莎士比亚的"十四行诗十八"、罗伯特·彭斯的"友谊地久天长""一朵红红的玫瑰"及叶芝的"当你老了"等，就是深受大众喜爱的英美文学（歌曲）作品。

这些现象表明，英美文学作品或有关英美文学的元素已经融入我们的日常生活中，已成为我们精神文化生活中非常重要的组成部分。为了更好地进行文化对话和交流，我们需要了解熟悉它们，"取其精华，去其糟粕"，做到兼修并蓄，避免出现误解或误读而影响交流的现象。

英语学习者，尤其是英语专业的学生，有必要去了解和学习英美文学作品，去熟悉英美国家的表层文化，挖掘其背后的深层文化内涵（在英美文学作品中体现得极为明显）。在夯实英语语言基本功的同时，培养自己的批判性思维和跨文化交际的能力等。在外语教学中，需要将单纯的语言学习和文学与文化的熏陶进行结合，以塑造既有语言技能又有文化修养的高素质人才。"在教学上，将语言和文学与文化的元素分离的做法是极其错误的，这好比是教给学生音调和音阶，却不教给他们歌曲一样。其结果是可以预见的：他们知道怎样唱歌，但是不知道要唱什么。"这表明，对于外语教学来说，英美文学作品的阅读或学习就相当于音乐教学中对整首歌曲的学习了。

英美文学作品与我们的日常阅读、影视欣赏、歌曲传唱、文化交流和系统的英语学习等都有着十分紧密的联系。阅读英美文学作品是一种非常重要的认知活动和审美体验，是我们精神文化生活中不可或缺的一部分。我们应该加强而不是削弱它在我们的生活与学习中的地位。

（二）英美文学作品与英语学习

学习和阅读英美文学作品可以给学生提供一个学习英语语言的媒介，使之在了解、欣赏英美文学与文化知识的同时，提高读、写、听、说、译等各个方面的能力，培养学生的英语思维，提高学生对英语语言的综合运用能力。这主要体现在以下几个方面。

1. 激发学生学习英语的兴趣

优秀的英美文学作品中的故事生动有趣、情节跌宕起伏、人物形象丰满、语言优美流畅，很容易激发学生的学习兴趣。如向中学生介绍阅读斯威夫特的《格列佛游记》、罗伯特·斯蒂文森的《金银岛》和马克·吐温的《哈克贝利·费恩历险记》等英美小说的简易版本，就很容易勾起他们的阅读欲望，激发他们的阅读热情。大学阶段的学生则适合阅读《简·爱》《呼啸山庄》《名利场》《远大前程》《苔丝》《永别了，武器》和《了不起的盖茨比》等英美小说，这些小说中关于成长、爱情、婚姻、成功、名利、欲望和梦想等方面的主题会深深地吸引他们，引起他们的强烈共鸣。

2. 帮助学生扩大英语词汇量

大量地阅读英美文学作品，可以扩大英语学习者的词汇量。阅读时，摆脱字典的束缚，通过上下文揣测生词的意思，提高对英语语言的感知和理解能力；阅读之后，再去查阅字典，更准确地查询、熟悉词汇的不同意思和用法，从而锻炼学生理解和正确地运用词汇的能力。

3. 提高学生阅读理解的能力

阅读英美文学作品，本身就是一种阅读训练。通过对生词意义的揣测，运用关于英语文章和段落的阅读技巧，理解作品的大概内容，实现阅读理论和实践的结合，提高英语阅读理解的能力。可以说，大量地阅读英美文学作品，有助于学生了解各种不同的语言结构和各种表达思想的方法，为学生提供运用多种阅读策略的机会，有利于提高学生的英语阅读理解能力。

4. 提升学生的英语写作水平

阅读英美文学作品，熟读地道、经典的语言表达，学习文学作品的写作风格（用词、句法和修辞等），通过不断地模仿练习或训练，可以提高英语学习者的写作水平。值得指出的是，对英语专业的大学生而言，阅读英美文学作品之后，对自己的阅读体会进行总结、概括，或者对作品的情节内容、人物特征、主题思想和艺术特色等进行概述和评论，可以锻炼他们的归纳、分析和综合的思辨能力，从而提高他们的英语写作水平，甚至是进行学术写作的能力。

5. 帮助学生积累文化背景知识、培养英语思维能力

有论者指出："教外语不单纯是外语知识的传授，而是要与文化知识、社会背景等紧密结合。"这表明，在外语教学中需要积极地引入英美文学作品的学习或阅读。阅读英美文学作品，可以帮助学生了解和积累有关英美国家的文化背景、社会习俗和历史传统等方面的知识，领略和体会异国风情，拓宽学习的视野。阅读时，从人物、情节和心理活动的描写等方面揣摩和感受西方人的语言习惯和思维习惯等，可以培养学生的英语思维。

6. 提高学生的实际交际能力

在涉外交际活动中，仅靠正确的语法和词语表达、准确的语音语调是不够的；如果不了解英美国家的风俗传统、行为习惯和思想观念等文化特征，就会容易产生误解，影响交际的

顺利进行。英美文学是英美国家文化的重要组成部分。了解英美文化，更好地促进对外交流，在学习英语语言的同时需要了解英美文学的相关知识。通过阅读英美文学作品，学习者可以更好地进行实际的交流与沟通，尤其是在与外国友人交往时，可以起到调节、润滑交流的作用，以避免出现文化休克和交流障碍等影响跨文化交际的现象。

7. 提升学生的精神品格和人文素养

文学是一种人学，是教育我们如何为人的学问。正如虞建华教授所说："文学是认识人生、丰富经验、开启心智的学问。它可以陶冶情操、开阔视野、丰富精神文化生活。文学涉猎广泛的题材在表达悟识、反思生活方面的价值是任何其他方面的学习所难以取代的。"学习和吸收优秀的英美文学作品中的惩恶扬善、追求自由平等与博爱、歌颂劳动和爱情、赞扬勇敢和正直、批判剥削和压迫、追求真善美等思想，可以激励学生思考自我、完善自我，更好地塑造他们的精神品格，提升其人文素养。

二、英美文学作品阅读与外语教学

学习英美文学作品或阅读英美文学名著，对英语学习具有非常重要的促进作用。然而，不是任何人都可以轻松地或随意地将它付诸行动的。这对英语学习的教师和学生都提出了一定的要求。为了更好地利用英美文学作品来促进英语学习，需要相关的教师和学生遵循一定的方法，进行密切的合作与互动，从而使英语的教与学达到较为理想的效果。

（一）教与学的要求

"英美文学"课程是高等院校英语专业在高年级开设的课程。这表明英美文学的学习具有较强的专业性和一定的学习难度，它需要专门的教师来讲授，也需要学生具备一定的英语语言功底。就高等院校的英语专业而言，讲授这门课程的教师都有硕士以上的学习经历，而且研究方向都是英美文学，否则，这门课程的教学质量是难以得到保证的。对中学英语教师来说，需要做好一些准备工作：了解英美文学的基本知识；熟悉重要作家的重要作品；了解或观看英美文学作品改编的电影电视等。阅读英美文学作品，可以先看中文译本，再看英文原著。大量阅读，反复阅读，通过知识储备就能完成讲授英美文学作品的任务。简而言之，只有教师自己夯实了自身的英美文学知识，了解英美文学作品的情节内容、叙述技巧和思想主题等，才能向学生推荐适合的作品，从而更好地与学生交流和互动。

英美文学作品的学习和阅读对学生或学习者也提出了一定的语言要求。对英语专业的大学生而言，英美文学这一课程在三年级开设，其实他们已经具备了较好的英语语言功底，对他们的基本要求是，除了掌握英美文学史的相关知识和理论之外，要尽可能多地阅读原版的英美文学作品。对中学阶段的学生而言，首先要做的就是努力学习和掌握基本的词汇量和基础的语法知识，然后按照要求，及时完成与英美文学作品阅读有关的任务（阅读、写作、讨论、汇报、表演、朗诵和歌唱等）。正如刘炳善教授所说："不可把学生的外语知识视野仅限于课堂上所教的讲义——那些知识虽然重要，但范围有限。""应鼓励他们阅读生词不多、程度浅易、内容生动有趣的外文书籍。"因为这些读物生词较少，不用花很大精力去查字典，注意力可以集中在内容和文字的表达方法上，因此可以读得快，读得多。这样，基础的语法和词汇现象可以反复接触，从而加深正确使用它们的印象。同样，反复见到常用的习惯用语、动词搭配等，有助于学生进一步了解在什么情况下使用它们，而不至于把英汉词汇机械地对应起来。总之，阅读英美文学作品或英语简易读物，可以多角度、多层面地提高学生学习英语的兴趣，提升他们的英语学习质量。

（二）教学方法

在具备相关的条件或打下一定的基础之后，还需要进行系统的、有规律的教与学，这就需要在课堂或课后进行教与学的合作互动。我们认为，将英美文学作品阅读与外语教学结合起来的方法，大致有以下几种。

1. 读书报告法

这一方法的特点是简便可行、易于操作，但有一定的难度。它更多的是让学生在课后去完成相关的任务。对大学英语专业的学生来说，它需要学生在规定的时间内完成原版英文作品的阅读，然后写出读书报告；对中学阶段的学生而言，只需要阅读简易的英语读物，然后写出读书报告即可。具体来说，它首先需要教师认真筛选适合不同学习阶段的英美文学作品。布置阅读任务之后，学生要在规定的期限内完成一份读书报告，报告的内容可以是写读后感、阅读总结或者文学评论等。学生完成任务之后，教师需要对学生提交的报告进行评阅和打分，反馈存在的主要问题。

2. 讨论教学法

讨论教学法比较适宜于小班教学。这一方法，可从以下几方面展开：首先，相关教师需要将学生分成几个小组，布置学生需要学习和阅读的英美文学作品（或简易读物），把设置好的问题提前告诉学生，让他们带着问题阅读和思考。然后，在下一次或规定的某一次课上，让每个小组（用英语）就相关的问题进行讨论，再选出一位学生进行汇报。最后，就是教师的点评或评价。在分组和设置问题时，有两种选择：其一，每个小组都需要完成所有的问题；其二，不同的小组完成不同的问题。相关教师可以根据不同的问题或不同的小组情况进行不同的安排。值得一提的是，在讨论之前和之后，教师要注重学生批判性思维的培养，不要将学生的思维限定在所谓的权威的或正确的解释上。我们要让学生看到所有的问题都是开放的，要让他们相信，意义和价值并非固定在某个地方，既不在作者的意图或潜意识的动机那里，也不在文本的语境中，既不在某种特殊的理论原则那里，也不在批评家或教师那里。向学生强调这一点，有助于他们学会个性化的阅读和形成独立思考的能力。

3. 诗歌朗诵、背诵和演唱法

在英美文学作品当中，有很多非常优美的诗歌，它们适合朗读和背诵，有的诗歌甚至还被谱成曲，成为十分动听的英语歌曲（例如彭斯的"友谊地久天长"和"一朵红红的玫瑰"以及拜伦的"她在美中行走"等）。在课堂上讲授这些诗歌时，就可以采取朗诵、背诵或演唱的方法，去吸引学生的注意力，调动学生学习这些诗歌的兴趣。在对诗歌的语言表达、修辞手法和主题思想等进行分析之余，教师可以通过朗读、演唱或播放音频或视频的方式让学生更直观、更形象地理解这些诗歌，并布置学生课后去熟读乃至背诵和学会演唱这些歌曲。通过这些方式学习诗歌，既让学生轻松愉快地学习了英语诗歌的语言特点，感受到了英语诗歌的艺术（音乐）魅力，又活跃了课堂气氛，使原本显得单一的课堂教学充满歌声笑语，这未尝不是一种可行的教学实践。

4. 翻译对比法

学习英语，离不开翻译练习。在英语课堂上，英语教师可以从英美文学作品当中选取一些精彩的、有趣的、有意义的片段，给学生做翻译练习。在检查点评时，让学生对照一些名家名译，指出差距所在，点出可以学习或模仿之处。久而久之，学生的翻译水平就会得到提升。譬如，在谈及如何读书时，可以拿17世纪散文大家弗兰西斯·培根的"论读书"中的一些句子让学生去阅读和翻译,然后和名家名译(如王佐良所译的"论读书"等)进行对比学习。

5. 歌曲听写法

英美文学作品中的很多诗歌被谱写成了旋律优美的歌曲。在外语教学中,可以适当地将这些旋律优美又极其感人的歌曲,播放给学生听,并设置相关的练习让学生去做,这也是一举两得的事情。一种简单的方法即是,将这些诗歌的歌词,通过PPT展现出来,去掉其中某些有意义或有难度的词汇、形成空白、让学生边听边写,听完之后进行检查核对;反复几次,直到大部分学生都能准确地将空白处的词汇听写出来为止。这样,既让学生学习和阅读了这些诗歌,又锻炼了他们的听力,对英语语言中的连读、弱读乃至一般词汇的发音等都进行了较好的训练。

可以说,上述这些方法,在注重语言技能训练的基础上,输入文学或文化方面的相关知识,增加英美文学作品阅读在外语教学中的权重,使原本略显单调和枯燥的外语教学更为生动和有趣。此外,这些方法对英语教师和学生都提出了较高的要求,既有课堂内的教与学,又有课堂外的自主学习,可以充分调动学生学习英语的积极性和主动性,使之成为外语教学中的主体,有助于改善传统外语教学中的师生关系。它们既适合于英语专业的外语教学、大学外语教学,也适合于中学阶段的外语教学。相关教师可以根据课时和课程的内容进行适当的取舍,以更好地为外语教学服务。

"学习文学是语言学习的最佳途径。"学习英语,离不开阅读英美文学作品。阅读英美文学作品,可以激发学生学习英语的兴趣,加深学生对词汇、句式和语法的了解,从而扩大学生的词汇量并提高学生的阅读理解能力,增强英语语感并提升写作能力。可以说,阅读英美文学作品对提高学生的读、写、听、说、译等各个方面的能力都具有极大的促进作用。从更深层的意义上来说,大量地阅读优秀的英美文学作品,可以使学生了解和掌握英美两国乃至西方国家的历史、伦理、道德、艺术和哲学等方面的人文背景知识,在潜移默化中提升人文素养,塑造精神品格,健全人格操守。总而言之,深刻地认识到英美文学作品阅读对外语教学的重要性,并按照本节探讨的诸多方法竭力地践行之,那么,我们的学生就会成为"在某个特殊方面有专业知识",又"有广泛的文化修养"的人才。

第三节　英美文学与大学外语教学中的价值

作为创新型教学的重要组成部分,英美文学在现阶段国内高校外语教学实践中的应用空间不断扩大,通过英美文学的应用使得学生对英语产生了兴趣和热情。通过组织学生学习英美文学,可以促使学生在互动交流过程中发现问题,并及时进行调整。对于高校英语教师而言,基于英美文学的教学应用,可以有效地减少学生对英语的抵触情绪和教学阻力,对于提高教学指导效率具有显著的作用。

一、英美文学的应用有利于激发学生的学习兴趣

对于学生而言,只有对英语这门学科产生了兴趣以后才能全身心地投入学习,并且能够快速掌握技能和要点。兴趣和爱好是学生最好的老师,现阶段多数学生学习英语知识的目的在于应试或留学,纯粹爱好英语的学生可谓凤毛麟角。从实践中可以看到,多数学生在学

习英语时会阅读中译本的文学作品，可以此为基础来有效诱导和引导学生阅读一些英美文学作品，并且激发他们的兴趣，使他们感受更多的英美文化；通过对比译著、原著之间的区别，深切感受不同国家之间的文化差异和风土人情。同时，还应当不断增加学生对英语的兴趣，增强他们的语感和语言应用意识与能力。在英语词汇教学过程中，建议以 Gone with the Wind 为载体，引导学生学生基于人物的特定语言词汇运用去感受人物之间的性格差异。比如，Frankly，my dear，I don't give a damn.体现的是女主人公的洒脱、独立个性与形象。从这一层面来讲，在大学外语教学过程中，英美文学的应用可以加深学生对一些具体词汇的理解，在提升他们应用这些词汇能力方面所起的作用不容小觑。在教学实践中教师利用英美文学的内容，可以深化学生的认知。比如，在外语教学过程中应用 A Farewell To Arms 的内容，给学生全面讲解单词"arm"的含义，使学生能够准确把握不同翻译对于了解产生的不同影响；学生在学习时更注重词汇的认知与理解，这样可以使教学起到事半功倍的效果。

二、英美文学的应用有利于提高学生的人文素养

高校教育的主要目的在于培养人才，纽曼曾言大学教育的根本在于促使学生理智成长，并将其培养成一名合格的公民。由此可见，在大学英语教育教学过程中应当对学生加强人文素养教育，其中文学教育是重点，其核心是人文精神的发扬以及传承。就文学本质而言，其不仅仅是年代数字、人物介绍以及历史事件等，更为重要的是人内心的情感体验。在高校教育教学过程中，学生心理分析以及情感体验的把握是关键，通过英美文学的教学可以帮助学生树立正确的三观。在高校外语教学过程中应当正确认识英美文化价值所在，通过加强英美文学教学使学生全面准确地了解世界各民族的文化与生活习惯，同时包括社会变迁以及人们的价值观念变化等，从而启发学生对思想动态以及社会生活深思，提高学生们的修养与学习思考能力。比如，在翻译技能教学过程中可借助英美文学开展教学活动，使学生有效地提高翻译能力。

三、英美文化的应用有利于提高学生的沟通交际能力

英语作为一门语言，学习的主要目的在于应用，具体可分两个层次：其一，用法。学生了解语言的应用规则和作用；其二，用途。学生知道如何利用语言进行交际。从某种意义上来讲，仅掌握英语知识以及运用规则显然是不够的，还要求利用英语语言进行沟通交际，这样才能说明真正掌握了英语。在当前全球化语境条件下，英语语言的交际能力在大学语言教学过程中的地位日渐凸显出来。无论是科技进步还是国际之间的竞争以及区间合作，均使得高校必须改变传统的封闭式外语教学模式，并且将综合型人才培养目标提上记事日程。国际化人才，实际上就是指人才要具有一定的专业知识和进取心，同时还要有英语应用能力，可熟练利用英语进行国际交流。长期以来，在高校外语教学中受母语思维定式的影响，加之传统文化熏陶，为数不少的学生在目的语交际过程中会情不自禁地套用母语的表达形式，以至于跨文化交际过程中出现低级错误。英美文学基于特定的视角对英美等国各族人民的生活、习俗以及风土人情等进行了全面的展示，而且解读了西方民族文化的内涵，其中很多英美文学作品嫣然已经成为中国学生学习英语的文化桥梁和纽带；通过学习英美文学，可以帮助高校学生更快、更准确地跨越国际语言障碍，为学生跨文化交流打下坚实的文化基础。

综上所述，英美文学对大学外语教学起到了非常重要的促进作用，实践中应当积极应用，

这有利于提高教学质量和效率。

第四节　大学外语教学与英美文学作品

英语本身是一种国际性语言，是重要交流工具。在当前外语教学的过程当中，不仅仅需要学生充分熟练地掌握英语，而且还要进一步地培养学生的跨文化交际的能力，这就需要学生充分地了解英美国家风俗文化等方面的知识，通过英美文学作品不仅仅能够促使学生懂得大量的英语专业化的知识，而且能够了解西方文化，促使学生跨文化交际能力得到提高。其中，英美文学作品能调动学生学习积极性、提升学生英语知识运用能力，还能够促使学生个人修养以及综合素质得到提升。

一、英美文学作品调动学生学习英语积极性

在当前外语教学的过程当中，兴趣是最好的教师，学生在学习的过程当中，若是具备浓厚的兴趣，往往会产生事半功倍的效果。英语本身是一门语言工具，在教学过程当中教师采用机械化的教学方式开展教学，这样很容易导致学生丧失学习兴趣，同时无法调动学生的学习积极性。根据大量调查和研究显示，其中半数以上的学生认为，目前的英语教材当中文学题材课文数量相对较少。另外，大约2/3的学生迫切地希望教师能够对于文学作品背景进行深入的讲解。所以在当前开展外语教学活动的过程当中，需要转变传统的教学观念，要摒弃传统教学方式，要引进英美文学作品，这样可以满足学生学习需求，同时也可以调动学生学习英语知识的积极性，学生通过阅读大量英美文学作品充分了解东西方文化之间的差异性，同时，也可以充分了解西方文化的价值取向和文化背景，这样可以让自身知识得以丰富，促使学生的文学修养得到提高，有利于激发学生学习英语的兴趣以及调动学生的学习积极性。

二、英美文学作品提高学生对英语知识的运用能力

对于文学来讲，其本身来源于生活，文学作品经过作者的加工之后，不仅仅人物生动形象，语言凝练优美，而且还具有深刻文化寓意，在学习英语知识的过程当中融入英美文学作品能够产生良好的效果。其中英美文学作品是英语语言艺术的结晶，在英美作品当中具备丰富的内涵，其中，既包括人生哲理、各种典故，而且还运用了大量象征、排比、对比、比喻等修辞手法，另外，英美文学作品还涉及诗歌戏剧、十四行诗以及名言警句，等等不同的艺术形式，其中，萧伯纳和莎士比亚的戏剧，马克吐温和狄更斯的小说，叶芝和雪莱的诗歌以及各种各样格言警句都是英美文学当中不可忽视的重要部分。在学习过程当中，若是学生仅仅只会死记硬背英语单词或者是学习各种语法知识，而严重忽略英美文学作品，这样的话，就无法充分地理解这一门学科。阅读经典的文学作品能够让学生对于英美文化产生更加深刻的理解，有利于提高学生英语知识运用能力和应用水平。

三、英美文学作品提升学生的个人修养和综合素质

在当前的时代背景之下，通过阅读英美文学作品，能够让学生视野更加开阔，同时可以进一步地提高学生文化修养，陶冶学生的情操，培养学生的文化鉴赏能力，这样能够让学生产生良好跨文化交际的能力。学生在英美文学作品学习的过程当中，学生可以从字里行间当中充分地感受到英美文化发展历史和英美文化的魅力。比如，在莎士比亚戏剧当中可以充分看到中世纪的生活图景，同时可以充分地了解到封建社会向资本主义社会过渡现实，也可以感受到莎士比亚的人文精神以及思想。从著名作家海明威的小说当中可以了解到小说叙述方式，同时可以充分地了解坦率、大胆的美国精神。在学习英美文学作品的过程当中，学生还会了解到英美国家人民的奋斗历史，促使学生心灵受到鼓舞，同时，也能够促使学生建立正确的人生观、世界观和价值观，提高学生的道德修养和文化素养。

综上所述，目前经济日益全球化，当前需要高度重视外语教学工作，在外语教学的过程当中，英美文学作品起到了不可忽视的重要作用。在目前的外语教学的过程当中，需要进一步推广英美文学作品，通过英美作品开阔学生的思维以及视野，提升学生跨文化交往能力，提升学生文学素养，促使学生感受到英美文学作品的魅力，这样才能为社会培养大量的高素质的英语人才。

第五章 跨文化与英语课程模式

第一节 英语口语课程模式

一、跨文化背景下英语口语教学策略

美国著名的人类学家以及语言学家萨丕尔（Edward Sapir）指出："在语言背后存在着相应的东西，同时语言的存在需要依赖于文化，文化指的是社会所遗传的习惯同信仰的总和，由文化能够决定相关生活组织。"他指出语言同文化之间的联系是密不可分的。语言学家古德诺夫在《cultural—Anthropology and Linguistics》在书中提到："一个社会的语言属于这个社会文化的一种组成内容，同时语言同文化的关系属于部分和整体之间的关系"。而且指出了语言同文化是一种非常密切的联系。同时，欧美语言学家以及文化人类学家们，像洪堡特（W·F·Humboldt）、马林诺夫斯基（B·Malinowski）等专家学者也都开展了相应的阐述工作。洪堡特在其著作《论人类语言结构的差异及其对人类精神发展的影响》之中，关于语言和文化之间的联系开展了相应的分析，采取爪哇人语以及印度语相关例子，指出语言同文化之间所存在的相关联系。

这些理论都显示了语言的文化属性以及人文属性，等等，同时使得当代的语言学家对语言在人文世界中相关缺陷进行相应的反思。在目前的英语口语教学过程中比较重视学生语言系统相关知识的学习，将文化和语言分离，使得学习内容不符合相关文化语境。这样的话，学生是不能够学习到比较地道的英语的，学生在进行英语学习的过程中会将自身所具备的相关文化知识迁移到相关目的语之中，也就是在跨文化交际之中产生文化负迁移的情况，从而使得跨文化交际过程中遭受相应的限制。

（一）跨文化背景下我国英语口语教学的现状分析

当前，随着我国教育工作者的不断努力探索学习，英语口语这方面教学工作取得了很好的教学成果，但是也有很多的不足之处。在传统教学工作中老师比较重视教授给学生相应的单词知识以及基本语法，而不重视给学生讲解一些关于文化知识的相关差异，因此会使得学生不能清楚地认识中国同其他国家的文化差别，在国外采取英语口语交流的过程中可能会遇到一些障碍，难以把握英语口语相关语言环境。学生在学校中所学习的一般都是采取传统外语教学模式教授的，导致他们在参加工作的时候难以对跨文化背景相关英语口语应用方法进行很好地理解，从而出现很多不足之处。

比如价值观念方面的差异，就拿时间观念来说，因为每个国家都会具有自身比较独特的

意识形态，人们拥有自身的价值观念，在不同的国家就会具有不同的时间观念。日本和美国等国家对于时间观念是非常强烈的，这些国家的人们指出，Time is money.（时间就是金钱。）这类国家之中的很多工作都是采取小时收费的，不过就印度人来说情况正好是相反的，这个国家的人们觉得迟到是很正常的。如果交际双方的时间观念不同，而且彼此不了解对方的文化，这样一来就会出现相关问题，会导致双方在交际过程中遇到交流障碍。

（二）在跨文化背景下英语口语教学工作应注意的相关问题

众所周知，当前的英语属于一种世界性通用语种，是很多国家的第二语言，就学生来说是必须学习的。面对目前的跨文化交际背景，每个国家的文化都存在着一定的差距，若是不能掌握这些文化背景知识，学生在学习英语口语的过程中可能会出现很多问题，这个时候就要求英语老师重视对学生口语能力的培养，帮助学生们对各国文化进行相应理解，久而久之就可以顺利地利用英语口语来相互交流。

1. 文化背景知识需要在英语口语课堂中渗透

当我们在开展英语口语的学习时，需要在课堂上保持轻松愉悦性，为学生营造良好的语言学习氛围，让学生更加积极主动地学习，可以主动采用英语进行交流，从而提升课堂教学效果。什么样的英语口语课堂内容才能更好地提升学生的英语口语能力呢？目前在英语口语课堂中涉及很多的西方节日，不过都不会详细的介绍，因此学生无法很好地了解这些节日知识，包括节日的由来以及相关庆祝方式，等等，这些通常情况下都属于比较基本的西方文化背景知识，但是学生却没有进行很好的认识。根据这些问题，笔者以教授英语口语课的方式给出了相应的方法，笔者指出英语口语课堂的目的就是让学生们能够在实际生活中更好地应用英语口语，而且可以很好地进行语句的表达。学生们应该知道在什么情况下使用什么语言，而且要保证语言使用的得体。笔者认为，在英语口语课堂教学过程中可以给学生讲授一些同外国节日有关的内容，告诉他们节日的由来以及相关历史发展过程等，包括人们是怎么样进行庆祝的。举个例子就拿万圣节来说，在进行课堂教学的过程中应该熟练应用相关多媒体设备进行情景的创设，根据西方万圣节的特点对教学教室进行相应的装扮，从而营造一种比较真实的万圣节节日氛围。学生们一般情况下会有一些很强烈的好奇心，因此在进行万圣节相关教学的过程中，应该加入一些比较有趣的游戏。包括让学生们动手制作南瓜灯，应用饰品把自己装扮成鬼，等等。在万圣节的教学时还可以同我国的"鬼节"进行比较，从而引导学生更好地认识中西在节日文化方面的差异性，了解一些常识，这样的话学生对语言文化可以有更加深入的认识。

2. 合理利用异国文化材料，同时需要借助多媒体教学手段

当前，随着互联网科技的快速发展，学校在教育教学这方面也与时俱进地采取了网络多媒体来辅助老师们的授课。对于英语学习者而言，应用网络进行学习是非常必要的。采取网络来查询各个国家的相关文化材料等，在应用多媒体技术来呈现给学生。笔者指出，老师在进行教学文化材料的选择过程中需要重视筛选相关文化材料。比如可以选择西方的感恩节，在进行材料选择的过程中需要重视同西方本土庆祝节日的内容相关性，在进行感恩节相关活动介绍的过程中可以从网上找一些真实的音频资料呈现给学生，这样学生可以很好地认识西方文化，使得学生对西方文化意识进一步得到有效培养。

3. 通过对中西节日对比可以进一步培养学生中西文化差异意识

中西方文化都比较渊博，它们各自在文化底蕴方面也存在着一定的差别，包括节日的差别。节日同每个国家的历史文化有着很紧密的联系，节日的由来以及庆祝方式等同文化历史

有着很大的联系。中国的历史比较悠久，节日类型比较多，比如在鬼节人们通过焚烧纸钱来寄托对已逝者的哀思。中西文化有着一定的区别，不过还是存在着相通的地方。西方万圣节同我国鬼节有着一定的区别，不过也有相同的地方。在口语课堂教学的过程中，需要重视对相关文化知识进行渗透，对中西方相关文化进行比较，从而更好地让学生进行了解，在学习的过程中建立相关文化差异的意识。在比较教学的过程中，学生们能够对西方的相关文化进行一定程度的认知，了解一些节日的禁忌，等等，那么通过对文化差异的进一步了解也可以有效地提升学生跨文化交际这方面的能力。

4.学生"输出"能力的培养需要提供真实的口语交际环境

当下，我们教育工作者需要重视交际环境的创设，这一因素在英语口语教学中尤为重要，从而进一步提升学生的口头表达能力。目前，很多人都会学习英语，不过很难达到应用自如的水平。老师们不能只是简单地进行知识的传授，需要重视提升学生的"输出"能力。学生要能够采取语言进行思想的表达，这是教学的目标所在。如何提升语言应用能力？首先就是要建立适合学生进行语言学习的环境。在口语课堂教学的过程中，老师应该采取情景教学法，以有效提升学生的口语交际能力。包括询问位置等，通过这种情景的创设，让学生可以很好地回答具体建筑物的位置，可以设置一些奖惩制度来开展相关教学活动设计。其次，在英语口语教学的时候应该重视学生英语思维表达能力的提升，鼓励学生在交际过程中尽可能多地用英语进行表达交流。因为学生日常应用英语的机会不多，所以不能得到很好的练习，经常会受到母语的影响。在表达时可能会夹杂着中文思维，使得英语不够地道，从而影响交际能力的提升。

综上所述，文化同语言之间存在着比较紧密的联系，英语口语教学之中需要适当的渗透文化，目前英语在跨文化交际的过程中发挥着越来越重要的作用，已经成为世界性的通用语言，需要有效提升学生的文化认知水平，从而有效提升其跨文化交际能力。

二、商务英语口语课程教学中跨文化交际能力的培养

商务英语口语是高职商务英语专业开设的一门主专业课程，它以基础英语、商务英语、国际贸易实务等课程的学习为基础，是学生进入工作岗位之前必修的一门实践性和实用性较强的课程。该课程以工作过程系统化课程设计理论为指导，以职业能力培养为中心任务，以实践教学为主线，坚持"实用为主，够用为度"的原则。在具体的课程内容设计上，该课程以两个不同国籍的公司所进行的商务活动的整个过程为线索，将一名涉外商务助理在其主要岗位职责和任务中所常用的英文口头表达作为主要学习内容，涵盖外商接待、宴请、议程安排；参观公司、介绍公司及产品；询盘、报盘、还盘、佣金、装运、付款等方面的贸易磋商；客户投诉的处理；欢送等日常跨境经贸活动的各个环节。通过课程开设，旨在培养学生商务英语听说技能，帮助学生在将来的跨境商务活动中熟练运用英语口语成功地完成各个环节的工作任务。鉴于该课程教学内容和特点，为实现商务英语口语课程教学目标，大力培养和提高学生的跨文化交际意识和能力显得尤为重要。

（一）跨文化交际意识和能力低下的常见表现

1.词汇的选择不当，产生误解

大多数外贸从业人员都有接待外商的经历，初次见面的印象极为重要，如果在这一过程中用词有误将会产生歧义，影响接下来的工作。例如：在安排外商入住酒店时，按照中方惯

例会在离开酒店之前热情建议：您旅途辛苦了，可以洗个热水澡。许多从业人员会这样表达：You can have a hot shower。按照母语思维，中国人的习惯通常会说"热水澡"，然而这里的"热"不能使用"hot"这一词汇，应该使用更加贴切的"warm"，否则外商可能会难以理解。又比如，在为外商介绍完几天的行程安排之后，作为东道主，有必要问问"您还有其他问题吗？"这里的"问题"指的是还有什么疑问需要提出来，行程安排还有哪些地方可以修改和完善。这一问句能充分地展现出中方的友好、热情，处事细致、周到。在英语口语表达中，不少从业人员将"问题"一词表达成"problem"而不是"question"。"problem"意在需要攻克和解决的困难或者麻烦，该词的使用会让外商产生歧义：我刚来啊，怎么会有麻烦呢？他们甚至会夸大地以为此次商务活动的进展将会不顺畅。

2. 语法的运用错误，产生歧义

在与外商沟通中，正确使用语法也十分重要。比如：由于国内交通拥堵而未能准时对外商接机，就需要电话沟通，通常会这样表达："您稍等，XXX 分钟就到。"这里的英文表达如若使用 I will come in XXX minutes. 就可能会引起外商的不满。因为 will 在语法上表将来含义，意味着将要做某事。此刻，外商可能会认为你是一个不守时的人，现在都还未出发，对待本次商务活动并不重视。而准确的表达应该是 I am coming…，这一进行时态表将来的含义，不仅能体现出你正在赶往机场的途中的状态，也能表达出你即将到达的含义。外商则更能接受。在谈判过程中，双方针对某一具体谈判内容可能会出现僵局，当乙方在表达出自己的观点时，语言表达上一定要慎用情态动词 must。比如："你们必须降价 5%，否则我方只能取消订单。"这句话如果这样表达：you must reduce the price by 5%, or we will cancel the order. 一定会让对方从情感上难以接受，因为"you must…"的表达过于强硬，丝毫没有回旋的余地。我们可以使用 would better 来替换 must，或者使用 if…or…这样的条件句；如果一定要使用 must，可以考虑使用情态动词的被动语态：the price must be reduced by 5%…. 这样的表达对于谈判的顺利进行会起到极大的推动作用。

3. 话题的选择不当，产生隔阂

为了更好地完成一次商务活动，在与外商交流时需要尽可能地找到共同的话题，以拉近彼此的关系。然而许多从业人员往往忽视彼此文化背景与思维方式的差异，而单纯按照自己的想法来选择话题，这样非常容易因话题的选择不当，而产生交流的隔阂，影响交易的正常进行。比如，在和美国人做生意时，如果选择"足球"作为话题，我们必须了解到 football 此时并非指的是那项风靡世界的足下体育运动，我们应该更多地将话题集中在 football 的另外一个特指含义——美式橄榄球。因为美国人对他们诸如棒球和美式橄榄球的本土体育运动一直深以为豪，并喜欢将这一体育赛事与他们的爱国情怀融为一谈。再比如，和英国商人交流时，"天气"可以被认作是一个非常合适的话题。多变的气候特征让英国人对天气这一话题津津乐道。然而，与俄罗斯商人交流时就需要谨慎使用"天气"这个话题。因为俄罗斯地处北亚与东欧，气候寒冷是明显的，北寒带气候多变，多大雪风暴，这使当地的生存环境恶劣，俄罗斯人非常讨厌这样的气候，因此在俄罗斯商人面前谈论天气，会让他们产生负面情绪，从而影响接下来的商务活动的正常进行。

（二）商务英语口语课程中跨文化交际能力的培养策略

在商务英语口语课程教学中，我们可以尝试将学生主动学习了解目标语和母语的差异、教师对课程的精心组织以及第二课堂辅助培养学生跨文化交际意识三个方面有机结合，全面培养和提高学生的跨文化交际意识和能力。

1. 注重目标语和母语的差异

由于目标语和母语之间存在着较大的差异，因此，在第二外语习得过程中，由于母语的影响会产生语言的负迁移。美国知名语言学家 Terence Odlin 教授指出：语言迁移是目标语和其他任何已经习得的（或者没有完全习得的）语言之间的共性和差异所造成的影响。而语言的负迁移指的是这些差异造成的负面影响。根据认知心理学理论，人类总是试图利用现有的认知结构去认识新事物，利用先前的经验和认知结构通过观察、判断和思维来解决新问题。因此，学生在商务英语口语课程中学习和运用第二外语时会因为母语的影响在词汇的选择、语法的运用上等出现较大的差异，从而影响跨境交际活动的正常进行。为此，我们可以引导学生注重学习和了解目标语言和母语文化的异同，提高对文化差异的敏感性，打破固有的思维认知模式，认真研究和学习目标语的语用规则、思维习惯，深入了解对方的语言特点，并用对方乐于接受的思维方式去组织交流，在正确使用词汇、语法的前提下选择双方感兴趣和认同的话题，促进跨文化商务活动的正常进行。

2. 创设真实的商务情境

商务英语口语课程是一门实践性较强的课程，其教学内容的设计是以实际的工作过程为依据，旨在通过课程的学习让学生在今后的工作中顺利地完成外商接待、公司及产品的介绍、贸易磋商；客户投诉的处理等工作。因此，学生跨文化交际能力的培养必须紧密结合实际的商务情境。首先，教师应该让学生熟悉和了解外商所在国家的生活环境、文化背景，让学生对文化差异有一个初步的印象；其次，教师应该根据不同的教学内容利用多种手段和途径创设模拟的商务情境。比如在机场接待教学环节中，借用 PPT 创设一个机场接待的背景；在宴请外籍客户时，可以将教室布置成一个虚拟的酒店餐饮包间；在贸易磋商环节中，授课地点可以移至商务谈判实训室；在企业产品简介的练习过程中可以让学生使用实物来布置产品陈列室。同时要求学生通过着装的变化来模拟外商、企业接待人员等不同的角色。通过真实场景的创设和模拟，让受训者实践先前所学并熟悉和应用这些内容，在模拟的环境中学习、掌握由于文化差异而产生的各种问题的处理能力。

3. 创建第二课堂实践教学体系

建构主义教学理论认为，世界是客观存在的，但人们对于世界的理解，即形成自己的世界观却是主观的，知识不可能仅仅由外部传授而获得，人们应以自己已有的知识经验为基础去建构现实和理解现实并实践于现实，从而形成知识和技能。因此，商务英语口语课程中跨文化交际意识和能力的培养并非仅仅依靠有限的课堂教学，不能仅仅依靠教师在课堂上言传身教。我们可以充分利用第二课堂，让学生在实践中培养和提高自身的跨文化交际意识和能力。在构建第二课堂实践教学中，形式应该多样化，比如英文话剧、演讲比赛等：以实际的跨境商务活动为背景，以英语语言表现为手段，充分体现英语语言和文化之间的呼应性，并融入跨文化的差异特点，让学生在角色扮演中提高跨文化交际意识和能力；比如专题讲座：邀请外籍教师针对某项具体的风俗文化进行讲座，邀请企业人士针对跨境交易中的某个环节的典型案例与学生面对面交流，邀请校内专家进行英美谚语专讲、禁忌语专讲等，对学生进行较直观地文化导入和交际能力培养。同时，举办各种读书活动，鼓励他们广泛地阅读，广泛涉猎到各种反映各国历史文化、社会习惯、传统风俗和价值观念等内容的学习资源从而提高学生的文化修养。通过构建多元化的第二课堂实践教学体系，对学生跨文化交际能力的培养能起到至关重要的作用。

在商务英语口语课程教学，只有坚持以学生为主体，教师为主导，将课堂学习和课后实践有机结合，循序渐进地培养模式，并始终将学生跨文化交际意识和能力的培养作为重要目标之一，才能真正培养出合格的技术技能型人才。

三、美剧在大学英语听说课程中对口语的提高和文化的渗透作用

教学大纲要求，大学英语听说课要以提高英语运用能力和跨文化交际能力为核心。在目前的大学英语听说课堂上，我们传统的授课方式是以固定的教材为依托进行固定模块的英语听说技能的训练。这种传统的授课方式，在某种程度上来说有其长处，可以使学生循序渐进且系统地接受听、说技能的训练。但同时也存在一定的弊端，往往这种课程的模式会让学生感觉生硬、枯燥。那么作为教师，我们应该努力寻求一种生动的、真实的辅助教学材料。笔者认为，美剧是很好的选择。英语的学习和使用其实本身是语言输入以及输出的过程。正因为如此，我们在教学材料的选择上，应该尽量选择美国本土的，地道的视频或者音频材料。这样，学生输入的语言才是最地道的语言。有助于大学生英语口语水平的有效提高，同时，语言又是文化的载体，电影又是文化传播的一种媒介，因此，我们在提高口语的同时，也可以更好地了解美国的文化。本节将从口语的提高和文化的渗透两方面来阐述美剧在大学英语听说课程中的作用。

（一）美剧有利于口语的提高

《老友记》的故事情节丰富，基本涉及美国人生活的方方面面，口语的话题非常全面。演员发音纯正，语速适中，比较贴近生活，信息量大。非常有助于中国大学生练习口语和听力。在很多高校里，《老友记》正以"学英语"的正当名义成为学生们交流的热点话题。通过这部剧，学生们既可以欣赏到风趣幽默的剧情，了解美国文化，还可以使自己的听说能力得到很大提高。

1.纯正的英语语音语调

《老友记》无疑给学生提供了非常真实的语言环境，在《老友记》中演员发音纯正，语速适中。正是学生练习口语的最佳题材。很多英语学习者虽然词汇量很大，但是要说一口地道的美音却非常困难，根本的原因就在于没有良好的语言环境。因此，我们可以通过观看《老友记》来模仿演员的发音，通过不断地模仿和持续地修正自己，从而达到地道的发音。

2.地道的表达

除了发音之外，相当一部分学生在提高口语方面所面临的另外一个难题是不知道如何地道地表达一个完整的句子。他们表达出来的语句往往给人的感觉是中国式英语。更准确地来说，很多大学生不知道如何进行措辞。这就要求学生在英语学习中要注意语言使用的语境和语言习惯。

通过对美剧的欣赏和模仿，我们不仅可以感受到真实的语言环境，地道的口语表达，同时，我们也可以在此基础上，以美剧为窗口，去更好地了解美国的文化。通过对美国文化的了解，我们可以用心体会不同文化的价值观和思维方式的不同，从而更加有利于语言的交流。

（二）美剧在大学英语听说教程中对文化的渗透

英语学习者如果想更理想地学习英语，那么了解美国文化是必不可少的一部分。语言是其文化的载体。对其文化的一定的了解能促进学生英语水平以及文化素养的提高。所谓英语文化，是指英语国家中各民族的习俗、习惯、生活的方式，语言行为、世界观以及价值观。

语言作为其文化的载体，它能够有效地表达和传播文化。语言的表达中包含大量的典故、名言以及历史等，因此学习者只有充分地了解了文化背景，才能熟练而准确地把握英语这门语言。那么美剧是美国人生活的缩影，是学习和了解美国文化最好的素材，它本身又承担着文化和价值传播的功能。因此，笔者认为通过欣赏美剧，来了解美国文化，是不错的选择。主要我们从以下两方面来讨论，美剧对美国文化的传播。

1. 通过《老友记》来更好地认识和了解美国的传统节日以及价值观

《老友记》这部美剧之所以在全美甚至全世界范围内广泛流行，更多的是因为他整体的风格是亲民的、生活化，并且主要展示美国年轻人生活状态。那么美国传统的节日是美国人生活中不可或缺的一部分，在这部美剧中也得到了淋漓尽致的体现。因此，我们可以通过《老友记》来更深刻地认识美国人的传统节日以及习俗。

2. 通过《老友记》更好地认识美国精神

这里我们所提到的美国精神是美国民族精神中的 individualism。individualism 这个词，在国内被翻译为"个人主义"其实并没有很好地传达出这个词本身的文化概念。但是在汉语中又没有更好的词汇来表达，因此我们暂且用"个人主义"这个表达。美国文化中的个人主义和中国人所认为的个人主义截然不同。

将美剧灵活有效地运用于大学英语的听说课程中，不仅可以给学生提供一个真实，生动有趣的语言环境，同时也可以把它作为一个了解美国文化的平台。如果我们教师能充分有效地讲解美剧的经典台词，地道的表达以及其承载的文化背景，笔者相信这对学生来说受益良多，同时也给大学英语的教学带来了新的活力和气息。

第二节　英语教材模式

一、对接文化"走出去"战略，加强英语教材建设

文化已成为当今世界的一个热门话题。文化和文化"软实力"建设日益受到各国的高度重视。为世界更好地了解自己，越来越多的国家开始采取措施把自己文化的对外传播作为文化"软实力"建设的重要内容。2008 年北京奥运会、2010 年上海世博会和广州亚运会的成功举办，为我们提供了对外传播中国文化的良好机会，也让我们切身体会到：中国走向世界，世界关注中国。开放发展的中国需要大批具有跨文化沟通能力和能用英语表达中国文化的国民。推动中华文化走向世界，增进国际社会对我国基本国情、价值观念、发展道路、内外政策的了解和认识，实施文化"走出去"战略，总体上产生了良好的效果。战略的进一步推进和完善对于推动中国优秀文化走向世界、展示中华文化魅力、传播当代中国价值观、塑造当代中国形象以及进一步扩大中国学术和中国文化的国际影响力和话语权、增强国家文化"软实力"、促进中外文明对话等，都具有十分重要的意义。而英语作为实际上的"世界语"，其地位在相当长时期内无法撼动，所以用英语表达中国文化，无疑是中国文化"走出去"最为重要的途径。然而，纵观我国多层次的外语教学，片面地强调导入西方文化的现象还依然普遍存在，而中国文化基本上处于被忽视的状态。在对外交流中，不少具有较高英语水平和较高中国文化修养的知识分子，在被问起中国文化时，往往不知所措，呈现出"中国文化失语

症""中国文化在走向世界的过程中依然步履维艰"。当前，全球化潮流正在席卷世界每一个角落。我国的现代化也正在迅速提升综合国力和民族自信心。同时，世界也越来越感受到中国的存在，各国人民越来越想了解我国，中外文化交流正在发生方向性的变化，这对我们的外语教学提出了新的要求。

（一）中外跨文化交流趋势的变化

近代以来，由于种种历史原因，我国在各方面严重落后于西方。党的十一届三中全会以来，以邓小平为核心的第二代中央领导集体，高瞻远瞩，领导了具有划时代意义的改革开放。与此相适应，英语教育在我国得到普及和发展。如今，英语人才活跃在国家建设和对外开放的各个领域，为国家对外开放和现代化建设做出了巨大贡献。国人的视野也得到了极大的提升和拓展。

30多年快速发展，中国在经济、科技、教育、文化等各方面都取得了巨大的成就，从一个贫穷落后的国家迅速成为世界第二大经济体、第一大贸易国。由此，中国成为世界目光的聚焦点。来华经商、旅游、学习的外国人达到空前的规模。同时，通过积极的文化双向交流，我国文化"软实力"得到极大提升，西方社会了解中国文化的愿望也日益强烈。另一方面，随着中国综合国力增强和国际影响力提高，国外有人欢呼，有人惊叹，有人迷惑，有人紧张，甚至嫉妒、害怕，抑或从心理到战略都强烈抵制。在国际环境日益复杂化的背景下，中国比以往更加需要对外解释好自己的文化和价值观，讲好中国故事，加强与世界的密切沟通，努力营造良好的外部环境。由于世界各地受众群体懂中文的人太少，这个任务基本要靠中国人用英语来实现。从翻译领域看，2011年中国对外翻译的工作量首次超过了外译中。2014年，"中译外的比例已经超过60%"。中外跨文化交流已由"输入为主"转变为"输出为主"：西学仍在东渐，但"中学西传"也已渐成潮流。

（二）外语教学亟需实现从"引进来"到"走出去"的转型

培养学生跨文化交际能力是外语教学的终极目标之一。在跨文化交际活动中，交际双方首先接触到的是对方的语言和日常行为方式及风俗习惯。语言是信息传递的主要途径。要准确传递信息，实现交际目的，要求跨文化交际者必须既要通晓目的语国家的语言和文化，也同样需要通晓本国的文化，并掌握把博大精深的中国文化介绍给世界的方法，做到"内知国情，外知世界"。中国本土文化需要通过英语实现"全球化"。在涉外活动中，每个人都是中国文化的一张名片。然而，"中国文化的博大精深，现在是否为中国人、特别是年轻一代所了解，已经成了一个严重问题"。信息通信手段的发达为信息传播和人与人之间的交流提供了十分便捷的手段。但如今的青年学生最喜欢关注流行和时尚，对中国的国情和文化，很多人却少有关注，更谈不上深入了解。20世纪以来发生在我国的、举世罕见的文化自我放逐和去传统化，已使当今中国人偏离了文化传统，对本土文化进行再教育，重塑对自己母语文化的自豪感和自信心，已显得十分迫切和重要。

在我国文化"走出去"战略中，高等院校承担着培养人才的重大使命。在外语教学界，随着对语言、文化与交际之间关系研究的深入，语言学习与文化学习的密切关系以及文化在跨文化交际中的重要性受到高度重视。但是人们往往把单纯的目的语文化的导入认为是跨文化交际能力培养的全部，忽视本国文化在跨文化交际中的重要作用。时至今日，我们的教科书仍在片面地强调英语的语言基础和文化的导入，鲜有介绍中国文化的内容。造成很多英语流利的青年学子对中国文化和时事国情不甚了知，更不知道如何用英语来表达中国文化。于是，在对外交往中，往往显得力不从心，甚至"用洋文出洋相"。由此可见，单向导入西方文化，无法满足当今社会对英语人才的需求。国家实施的文化"走出去"战略的关键，在于提升国民的英语素质和用英语表达中国文化的能力以及中译外人才的培养，而国内对中国文化之英语表达的研究多集中在对外汉语教学领域，在外语教学领域基本还是一片空白。时代发展迫切要求英语教育进行转型，不但要"引进来"，还要"走出去"。高校英语课程的开设一方面要满足学生专业学习、国际交流、工作就业等方面的需要，同时也要满足国家战略需求。中国文化要走出去，中国企业要走出去，英语教育的人才培养必须在满足各种实际需求的同时，服务于国家战略，在国家"软实力"建设中发挥积极作用。"走出去"既是为了让世界更多地了解中国，也是为了更好地"引进来"，让中国更好地了解世界，然后更好地"走出去"。如此循环往复，中国文化与世界各国文化就会不断交融。

（三）对接文化"走出去"战略，加强英语教材建设

教材在教学过程中发挥着基础性作用，对人才的知识结构和培养质量有着重大影响。纵观我国多层次外语教学，中国文化被严重边缘化，甚至近乎空白。刘艳红等通过对《21世纪大学英语》《新世纪大学英语》《全新版大学英语》《大学体验英语》《全新主题大学英语》《新时代大学英语》《新视野大学英语》《大学英语教程读写译》《新标准大学英语》《新通用大学英语》等10套大学英语教材的内容进行研究，发现在这10套大学英语教材中，英美文化内容居于绝对主导地位，其他英语国家的文化内容所占比重很低。在占比最高的《全新版大学英语》中，其他英语国家的文化也只占4.7%，大部分教材的文化内容，要么是共同文化，要么是英美文化，其他文化内容占比为0%。由于英语是实际上的"世界语"，在以英语为媒介的跨文化交际中，交际者可能来自不同国家和地区（比如"一带一路"沿线国家），他们各自有着不同的文化，各自的语用文化规则也不尽相同。如果仅以英美文化规则作为交际的圭臬，可能会导致误解。另外，中国文化在这些教材中也基本被忽视，占比最高的是《全新主题大学英语》，只有7.3%。不少教材中丝毫没有中国文化内容。"整体上，这10套大学英语教材的文化配置普遍存在失衡现象。一方面，这些教材推崇英美文化，对其他英语国家的文化不够重视；另一方面，教材的中国文化占比过低，未能在'中国文化走出去'和'加强中国价值的国际传播'过程中发挥"应有的作用，也不能适应国家实施"一带一路"战略的需要。因此，有必要对大学英语教材的文化内容进行大刀阔斧的改革，甚至是重新编写，开发全新的教材。

从学科建设需要来看，主动适应国家战略和社会发展需要是学科建设保持活力的健康法则和基本理念。从人才培养需要来看，教材在人才培养过程中发挥着基础性作用。英语教育要与中国文化传播和国家"软实力"建设紧密相连，英语学科的教学、科研等一系列活动也要同国家的发展需要紧密联系在一起。在外语教学研究领域，对中国文化之英语表达的研究还处于刚刚起步阶段。这方面的研究成果，比较有代表性的论文有：吴鼎民的"不能只搞内销，不做外贸"、曹韵的"中国外语教学中的文化身份危机及其应对策略"、邓天颖的"文化传播视域下的'巧实力'解析"等。对中国文化的英文介绍也出版了一些图书，如国家扶持的大型出版工程"熊猫图书""大中华文库""中国图书对外推广计划""中国文学海外出版工程""中国当代文学百部精品译介工程"等。目前，有关中国文化教育的研究成果主要集中在对外汉语教学领域，出版了一些用英语介绍中国文化的读本，而这些成果和读物还不为广大教师所知，更不用说学生了。而在各种英语教材中，涉及中国文化的内容十分少见。仅靠几本介绍中国文化的专著或英语读物恐怕无法达到预期目的，必须拓展中国文化的教育和传播途径。

教材对于学习的重要性不言而喻。要培养能够向世界介绍中国文化的英语人才，我国文化的内容必须进教材。因为以教材形式推出的东西有利于快速传播和普及。教材的"发行量和销售量大、读者多、受众面广"，而且，学生对教材内容的重视程度远远高于课外读物。把中国文化的内容编进英语教材是培养文化"走出去"新型人才的有效举措，而对外语教学改革也具有重大意义。毋庸讳言，这类教材的编写尚无先例可循，包括编写体例的设定和资料的收集和整理，一切都要从头开始。但根据跨文化交际"转型"的特点和国家文化"软实力"建设的战略需要，这类教材的编写应充分考虑以下几个方面的因素：教材编撰队伍、编撰原则和选材内容。

1. 编撰队伍

用英语讲述中国文化，这种新型英语教材在编写原则和编写内容上与以往的英语教材有着显著的差异，因此对教材编撰队伍也应有特殊的要求。既然这类教材侧重于用英语讲述中国文化，这就决定了编撰队伍首先要包括深谙中西两种语言和文化的跨文化交际领域的教育专家，并且对双语转换技巧特别是中译外技巧要有丰富的经验。其次，编撰队伍应包括英语教育专家和长期从事英语教材编写的专家学者，他们对培养学生的英语语言能力有着直接的经验。再次，编撰队伍还应包括对中国国情和中国文化有深入研究的学者，他们对国情的变化和文化的发展有着敏锐的洞察力，有利于在教材内容的选取过程中做到与时俱进。另外，编撰队伍还要有对外汉语教学领域的专家学者参与，他们在用英语解释中国文化方面有着成功经验，可资借鉴。同时，教材编写还应发展国际化的编撰团队，邀请母语为英语的学者和汉学家加入，他们对教材需要达到的目的有着独到的见解，对教材的语言质量也能有很好的把握。

2. 编撰原则

首先，教材编写要体现跨文化交际研究成果。外语教学的重要目标之一就是培养学习者的跨文化交际能力。在教材编写中要充分体现跨文化交际学科与外语教学的深度融合。长期以来，国内外学者对跨文化交际进行了深入的研究，尤其是21世纪以来，我国的跨文化交际学科呈现快速发展的势头。从1985到2014年，我国出版的跨文化交际教材就有122部。此外，还有大量的研究专著问世。其中1995年关世杰教授的《跨文化交流学：提高涉外交流能力的学问》，是我国跨文化交际研究的里程碑。他们的辛勤劳动结出了丰硕的果实，很多成果对外语教学有着普遍的指导价值。

其次，教材编写要充分借鉴对外汉语教学领域的研究成果。为了适应对外交往需要，早在1983年教育部就批准北京语言大学在英语系设置对外汉语教学专业。不久，北京外国语大学、上海外国语大学和华东师范大学等学校也相继开设了对外汉语教学专业。至今已有130多所高校开设对外汉语教学专业。迄今，对外汉语教学专业已走过30多个春秋，逐渐发展壮大。对外汉语教学研究也取得了丰硕成果。如刘珣等主编的《对外汉语教学论文选评》（上、下）汇集了对外汉语教学领域的重要研究成果，其中有相当一部分是"跨文化交际与文化教学"方面的研究成果。张英主编的《中国语言文化讲座》系列图书采用中西对比方式，对中国文化进行深入剖析。毕继万的专著《跨文化交际与第二语言教学》对第二语言教学与培养学生的跨文化交际能力进行了系统的研究。吴为善、严慧仙编著的《跨文化交际概论》对中西文化差异进行了较为系统的对比分析。这些研究成果都是基于对外汉语教学实践积累起来的，对培养学生的跨文化交际能力具有很强的实用价值。对外汉语教学专业起源于外语系，逐渐独立，发展壮大。对外汉语教学就是用外语讲述中国文化，与外语教学有着密切的渊源，现在用其研究成果来反哺外语教学也是时代的需要，契合培养文化"走出去"人才的需要。

再次，教材编写要培养学生的对比分析和审辨性思维能力。美国语言学家 Edward Sapir 和 Benjamin Lee Whorf 认为，一种语言就是一种思维方式的直接体现，语言中包含着语言使用者对客观世界的认知体系。每种语言都有自己认知客观世界的独特体系和独有角度。将中国文化融入外语教学，在同一门课程中，两种迥然有别的语言、文化和思维方式会发生直接碰撞。这种碰撞有利于学习者发现两种语言和文化以及思维方式的特点，加深对两种语言和文化的认识，通过多样的文化活动涵养性情，引导学习者从不同文化的视角认知和分析问题，从而培养他们的思辨能力，在对外交往中，既能提出自己的观点，又能学会如何处理、包容与自己不同的观点。因此，教材的编写要注重语言和文化的对比分析，既能体现两种语言和文化的差异性又兼顾两者之间的互通性。

最后，教材编写要注重中译外技能的训练。"翻译旨在打破文化隔阂，促进不同文化之间相互了解和融合，是涉及自我与他者的一种双向交流活动"，随着文化"走出去"战略成为我国提升文化"软实力"的重要战略方向，中译外受到各方热切期待和普遍关注。翻译本身是一项对两种语言和文化的掌握都要求很高的实践。中译外的过程要求对汉英语言和文化的特点进行深入分析，探索从汉语到英语表达所要进行的语言、思维逻辑和适应表达的文化转换。中译外练习无疑能使学习者加深对汉语和我国文化的理解，而用英语写作无疑会提高实践者的表达能力。通过中译外的理论和方法，能够让学习者知道为什么汉语和英语有时要用不同方式表达类似意思，为什么要采用不同的变通手段，用符合译入语习惯的表达方式传达出原文的意思，这将是提高学习者用英语表达中国文化能力的有效方法之一。

3. 编撰内容

新型教材要改变传统单项导入西方文化的做法，强调培养学习者的跨文化交际能力。在外语教学中，要双向导入中外两种文化，应注重两种语言和文化的对比和融合，使学习者通过教材学习可以"内知国情，外知世界"。

教材内容的选取应考虑以下因素：

中华文化绵延千古，一脉相承，但现代人的价值观念、生活乃至行为方式都发生了深刻变化。相对于古代文化，现代文化更为鲜活，更贴近现代人的生活和交际需要。跨文化交流是在现代社会中进行的，因此，教材编写在适当选取经典文化的同时，应尽可能地发掘当今现实社会中的文化现象，避免脱离现实的"死"文化。

语言是文化最为重要的组成部分，而文化则主要通过语言得以体现。因此，语言与文化学习不可分割。英语是在其本土语言文化里形成、发展起来的，与其本土文化关系密切。考虑到学习者英语语言能力形成的需要，在教材中不可避免地要放进其本土文化的内容，保证学习者学到原汁原味的语言和文化，确保其英语基本知识和基本技能的根基扎实。

（1）中国文化内容要具有代表性且适合对外传播。

汉语历史悠久，中国文化博大精深，但教材容量有限，而鉴于学习者语言能力水平限制和实际对外交流的需要，教材内容选取必须精挑细选。首先，要有最适合对外传播、最易用英语恰当表达的实用内容。其次，文化是庞杂的，不是所有的东西都适合对外传播，必须考虑到对外树立良好的中国形象的需要。再次，并非所有中国文化都能用英语表达清楚且能为外国人所正确理解，因此，未能准确译成英语的内容不宜进教材。

（2）实用性。

所谓实用性，是指教材内容编选要充分考虑其交际价值。注重实用性，就是要让学习者感到他们在书本上学到的东西马上就可以用到，对学生的交际有实际帮助，这会增加其学习的积极性，提高学习效果。应优先考虑跟学生的交际活动直接相关的文化内容和在人际交往中常用的、交际作用比较大的文化内容。以实用性为主的同时，也应充分考虑代表性文化内容的选取。

（3）避免中国文化内容过多。

英语学习者的英语语言能力还处在形成阶段，对异国文化充满好奇。如果在教材中编入过多的中国文化内容，难免会误导学习者，分不清"东""西"。因此在教材编写过程中要避免中国文化内容过多，滑向另一个极端，不利于学习者英语语言能力和跨文化视野的形成。

文化内容的选取应遵循以下原则：

（1）坚持以现代文化为主。

人与人之间的交往最为直接的体现就是日常生活和工作行为。从第二文化的习得来看，文化内容往往很难从外部看清楚，这就在实际上形成了跨文化交际的种种暗礁。跨文化交际中的诸多问题常常是因为不了解对方基本的生活方式而引起的。因此，外语教学内容应尽可能地贴近和反映现实生活和工作需要。

（2）坚持以主流文化为主。

任何社会内部都存在亚文化，但主流文化总是居于主导地位，普遍适用于全体社会成员。我们培养的学生的交际对象是全社会的各种成员，这就要求我们在教材内容编选时应坚持以主流文化为主，尽量避免区域性的亚文化。

（3）坚持以生活文化为主。

由于社会不断演变发展，教材内容的选编是一个常做常新、永无止境的工作，因此，教材编写在充分征求各方专家学者意见的同时，应着眼于中国国情的跨文化研究，厘清并尽可能多地传播当代文化价值观和行为方式。同时，也要加强对来华外籍人士的调研，了解他们的兴趣和需求，尽可能使编写出的教材实用、高效。

近年来，随着中国的和平崛起，汉语和中国文化正加速走向世界。中国也正在从文化上的"输入国"转变为"输出国"。季羡林先生预言的"东学西渐"已悄然来临。在外语教学过程中，不可忽视中外交往中的文化倾向，"适时导入相关的文化背景知识，完善学习者的知识结构"。反观我们今天的英语教育，基本上还停留在改革开放初期所设计的人才培养目标上。将跨文化交际能力的培养融入语言学习与教学之中，虽然已经成为外语教学界的普遍共识，但是由于英语教材中鲜见中国文化内容，外语教学过程中片面导入西方文化的现象还广泛存在。因此，当下英语教材的内容难以适应新形势下跨文化交际的需要。

英语教育乃至教材建设要对接国家战略，为国家建设服务，必须进行改革，"推行双向国际化理念，培养具有国际视野的多元跨文化人才，以适应国家和地区对人才的需求"。要根据社会对人才知识结构的需要，进行深入研究、科学规划、设计教材内容，培养具有中国文化底蕴的英语人才，从而在对外交往中，凸显"中国味"，承担起对外塑造良好中国形象、传承和传播中国文化的重任，为实现"十三五"规划纲要提出的第100个大工程——"建设讲好中国故事队伍"——培养后续人才。

二、跨文化交际能力培养与跨文化外语教材建设

21 世纪频繁的国际交流以及无处不在的网络和媒体为国人了解世界提供便利。但是自然环境、社会面貌、历史渊源、思维方式、价值观念以及语言习惯等因素依然会带来文化碰撞，依然会带来文化交流的障碍。如何通过外语教学帮助学生使用所学的语言与具有不同文化背景的人进行有效的交流和沟通、如何促使学生重新审视并欣赏本族文化、理解和接受异族文化则成为我国外语教学亟待解决的问题。

从我国现阶段的情况看，外语教学担负着培养具有跨文化交际能力的高素质人才的主要任务。本节在探讨跨文化交际能力中的文化认知能力和外语教学中的文化教学之间关系的基础上，指出跨文化教材建设是外语教学跨文化交际能力培养研究领域中被忽视的环节，并以 2011 年北京大学出版社出版发行、由大连外国语大学常俊跃院长主持编写的 21 世纪 CBI 内容依托系列英语教材为例，探讨全面、系统、科学的文化教材对外语教学中学生跨文化交际能力培养的不容小觑的作用以及跨文化外语教材建设过程中需注意的问题。

（一）跨文化交际能力与文化认知能力

厘清跨文化交际能力与文化认知能力的关系，必须首先了解构成跨文化交际能力的要素。

Byram 在 1995 年提出，跨文化交际能力的四要素：知识、做事能力、个人态度与价值观和学习能力，并于 1997 年在四要素的基础上增加对于自己和他人文化的思辨性判断能力。

Chen 和 Starosta 提出，跨文化交际能力的认知、情感和行为三维理论，即主体对本族文化和目标文化知识与文化规约的理解和掌握，主体积极理解、欣赏和接受文化差异的主观意愿以及在跨文化交际实践中完成具体交际目标的能力。

文秋芳指出，跨文化交际能力包括交际能力和跨文化能力两个部分。其中交际能力包括语言、语用和变通能力；跨文化能力包括对于文化差异的敏感和容忍以及处理差异的灵活性。这种处理方法在国内有诸多拥趸。

杨盈、庄恩平将跨文化交际能力对等于跨文化能力，并提出构建由全球意识、文化调试、知识和交际实践四大能力系统组成的外语教学跨文化交际能力框架。

张卫东、杨莉则指出，跨文化交际能力指恰当运用语言文化知识与异文化成员进行有效而得体交际实践的能力。

上述对跨文化交际能力界定及核心要素的梳理可能会挂一漏万，但从各家不尽相同的表述中不难看出，随着跨文化交际理论的深入发展，文化认知、文化能力或文化知觉力正在成为跨文化交际能力研究的关键词。无论是语言运用、情感态度、行为能力还是思辨意识都离不开对本族和异族文化的认知和接受。

（二）外语教学与文化认知能力培养

杨盈、庄恩平将跨文化交际能力等同于跨文化能力的处理方法有助于外语教学从单纯语言教学的狭隘视野中解放出来，在注重语言能力的同时，看到文化认知的重要性。他们还提出应将跨文化能力培养视为"外语教学培养最终目的"，进而强化文化认知能力培养在外语教学中的重要地位。

1. 文化教学与外语教学

语言与文化的不可分性已成为外语教学和研究界专家、学者们的共识：语言是文化的主要组成部分和主要表现形式，同时又是文化的载体。Kramsch 认为，文化从学习者开始学习外国语的第一天起就始终渗透在整个学习过程中，人们的每一次说话都是一次文化行为。

可见，语言与文化是相互依存、相互影响的。文化是语言学习的基础，是语言使用的背景。要真正掌握一种语言就必须了解产生这种语言的特定社会背景。而我国传统外语教学模式因割裂了外语教学与文化教学的联系而需要进行修正。

韩晓玲分析了我国学生英语学习时间久但效果差的原因，指出语言教学与文化导入的割裂是主因，并提出有效的英语学习，不仅需要一定的语言知识还需要英语国家文化背景知识。王淑杰认为，以交际为目的的跨文化教学不同于只教语言知识、忽视文化背景的传统教学。教师除了要教授语言知识外，还应适当、适度地讲授文化知识，使语言和文化紧密结合，达到教学目的。

张红玲认为，"外语教学不是培养跨文化交际能力的唯一途径，历史、地理、文学等科目都可以从不同的角度向学生介绍文化知识。"虽然这种说法割裂了外语教学与历史、地理、文学知识传授之间的关联性，但其将地理、历史、政治、文学等相关学科纳入我国高校外语教学跨文化交际能力培养研究视阈的前瞻性。

陆晓红则提出了外语教学就是文化教学的观点。虽然这一观点是建立在语言学习者掌握一定的语言知识和能力的基础上，但它反映了进入 21 世纪以来，我国的外语教育者日益强烈的跨文化意识。

上述专家学者们的理论观点代表着我国外语教学的发展趋势，即将文化培养视为外语教学的核心。

2. 文化教学在外语教学中的尝试及存在的问题

外语教师们不仅逐渐意识到文化在我国外语教学中的重要性，而且还在教学实践中不断尝试将文化教学融入外语教学中。

韩晓玲在寓语言教学于文化教学的教学模式中提出要选取符合学生语言和文化认知能力的文化内容并通过教学（课内和课外）活动实现以文化为主线的语言输入和输出等主张。

这一模式是在外语教学中培养学生文化能力的有益尝试，符合新世纪多元文化的时代特征，具有前瞻性。但该模式在实际教学中存在一些问题：文化内容如何选取？"以文化为主线"如何操作？如何解决"文化教育的零散性和随意性"的问题？

黄文红以英语专业学生为实验对象的过程性文化教学与跨文化交际能力培养的实证研究发现，与传统的知识性文化教学模式相比，过程性文化教学模式鼓励学生主动探索、反思及对比中西文化，"受到大多数学生的欢迎"，但还存在实验对象对中西文化知识掌握不深刻这一弊病。

这项实证研究的成果是喜人的，为外语教学中的文化能力培养提供可借鉴的范本。但其局限性在于教材选用不恰当：以综合英语课使用的《现代大学英语：精读》为教材进行跨文化能力培养的实证研究很难帮助学生获得全面、系统的文化认知。

如上问题不仅关涉外语教学策略、教育者的观念、学习者的能力，更与外语教材的选取和使用密切相关。事实上，不仅高等学校英语专业的跨文化交际能力培养需要重视相关教材的建设，大学英语课程也面临同样问题。

杨盈、庄恩平从跨文化外语教学的视角出发，在探讨有效的教材使用途径过程中，对十余套具有代表性的高等教育外语教材做了调研。发现如下问题：跨文化内容含量少、过于简单、缺乏系统性，不能满足跨文化外语教学的需求；教材中练习设置缺乏拓展性和激发跨文化思维的内容，不利于培养学生的跨文化意识。因此，他们提出教师以现有教材为基础，将"语言知识结构"（外语教材）与"文化知识结构"（包含外语教材中的隐含文化知识和跨文化教材中的跨文化知识）相结合的探索模式。

这种"内外结合"的教学模式与前面两个例子有异曲同工之处，反映了外语教育工作者对文化教学重要性的认同，但在有限的课堂上既要传授语言知识，又要兼顾外语教材内容中零散的文化元素，这对于教师和学生都不是易事。消极的情绪会带来事倍功半的后果，不利于外语教学中跨文化交际能力的培养。

（三）跨文化教学框架下的跨文化外语教材

1. 我国跨文化外语教材的研究和开发现状

虽然诸多外语教育工作者已经意识到跨文化外语教材建设在提升学生跨文化交际能力方面的重要性，也尝试运用不同策略将文化知识传授与外语教学相结合，但有关外语教材开发的论文却不多。在中国知网上输入关键词"外语教材""跨文化"后，搜索到的结果寥寥可数。

全建强提出具有跨文化交际性的外语教材应该反映目的语社会的不同侧面；杨盈、庄恩平对为英语专业、大学英语及专科外语教学而编写的十余种外语教材进行了市场调研，并指出大部分外语教材与跨文化外语教学的要求仍有一定距离，并建议"教师在外语教材与跨文化教材'外部结合'的过程中不断探索与研究，为新教材研发积累经验，为实现两者的'内部结合'打好基础"；王进军、冯增俊分析我国外语教材发展的历程及规律，指出"文化型、内容型、菜单型以及综合型等新型外语教材将被赋予光明的前景"。

虽然相关论文不多，但是将跨文化能力培养视为外语教学重要任务的理念却成为共识，高校尝试在此基础上对教材进行改革的步伐没有停歇，"力图使外语教材跨文化交际和外语教学紧密结合"。

通过几年的教学实践，笔者认为，2011 年北大出版社出版发行的 21 世纪 CBI 内容依托系列英语教材是外语教材与跨文化教材"内部结合"的良好尝试，在一定程度上弥补了我国高校外语教材题材选择和练习设置与文化教学脱节的痼疾，以文化内容为依托，帮助学生在使用目的语的过程中了解异族文化、积极思考、主动分析对比跨文化差异，促进语言技能和跨文化意识的双提升。同时这套以文化内容为依托的英语教材还有助于教师对真实的语言运用情境的设置，培养学生的跨文化交际能力，真正实现我国"外语教学的高级目标"。

2. 跨文化外语教材的题材选择

跨文化外语教材的题材选择要有系统性和科学性。以常俊跃教授组织编写的系列教材为例：该系列教材涵盖英国、美国、澳大利亚、加拿大和新西兰五个主要的"英语内圈国家"，并从社会文化、历史文化、自然人文地理三方面对这些国家进行系统、科学的推介。系列教材还包括《跨文化交际》《欧洲文化入门》《中国文化》（英文版）、《圣经与文化》、《古希腊罗马神话》。为师生提供了培养跨文化意识的平台，也为跨文化交际能力培养中的"社会文化能力"或"知识能力"培养奠定了基础（各家对跨文化交际能力中文化认知要素叫法不同），有助于学生系统地获得文化认知，避免对中西方文化片面肤浅的理解。

教师可以借助教材系统地、有条不紊地开展文化教学，也可以借助教材充足的文化内容设置间接的文化语境供学生体验。胡文仲认为，"跨文化交际能力培养不仅需要教学环节的精心设计，而且需要课外的配合，包括国外学习或工作"。但是不能为所有学生提供直接语境体验的当下，教师可以充分利用文化教材营造"间接语境扩展文化知识"。

3. 跨文化外语教材的练习设置

束定芳、张逸刚认为，从教材的作用来看，教材中的练习应该是最能体现教材编写者理论指导原则的部分，也是检阅教材实用性、有效性的重要组成部分。

CBI 内容依托系列英语教材的练习设置不仅强化学生的语言知识和技能，而且与文化内容密切相关，有利于学生"实现知识的巩固及技能的转化"，体现了教材的实用性和有效性。

在问题思考环节，编者针对不同文化模块，设计中西文化对比问题，有意识地引导学生在知晓英语国家文化的基础上主动了解本族文化，并与异族文化作对比，形成批评的抑或是宽容的跨文化意识，"促使学习者对教材中的文化内容进行反思提问并参与其中"。学生只有了解本族文化和异族文化，才能真正实现跨文化交际能力的提升。

4. 跨文化外语教材建设和使用需注意的问题

Kramsch 指出，文化教学决不能只是以罗列文化事例的形式进行，因为事例是停滞不前的而文化是在一直不断发展的。"随着国家间频繁的交流活动以及媒体活跃的交际活动，不同文化间有由碰撞到相容的趋势，所以，跨文化交际能力的内容也应该是动态的"。这就要求文化教材的编写者不断提高、修订和更新教材内容，与时俱进。

在对美、英、加、澳、新西兰等"英语内圈国家"的文化知识细化的基础上，教材编写者可以开阔视野，将研究对象拓展到其他英语国家，如爱尔兰文化、印度文化、南非、尼日利亚及其他非洲英语国家的文化等。同时随着我国"一带一路"建设的推进，与沿线国家的人文交流与合作也会日益密切，编写介绍这些国家文化的外语教材不仅能够填补外语教学中跨文化交际能力培养的一大"漏洞"，而且对改变外语教材滞后于时代的现状也有着十分重要的现实意义。

编写以外语为媒介的文化教材只是外语教学中培养学生跨文化能力的内因，而促进这一教学目标实现的另一个关键因素是教师，这是外因。内因要通过外因而起作用。颜静兰在研究中发现，近些年来"外语教师的跨文化交际意识和自身内涵有了不断地提升，但是差距和问题还比较大""外语教师的跨文化交际能力'缺口'较大，和学生一样，需要提高和研究"。因此，作为教学主导者的外语教师首先要丰富自己的文化知识，提升自身的批判性思维能力，使自己具备较高的文化修养和双重或多重文化理解力，进而引导学生通过外语课堂培养有效的跨文化交际能力。

文化教学是外语教学中跨文化交际能力培养的一个重要课题。虽然对文化教学的理论研究已然硕果累累，但文化教学在外语教学实践中仍然存在许多实际问题，本节所谈及的以文化为内容的外语教材建设只是冰山一角。要培养新世纪具有较强的跨文化交际能力的外语人才还需要我国的外语教育工作者在教学过程中研究国外教育理论、教学方法、教材建设及教师培训等方面的先进经验，并与我国学生外语学习的实际情况相结合，制订有益于学生跨文化交际能力培养的外语教学体系框架。

第三节 教师团队模式

教学质量是学校的生命线，教师是教学质量提升的核心要素。教师团队的专业高度是学校教学质量的"水位线"，教学质量管理需要建设和管理好教师团队。学校需要在锻造团队的精神文化、健全团队的运行机制、开展团队的项目研究、搭建团队的分享平台等方面着力，全面建设教师团队，促进学校教学质量和办学品质的提升。

一、锻造教师团队的精神文化，为教学质量提升蓄力

"教师团队精神是教师团队的灵魂。"团队精神是集体智慧的结晶，是凝聚众人的精神力量，是团队的精神信仰。指向教学质量管理的教师团队建设，具有导向、凝聚、控制等积极的功能，能够有效地为教学质量提升蓄积力量。

（一）构建团队发展愿景

共同愿景既能体现团队未来发展的远大目标，又能体现团队成员的共同愿望，为团队带来强大的内驱力，激发团队及其成员的创造力。

教师团队作为学校教育的有机构成，其根本任务是教书育人；指向教学质量管理的教师团队，其核心目标指向教学质量提升。南京市小营小学在教学质量发展的上升时期，处理好减负与增效的关系以提升教学质量就是每一个教师团队的共同愿景。在共同愿景的引领下，学校毕业班教师团队在共同商议的基础上，确定的团队愿景包括关注每一个学生的心理、体能、学习三个方面。其中，在促进学生学习方面，确定分层辅导、技术支持、精准纠错等教学策略，有效地提高毕业班的教学质量。

成功的教学团队应该能把团队愿景转化为具体可行、可量化的绩效目标，并与个人愿景紧密结合在一起，这样，才能形成强大的凝聚力和对全体成员长久的激励作用。在教师团队建设过程中，团队带头人应该在认真了解团队成员发展意愿的基础上定位共同愿景，并把团队共同愿景与成员个人愿景有效地加以结合，以引领团队成员共同成长。南京市北京东路小学特级教师张齐华工作室的愿景是：以工具撬动学习变革，以研究引领团队成长。这样的发展愿景引导工作室每位成员卷入具体教学策略的研制与应用，推动课堂变革，促进自身成长。

（二）培植团队灵魂人物

威斯勒说过，"在团队文化形成的过程中，灵魂人物的作用非常明显"。教师团队精神文化的形成当然也不例外。在指向教学质量管理的教师团队建设中，团队灵魂人物的专业引领、管理协调非常重要。

在教师团队创建过程中，团队灵魂人物的专业领导力对团队文化的形成有深远的影响，甚至影响整个教师团队的文化风格与发展趋向。南京市海英小学在组建"小学'全语境'儿童汉字学习新探索"项目团队时，大胆启用已有25年工龄的"老教师"作为团队负责人，带领一群入职五年以内的年轻人进行研究。年龄的落差凸显了经验的优势。该负责人充分发挥自己的专业优势，处处先行先试，乐于辅导年轻人，使团队成员屡屡在市、区各项竞赛中获得大奖，该校低年级语文课堂教学质量也因此得到提高。可见，专业引领与精神带动，对

团队发展起着重要的支持作用。

团队灵魂人物不仅是专业引领者，而且也是团队管理者，需要具有高超的领导艺术和管理能力。北京东路小学的数学团队成员，个个专业优势突出，似乎都顶到了"天花板"，给团队带头人带来极大的挑战。团队带头人借助市级名师工作室这个平台，营造智慧共享的氛围，捕捉课堂中儿童数学学习的细节，组织团队成员展开问题分析、现象溯源、理论解释。这样贴近现实的追问与审思，让团队成员都找到了自己的"最近发展区"，在课例诊断、理论省察、视频切片、微信呈现、论文撰写中研究之路越走越宽。

（三）营造团队情感氛围

良好的合作是以温暖的情感为基础的。因此，营造适宜的情感氛围，形成团队向心力、凝聚力是教师团队建设不可或缺的内容。

在团队建设中，开放民主的氛围有利于成员个性特长的发展，为教师们展开教学探究与创新实践奠定基础；团队成员相互支持、相互鼓励的和谐环境，能够激发个体和集体创新的信心、热情与勇气，增强工作学习的自信心与愉悦感。在学校"上下同心，凝聚人心"的"同心"管理理念的引领下，小营小学营造了温暖、舒适的像家一样的教师团队氛围，让每一个参与其中的人都感受到了温暖与力量，自觉自愿地为团队发展贡献力量。

情感与精神往往是同构的，营造温暖的团队情感氛围离不开团队集体精神的培育。在集体精神的感召下，团队成员在奉献自己力量的过程中收获肯定、进步和喜悦，形成良好的情感氛围。南京市逸仙小学以学校"多维互动课堂"研究为契机，培植教师团队共研的协作精神。教师团队每月定一个研究专题，组成跨学科的研究小组：阅读理论分享组、课堂创意设计组、基于课例的观测组。每个小组的每位成员都积极参与其中，表达、分享、完成任务，激发自我能量，共建团队精神。

二、健全教师团队的运行机制，为教学质量提升护航

任何一个组织都要形成自己的运行机制，否则难免是一盘散沙，甚至走向解体。作为一个共同体，指向教学质量管理的教师团队需要建立健全的运行机制，从而保证团队规范、高效、灵活的运行，为教学质量提升保驾护航。

（一）创新团队组织管理

团队组织方式决定了团队成员之间的关系及团队的日常运行方式。教师团队是多元的，要根据不同团队的实际情况灵活选择团队的组织方式。小营小学根据教师的特点成立了多个工作室：美术组的"涂鸦"工作室、体育组的"绿荫之梦"工作室、语文组的"思语"工作室等。这些团队有的是以项目为主的，有的是以兴趣为主的，团队的组织方式各不相同。譬如，以兴趣为主的团队往往是相对松散自由的，没有严格的组织架构和人员分工，大家都是凭着兴趣和热情参与团队活动。

教师团队建设要注重工作模式的创新，从而激发每个人的能量，形成巨大的团队力量。小营小学的数学和科学学科加入南京市教研室的差异化教学研究团队。在工作中，团队构建了个性展示、案例研讨、实证矫正的工作模式，不仅推动了团队的发展，而且促进了成员个人的成长。2019年，团队中一位老师被评为南京市学科带头人，一位老师成长为学校的教科室主任。

学校要关注对教师团队的绩效考核，形成报酬激励、成就激励、机会激励三位一体的激励机制。通过实施合理的分配方案，使团队和成员在物质上得到相应报酬；通过给予相应的荣誉、地位等，使团队和成员获得成就激励和机会激励。

（二）开列团队任务清单

团队任务清单是使团队的目标得以落实的有效举措。通过开列任务清单，可以明晰团队亟需解决的问题，促进团队成员有效开展行动，更科学合理地分配时间和精力。小营小学的"以改革促质量提升"课堂改革项目组开出了以下任务清单：①期初进行听课反馈；②进行班级一日视导；③每月月中开展专题课堂研究活动；④案例撰写分享；⑤磨课工作室1+N模式构建。要求参与项目的每一个教师团队选择其中的三到四项任务，认真完成。通过开列任务清单，将项目的工作重点清晰呈现出来，确保项目朝着既定目标扎实推进。

（三）强化团队专业支持

专业支持是教师团队发展的加油站，能让团队建设更优质、更高效。教师团队的有效运行离不开强有力的专业支持。

最持久、最有效的发展动力总是内生性的。调动团队成员力量实现优势互补，强化团队的自我专业支持，是激发教师团队内在动力、推动教师团队持续发展的重要举措。教师团队的内部专业支持不仅来自团队灵魂人物，每个团队成员都有自己的专长，都可以在某些方面为团队提供专业支持。小英小学的雁阵型教学团队建设倡导关注每一位教师，尊重其主观愿景，激发其专业动能。学校的数学雁阵团队在前期组建时充分考虑教师的年龄、教学专长、能力水平等特点进行优化组合。团队采用"无墙式"研讨，每位成员都畅所欲言，毫无保留地提出自己的意见，为团队发展贡献自己的智慧和力量。

在激发团队内在动能的同时，团队发展也离不开外部力量的专业支持。在教师团队建设中，要邀请相关领域的专家定期到校指导，根据团队需要、成员特点提供"点、线、面"结合的全方位专业化服务，助力团队成长。南京市宇花小学在教师团队建设中坚持专业引领，邀请校外知名专家做专题讲座、学术报告，邀请名师到校上示范课，助推学校学科领军人才的成长。

三、开展教师团队的项目研究，为教学质量提升施策

教师团队建设要与教学质量提升统一起来，必须面向实践、直面问题，做到系统思考、精准施策。小营小学历经十年，探索以"项目制"推进教师团队成长的路径，较好地破解教学质量提升的难题，教学质量显著提升，学校也从一所普通小学成长为在省、市有一定影响的名校。

（一）面向实际，寻找路径

十年前，小营小学发展遇到瓶颈，教师成长与发展的势头不强，教学质量在中游徘徊。适逢南京市教育局推进小班化教育，学校成为南京市教育科学"十一五"规划重大招标课题"南京中小学教学质量监控与保障机制研究"子课题项目点。如何抓住契机，开展研究，加强教师队伍建设，全面提升学校的教学质量？将课题研究、项目推进与质量提升的难题破解结合起来，是学校的最初的定位。

（二）拿出实招，务实推进

我们在专家指导下拿出了具体的策略，即："专家指导，整体架构" — "团队先行，绘制图谱" — "模仿入格，细化落实"。

（1）专家指导，整体架构。在华东师范大学专家的指导下，学校找到了通过教学目标双向细目表的研究促进教学质量提升的路径。教学目标双向细目表是基于学生认知层级和知识的难易程度建构的二维学习目标评级体系。教学目标双向细目表引导教师既要关注学习内容——教材知识，又要关联学生的认知层级，进而确定知识教学的难度与路径。学校借助专家引领，成立项目团队，积极开展教学目标双向细目表研制。

（2）团队先行，绘制图谱。教学目标双向细目表研制项目团队的成员积极参与学习。他们一方面听专家解析，理解基本原理；一方面深读专著，即使读不懂，也要扎扎实实地读一遍。这样"啃骨头"式的学习，让团队成员从观望、拒绝、质疑，逐渐走向理解、接纳、尝试。在专家的指导下，团队成员首先对基于双向细目表的教学质量管理体系进行整体架构，形成学校的教学质量管理图谱，并进行语文和数学学科教学目标双向细目表的拟制。

（3）模仿入格，细化落实。全体教师在学习理论和研究项目团队开发的教学目标双向细目表的基础上，进行进一步研讨，明晰识记、理解、应用、分析、综合、评价等学习水平在本学科、本学段的学生学习行为中的表现特征，并自己着手拟制一份双向细目表。

（三）注重实效，推动发展

学校在专家团队的指导下出版了"中小学教学质量监控与保障——小学学科教学目标的确定与达成"丛书，丛书分为语文、数学、英语三个分册。此项成果还获得了南京市小班化教学成果评比一等奖。

指向教学质量提升的双向细目表的研制，让教师的教学观念经历了一场洗礼，让学校的课堂面貌发生了深刻的变化，让学校的教学质量稳居全区前列。在研究中，教师学科系统思维逐步形成，超越自我的愿望和能力显著增加。教师更有针对性地设计指向关键能力的目标化练习，建立支持差异化学习的拓展资源包，基于网络推动教学结构与教学方式的更新。

四、搭建教师团队的分享平台，为教学质量提升拓路

教师团队成果分享不仅能推广团队研究与实践的成果，让成果惠及更多师生，而且在分享的过程中还能进一步接收和吸纳反馈信息，让成果更加科学、更加完善。积极推进团队成果分享，建立多层次的展示平台，为团队成长、教学质量提升拓宽道路。

（一）团队内部的分享

教师团队中每个成员都是不同的，有"经验型""技术型"教师，也有些"思辨型""科研型"教师。针对每个成员的特点，开展团队内部的分享，不仅能展示每一位教师个性化的研究收获，也能丰富团队的研究成果。南京市锁金新村第一小学 35 周岁以下青年教师组成的"青春如火超越自我"阅读团队自我约定，每周二、周四、周六在微信群读书打卡，要求每两天至少阅读 20 页，写读后感 100 字以上。阅读群建立初期，为了不让青年教师觉得是一种负担，学校对书目没有做硬性的规定和要求。一学期下来，发现让青年教师根据自己的需求自由选择阅读内容，教师的阅读积极性得到了保护：每位教师平均阅读五本书、写读后感 10000 字左右。今后，学校将围绕老师们在读后感中谈及的某些话题，组织青年教师深入讨论，将阅

读群建成阅读、分享、交流的平台。

（二）团队之外的分享

教师团队的成果分享也可以走出团队、走出校园，走上更大的平台。当团队取得了丰硕的成果后，也应该通过研讨会、汇报会等多种方式，面向同行和社会进行推广，让团队成果发挥更大的效益，让团队成员收获更多的成就感。北京东路小学每年都组织面向全国、全省、全市的大型展示活动，如"12岁以前的语文"全国论坛、省级规划课题专场汇报、学科组区域展示等。学校让教师团队参与其中，充分发挥每一位团队成员的力量，提升青年教师的课堂研究能力，发挥成熟教师的骨干引领作用，提升教育教学管理的实效。在团队分享中，学校也在进一步梳理研究的阶段性成果，提炼教育教学中的特色成果，对每一个研究团队都进行宣传，让每一位教师都可以在团队中得到充分的肯定和鼓励，给团队发展提供持续不断的动力。

在好的教师团队中，"人们为了创造自己真心渴望的成绩而持续拓展能力；那里，各种开阔的新思想得到培育；那里，集体的热望得到释放；那里的人们不断地学习如何共同学习"。只有拥有一支具有向心力、凝聚力、战斗力的教师团队，拥有一批彼此互相鼓励、支持、合作的成员，拥有一套科学、合理的管理制度，学校才能不断发展，教学质量才能不断提高。

第四节　英语课程资源模式

英语作为全球使用最广泛的语言之一，已经成为国际交往和科技、文化交流的重要工具。基础教育阶段的英语课程对于提高整体国民素养以及培养具有国际视野、知晓国际准则、擅长国际交流的未来公民具有十分重要的意义。21世纪以来国家高度重视基础教育阶段的英语课程建设与改革，从2001年至今，教育部正式颁布过四个版本的《英语课程标准》（中华人民共和国教育部2001，2003，2012，2018）。课程资源是课程建设的基础，如何合理开发和积极利用课程资源是有效实施英语课程的重要保证。因此随着基础教育阶段英语课程改革的进一步推进，英语课程资源建设的重要性也愈加凸现出来。

在政策层面上，《义务教育英语课程标准》（2012）（简称《课程标准》）明确提出语言技能、语言知识、情感态度、学习策略和文化意识五个方面共同构成的英语课程总目标，并强调英语课程资源是完成该目标非常重要的保障。《课程标准》还明确提出课程资源开发与利用的建议：①开发与利用教材资源；②开发与利用学校资源；③开发与利用网络资源；④开发与利用学生资源。《普通高中英语课程标准》（2018）也针对课程资源建设提出相应的建议，例如，要统筹各方力量创设课程实施条件和环境，要系统规划校内外各类课程资源的实用性，提高课程资源的有效性和利用率。

在现实层面上，英语学习者的学习模式日趋多样化，移动学习的地位不断凸显；外语教学资源展现形式日趋多元化，传统介质失势，电子介质优势地位明显；教学资源建设者也呈多元化（如国家、学校、公司）。而且，境外影音教学资源如电视剧、电影、歌曲、（有声）书刊等大幅度进入。为此，探讨当前背景下基础教育阶段英语课程资源建设对推进和深化英语课程改革具有重要意义。本节首先对课程资源概念进行阐释，然后对我国基础教育阶段英语课程资源建设现状进行分析，在此基础上对未来英语课程资源建设提出建议。

一、课程资源的概念

课程资源是指供给并满足课程活动需要的一切，它包括构成课程目标、内容的来源和保障课程活动进行的设备和材料。课程资源的概念按其功能特点有广义和狭义之分。广义的课程资源是指有利于实现课程目标的各种因素；狭义的课程资源仅指教学内容的直接来源。按空间分布和支配权限可以分为校内课程资源和校外课程资源，凡是学校范围内的课程资源就是校内课程资源，超出学校范围的就是校外课程资源；还可以从其他视角把课程资源划分为社会资源、自然资源、人力资源、物力资源与财力资源，纸质资源与电子声像资源，等等。总之，课程资源由于划分的标准或视角不同，其概念也就不同。

根据《课程标准》，英语课程资源包括英语教材以及有利于发展学生综合语言运用能力的其他教学材料、支持系统和教学环境等，如音像资料、直观教具和实物、多媒体软件、广播影视节目、网络资源、报纸杂志以及图书馆、班级、学校教学设施和教学环境创设，等等。此外，课程资源还包括人的资源，如学生资源、教师资源和家长资源。他们的生活经历、情感体验和知识结构都可以成为宝贵的课程资源。

正确理解《课程标准》关于基础教育阶段英语课程资源的概念是我们进行课程资源建设的重要前提。对课程资源概念的理解既不能过于狭窄也不能过于宽泛，否则我们在课程资源建设过程中就会偏离方向，也就无法服务于新课程改革目标的实现。另外，了解当下我国基础教育阶段英语课程资源建设的现状也是确保未来课程资源建设质量的重要一环。

二、基础教育阶段英语课程资源建设现状

纵观我国基础教育阶段英语课程资源建设情况，以下几种现象较为普遍。

（一）两多，两少

"两多，两少"指教材资源与网络资源多；学校资源与学生资源少。目前的课程资源基本上以教科书为主，绝大部分教师满足于上级规定使用的教科书以及配套的教师参考书和学生课外练习书。以"国家教育资源公共服务平台"（教育部主办）的基础教育阶段英语课程资源为例，通常都是以教材章节编撰、以教材为主的教学资源，基本没有涉及学生的资源。在经济相对发达的大中城市，学校还有比较丰富的网络教学资源，甚至出现各种网络资源堆砌的现象。课程资源主要以自上而下的方式推进，缺乏自下而上的资源建设，忽略一线教师和学习者的主体作用。

（二）重教，轻学

"重教，轻学"体现在两个层面：第一，目前课程资源以教为主，内容以教学设计、教学课件、课堂实录、（教学）素材为主，导致教师严重依赖于教材，而在挖掘和整合教材方面的意识比较薄弱。丰富的网络资源也更多偏重教学层面，针对学生学习的课程资源较少，这与《课程标准》所强调的学习者"学"的精神相违背。第二，现有的大量课程资源更适用于教授基本知识点、强化基本技能，而缺乏涵盖学习策略、引导培养学生自主学习能力的学习资源，这与《课程标准》中强调培养学生自主学习能力的目标不一致。

（三）重前期建设，轻后期完善

课程资源建设快，但是缺乏使用后的评估或者存在评估形式单一、反馈贫乏或者流于形式等问题，这些均弱化评估在教与学中的地位，而且也不利于教学资源建设过程中的改进与完善。表面上看网络资源相当丰富，但实际上这些资源的易用性差、使用率低，而且网络资源缺乏后期维护和更新。使用者与课程资源的关系基本上是"单向"关系，缺乏使用者对于课程资源建设的反哺性建设或者建设性反馈。

（四）课程资源建设发展不平衡

大中城市的课程资源相对比较丰富，但广大农村地区尤其是偏远山区的课程资源相当匮乏。而且由于平时缺乏相应的课程资源建设和使用的培训，许多教师只停留在书本知识尤其是语法知识和词汇知识的讲解和传授上，没能充分地利用现有课程资源使教与学的活动更加合理有效，从而激发学生的学习兴趣，提高教学效果。

（五）缺乏系统的理论和实践研究

我国基础教育阶段的外语教学长期以来以经验交流为主，缺乏理论探讨和实证研究。现有的相关文献也大多是经验性文章，理论探讨或者理论与实践相结合的文献几乎没有。而课程资源建设更是一个长期被忽略的领域，现有的极少量相关研究内容过窄，基本上以教材研究为主。

三、对未来英语课程资源建设的思考

笔者认为，基础教育阶段的英语课程资源建设要尽可能体现以下特点：

（一）资源的主题性与思辨性特点

以主题为引领，多思考、多辩证，"寓理于学"，加强全人类的教育理念。同时注重主题的时代性，通过语言课程资源引导教师与学生多去探究世界、了解身边的知识与信息，培养自己的思辨能力，而不只是局限于语言学习中。

（二）资源的模块性或专题性特点

资源建设的内容要考虑到语言能力的各个方面，甚至可以考虑强调语言次能力的分区训练资源。随着早期外语教学的发展，很多儿童都较早地接触到英语，也较早体现出各个次能力的强弱，这样提供分区资源，有的放矢。

（三）资源的时代性与引领性特点

目前我国小学、初中和高中的教材绝大部分已经使用很多年，教材的许多内容和语篇都已经跟不上时代，而且这些教材以功能、结构的内容居多，大部分都是工具性的目标，而围绕核心素养内容方面的设计比较缺乏，关心品格培养、学生内心世界和思维能力培养的内容设计都较少。要实现课程资源的时代性与引领性，必须要以了解新课程改革的目标为前提，宏观的教育目标（比如把学生培养成为具备核心素养的全面发展的人）和微观的教育目标（比如外语课程的育人价值，即语言是品格和思维方式的一种体现）缺一不可。只有这样，我们所建设的课程资源才能更好地为实现新课程改革的目标服务。

（四）资源的技术性特点

随着信息技术的发展，新课程理念下的课程资源建设也必须有新的突破。资源建设要体现当前泛在学习（Ubiquitous learning）的特点，即"以人为中心，以学习任务本身为焦点"的学习，提供适应教与学且体现移动学习特点的便捷资源，以便学生可以随时随地利用泛在网络和任何移动终端进行英语学习，实现更有效的以学生为中心的教育。在泛在学习环境中，学生根据各自需要在多样的空间、以多样的方式进行学习，即所有的实际空间都可以成为学生学习的空间。此外，利用信息技术开发的网络学习资源可以通过网络交流平台让学生实现跨班级、跨学校、跨地区甚至跨国度的在线协作学习和交流，从而拓宽学生的英语学习渠道，增强学习效果。强调课程资源共创、共享，并为使用者反哺课程资源提供可能。

（五）资源的引导性与自主性特点

资源建设要区别教师主讲与学生自主学习的资源分类。鉴于目前已有的自主性学习资源在自主学习策略上的引导性不够，笔者建议，我们可以借鉴美国基础教育阶段通过文本细读精读（close reading）的方式使学生在阅读中得到思维与语言表达双重训练的做法。在最新的美国共同教育大纲（Common Core State Standards，又译为"共同核心标准"）要求下，在基础教育阶段（从幼儿园到 12 年级），每个孩子都要学习如何精读。具体来讲，就是要求孩子阅读的时候，要学会提出问题，要研究文字和语言，要搞明白故事结构和逻辑，要能够分析人物，等等。目的就在于引导孩子们有方法、有目的地从阅读中获取知识，锻炼自己的思辨能力，而不是囫囵吞枣，不求甚解。这样的精读实际上是一个把书"从薄读到厚"的过程，即促使学生从一本书出发，了解更多的相关背景，并加入自己的思考和探究。

（六）资源的区域性特点

鉴于大城市、中小城市、农村和偏远山区之间巨大的地域性差异，自上而下的课程资源建设方式显然行不通，我们应该鼓励自下而上的资源建设。首先，积极发挥各地区教师以及教研员的作用，筛选一批当地优秀的教师和经验丰富的教研员共同建设该地区的课程资源，原因在于他们对当地的学情有基本共识、对于当地的课程理解深刻、对于课程需要的素材和学生预期的掌握程度都非常熟悉。其次，为了更好地帮助农村和偏远山区课程资源建设的发展，我们还可以考虑启动一些教育优势城市或区域带动和扶持教育劣势地区的项目。

（七）资源的可续性特点

自从王初明将"续"的理念引入二语教学，姜琳、涂孟玮、王初明、许琪等进行的一系列实证研究都证明"续"的促学效应。笔者认为，"续"的促学理念同样适用于基础教育阶段的英语课程建设。在课程建设中包含"续"的语言学习任务更加容易唤起学习者表达思想的内生动力，大大激发他们的可持续学习兴趣。

（八）资源的系统性特点

尽管本节探讨资源建设要具有分主题、分层次、分区域、分模块等特点，但系统性是课程资源建设永恒的主题。尤其要注重小学、初中、高中分学段的课程构建理念，即循序渐进、打好基础、一脉相承、注重衔接。

（九）要注重人的资源建设

根据《课程标准》，课程资源包括人的资源，如学生资源、教师资源和家长资源。其中教师是最重要的课程资源，教师优质的专业化水平能带动其他课程资源的建设与发展。而且，课程资源的利用效果也会在很大程度上受到教师专业化水平和教师投入度的影响。因此，教师队伍建设始终是课程资源建设过程中最具有决定性意义的环节。另外，要强化校本课程资源以及"学"端课程资源的建设，充分发挥各地区、学校、教师、学生乃至家长在课程资源建设过程中的主体作用。

课程资源建设是一项系统工程，不仅要处理好课程内部各要素之间的关系，还要注意与课程外部相关要素的协同发展。因此我们不能孤立地看待课程资源建设问题，而是应该把它纳入整个课程改革计划，并确保得到政策上的支持。最后笔者呼吁，一定要加强课程资源建设的理论研究，强调课程资源共创、共享，并为使用者反哺课程资源提供可能。同时要在理论指导下进行大量实证研究，以实现各学段之间课程资源的系统衔接和深度整合。

第六章 跨文化与英语翻译

第一节 跨文化英语翻译中的语境研究

随着全球文化交流日益增强，对语言社会性研究也越发深入，语境对于语言研究的作用是不可替代的。翻译作为一种跨文化活动的承载介质，自然更要强调语境在翻译过程中的作用和应用。综合分析不同的语境，从而帮助翻译者对内容达到正确的理解，消除不确定现象，对翻译过程起到最大的促进作用。本节主要从语言语境，文化语境以及情景语境来分析语境在英语翻译中所起的作用以及其应用路径。

自从 1932 年人类学家提出了"语境"这一概念，人们才知道对于语言的理解和领悟并不仅仅靠语言本身所表达的字面意思，还要依赖于推敲使用者和使用环境的背景，失去了语境语言就失去了色彩。20 世纪 50 年代，语境的概念就渗透到翻译的行业中，翻译工作中最重要的事就是要正确理解原文的意思，而翻译的第一步工作就是分析原文的语境，而不是拿着文章逐字逐句地对照翻译，这是很多学习者会出现的错误，如果不能事先很好地揣摩作者的思想和感情，可能会使译文失去原文的风采和意义。因此，我们可以说语境在英语翻译中的作用是不言而喻的，翻译者能够根据文章的语境来判断文化背景和作者的中心思想，为下面的翻译工作打下坚实的基础。

一、语境在英语翻译中的作用

（一）定义与阐释词义

英语的单词有成千上万个，我们不可能知道每个单词的确切意思，就好比中国人也认不全中国的汉字一样，在这个时候就需要结合全文上下的语境去揣测新词的意思。在我们学习英语阅读时，也可以借鉴这种揣测方法快速完成阅读。定义的作用，就是一些生僻的单词可以根据句子后面的定语来进行猜测，例如，The theory to come out of knietics，was suggested by professor Bird whistell，who suggested the body of movement. 意思是说 knietics 衍生出来的学说是 Bird whistell 教师提出的 the study of body movement，其中 knietics 的意思就可以从后面的人体运动学说中推测出来。而阐释的作用就好比我们的汉英词典，作者会利用更简单的单词或者语句来解释生僻词的意思，让人觉得通俗易懂。

（二）语句在互译中的专一性

单词存在异议性和多义性，这就决定了一个单词可能有好几种意思，这也与中国的汉字类同。在不同的语境中，单词的多义性可能会给翻译工作带来阻碍，如果作者不能正确地理解文章的语境，可能会出现南辕北辙的错误。例如，He is a hard man 中的 hard 有不容易对付的和勤劳的意思，仅仅从这句话中翻译者不好去判断，如果出现 He is a hard man to deal with，那么翻译者就可以明确这里的 hard 是不易对付的意思。还有当一个单词出现在俚语或者俗语里面，也会有一定的歧义，例如 That's your business，就翻译成那是你的事，而另外出现歧义的情况就是由于同音同形不同词性造成的。

（三）影响词语的语言色彩

我们常说中国的汉字是有魅力的，是丰富多彩，其在不同的语境下可以体现出不同的感情色彩，而英语词汇在不同的语境下也可以体现出不同的感情色彩。就比如 Hey，guys，HELLO，Everybody 就体现了不同的感情色彩，前者偏向于轻松愉悦，而后者偏向于正式化。因此，我们可以得知语境在英语翻译中的作用只是将作者原本的感情通过苦涩的词汇流露出来，从而使翻译者走进作者的内心世界，感受作者对于内容所赋予的附加价值。

三、语境在英语翻译中的应用路径

（一）语言语境与词汇选择

语言只是一种冰冷的符号，如果失去了语境，那么语言就失去了意义，失去了色彩。我们所说的语言环境，通常指上下文联系，包括周边句子、段落、章节、整篇作品等。英国的语言学家曾经说过，每一个新的单词在一个新的语境当中就会被赋予一种新的含义，这也更好地阐释了词汇如果离开具体的语境，就是毫无意义的符号①。就比如我们想表达好的意思，好的天气可以用"fine"，好孩子可以用"great"，好丈夫可以用"dutiful"，虽然每个单词不同，但是其表达的意思确实一样的，同时也代表着各自不同的含义。因此，翻译者在翻译过程中要根据语境来取舍诸多词义，以达到最准确、最精确的效果。

（二）文化语境与词汇选择

翻译工作中肯定会发生两国文化之间的碰撞，因此，作为一名优秀的翻译工作者，了解两种文化比掌握两门语言还要来得重要，语言是其文化的产物，只有正确理解语言的文化背景才能真正地领悟语言的含义。就比如中西方生活文化的差异，一般在西方问好就是 say hello，而在中国则是问"你吃饭了吗"或者"你上哪儿去"，如果真的把它们翻译成"Do you have a meal"或者"Where are you going"就丧失了原话的意义和应酬功能，西方国家会认为这是一种打探人家隐私，不礼貌的行为。所以，在翻译的时候应该用类似的语言功能进行转换，达到能够让人通俗易懂的目的。

（三）情景语境和词汇选择

每一个语言活动都会发生在特定的情景语境当中，同时也蕴含着特定的思想和感情，因此，每一个词不仅仅是由语言因素来决定的，还与情景语境息息相关。就好比小说中描写主角闷闷不乐地去散心用"mope round"而不用"walk alone"，前者的意思是没精打采地游荡，

① 左滢.ACTIVE教学模式在高中英语读写结合课中的实践研究——以 School life 教学为例[J].英语教师，2017，17(04):141-143.

后者的意思是独自走着，从情景语境中就可以看出"mope round"更贴切地表现了人物的无助感。

总而言之，语境在英语翻译中的作用是至关重要的，如果不能很好地分析翻译内容的语境就会导致翻译的主题会与原文有所偏差，那么就会失去原文的传播意义和风采。因此，这需要我们广大的翻译工作者充实好自身的文化素养，增强专业知识。

第二节　跨文化翻译与文化人类学的发展研究

文化人类学的重要任务之一是对异域文化的描述。因此，翻译问题始终是文化人类学研究的一个核心问题。民族志的撰写过程是对于异域文化的描述过程，也是一个翻译的过程，这种翻译不只是文本翻译，而是一种涉及跨文化翻译的问题。在全球化和跨文化的大背景之下，文化人类学翻译理论有了新的出发点。文化人类学视角下的跨文化翻译为新时期的翻译理论研究提供了新的素材，特别是对于后殖民主义翻译理论提供了理论依据。

文化人类学自诞生以来就一直对翻译问题充满兴趣。不仅如此，甚至可以说，文化人类学本身就是翻译科学，而且是跨文化的翻译学。跨文化翻译的核心问题始终贯穿着文化人类学和人种学各种理论方向的始终，它已经超出了语言翻译的范畴，这是与语言层面翻译研究的最大不同。文化人类学视角下的翻译是一种社会实践行为，同时也是跨文化交流的一种形式。它按照不同的社会文化关联性揭示意义的多样性。文本层面的翻译研究在这里也获得了扩充其研究范围的基础。

文化人类学翻译的一个主要问题是把陌生文化，特别是欧洲以外的文化"译入"西方接受者所熟悉的语言、经验范畴以及精神世界。同时还要保证陌生文化应该在西方自我阐释的主导思想下被理解，也就是说，按照西方自己的思维方式、象征和符号来理解。这一点正是美国文化人类学家克利福德·格尔茨所和他所秉承的阐释文化人类学所提出的一个重要要求。显而易见，文化人类学的研究过程是一个复杂的翻译工程，没有文化分析、阐释和建构，文化人类学研究无从谈起。文化人类学研究中的翻译行为可以分为如下几个阶段。

20世纪初，文化人类学进入田野考察的实践阶段，因此，相关外语的学习和翻译就成为必不可少的前提条件。人类学家把许多口头表达的词汇和内容翻译成为一种能够反映完整生活方式的表达，并从中重新构建出一种文化关联性。但存在的问题是，他们无法把这种翻译回溯到某个特定的原始文本。

在翻译过程的第二阶段，乡土概念和重新建构的文化联系经过翻译，成为民族志读者所熟悉的语言和表达方式。民族志学者对于异域文化进行的田野研究被翻译为专题性的文章。这样，民族志对一种当地文化的事件和习俗的内部描写。一方面需要把口头的表达翻译为书面的固定文本，这种要求成为反思文化人类学研究的一个挑战；另一方面，民族学必须是一种文化比较的科学，包含大量的比较性和分析性的概念，如亲属关系、权利结构、社会矛盾、等级制度，等等。这时就出现一个悖论，即在翻译异域文化的时候，必须用西方的概念来描述异域文化的本土性内容。

第三阶段，以特有的核心范畴"文化"为媒介的人类学蓬勃发展。文化人类学翻译被视为一种特别的文化实践，并与其认识论的大环境密不可分，如殖民主义、东方主义。由于历史上民族学与殖民主义一直紧密合作，因此文化翻译与权利关系、至少是文化不平等性紧密相连。

民族志翻译的多样性主要产生在下面几个转化阶段。如在把异域文化体验转化为文本的时候，把田野考察转化为专业著作的时候，从口语转化为书面语，把欧洲以外的异域思维方式转化为西方人熟悉的表达方式和理论。在这一系列的转化之中，文化人类学翻译的实践和反思扩大了翻译的概念，即翻译从纯粹语言的转化过程演变为文化转换过程。这对于纯粹语言层面的翻译研究来说无疑扩大了研究的视野。文本翻译和语言翻译已不单单是词汇文字的翻译，它还包括与文化相关的思维方式、世界观和行为方式的研究，并且能够区分出文化差异，甚至翻译本身成为一种跨文化交际行为。

一、民族语言学，田野考察与翻译

自 20 世纪 20 年代初美国文化人类学研究的第一阶段以来，翻译问题仍然来源于对于外来语言的经验研究，当时主要是对于印第安语的研究。其中获得的人类语言学的知识在理论层面上与萨丕尔—沃尔夫假设紧密衔接，这就是所谓的语言相对论。按照该理论，不同的文化决定了不同的文化价值观和对于世界的体验。按照这种语言决定论和文化相对论，不同文化之间的翻译（至少是准确的翻译）是不可能的 [①]。20 世纪 60 年代以来，人类语言学朝着会话和交流的民族志方向发展，研究内容已不侧重于语言结构和语法，而更多地对语言的功能进行研究。并且在可比较功能的层面上突出可译性，并扩展到非语言因素。这种民族语言学的结构功能主义与英国社会人类学的观点非常类似，后者认为，翻译是民族学研究的重要活动，它通过田野考察中的"直接观察法"确立自己的重要性。

文化翻译理论肇始于 20 世纪初的田野考察方法。田野考察最主要的方法"直接观察法"。这种方法融合了个人体验与科学分析。仅仅依赖语言知识本身不足以理解一种文化。人类学家马林诺夫斯基曾详细论述撰写民族志中出现的翻译问题，其出发点最早来源于对于异域文化语言表达和文本的语言学材料的分析。1935 年，马林诺夫斯基把他对于民族志翻译的思考写入其著作《整体语境翻译》。其中，他创造了"意义语境区分理论"。该理论不仅考虑文化的整体语境（如道德观、美学观，等等），而且还考虑了与特定场景相符的情景语境（如词汇功能、会话行为等等）。马林诺夫斯基认为，民族志撰写的核心难题是神秘话语的功能和它的仪式作用，对它们的解读必须依赖熟悉异域文化的知情者。他认为熟悉情况的知情者能够阐释神秘的瞬间、暗示、专有名词和神秘的假名。没有他们，神秘性便无从翻译。民族学翻译虽然是以源文化的语言为对象，但是"必须走出原住民语言的概念"，而且还得借助于科学的概念和民族志与语言学的描述与评论。

马林诺夫斯基之后，爱德华·埃文斯—普里查德（Edward Evans-Pritchard）对于民族学翻译问题进行进一步的研究。在他的研究当中，文化翻译成为核心概念。自 20 世纪 50 年代以来，它的运用为英国社会人类学的研究奠定了坚实基础。社会人类学家通常致力于研究并不熟悉的文化。这一事实使他们不得不面对翻译的问题。因此，1971 年出版的埃文斯—普里查德纪念文集特意被命名为《文化的翻译》。这个标题反映了埃文斯—普里查德对于翻译问题的一个基本设想，即如何把不同的语言，特别是氏族社会独特隐喻和思维方式翻译成为

---

① 刘小琴 . 应用型本科高校"英语语言学"教学存在的问题与对策[J].英语教师，2018，18（07）：56-58.

欧洲的语言和合理的想象。如埃文斯—普里查德在其名著《努尔人》中对于苏丹努尔人语言的研究中发现，努尔人经常说"双胞胎是鸟"，这句话应该如何翻译？文化人类学翻译中的一个核心问题是宗教信仰概念的翻译。许多信仰概念只能用冗长的词汇进行翻译。即使成功地翻译了字面意义，也很难保证实际内容与源语文化相符。

对于文化人类学翻译问题的另一个反思来自英国的社会人类学研究，它要求在翻译田野考察经验时一定要"语境化"。这一点特别在相对主义——理性论的讨论中明显地表现出来。在这次争论中专门讨论了文化人类学翻译的认识论基础，如异域文化思维方式是否可以翻译和理解，一个客观的、不依赖于语言的世界是否可以被客观反映出来，等等。这场争论旷日持久，其核心问题始终是外来文化翻译和理解对于语境的依赖性。它一方面涉及词汇翻译的语境化过程、分类（例如色彩的区分）以及如何包含异域文化的概念和行为方式；另一方面，这种语境化又不仅仅局限于词汇和语言转换过程。它要求译者要全面了解异域文化的思维方式和世界观。"我们要翻译的不是'词汇'，而是要翻译一种认识世界的方法，这个世界是我们必须去理解和学习的"。因此，翻译不应只服务于片面的、欧洲中心主义的理解方式，而更应该促进文化间的交流。为此，克利福德特别列举了传教士的例子，如法国传教士和民族学者莫里斯·利恩哈特（Maurice Leenhardt）20 世纪初在新喀里多尼亚传教时做了大量的翻译工作。

塔拉尔·阿萨德就特别注意到这一点，并且和英国社会人类学的翻译观进行了长时间的争论。如阿萨德曾经向英国人类学家欧内斯特·盖尔纳（Ernest Gellner）的观点提出挑战。盖尔纳曾多次指责，功能主义社会人类学在翻译外国社会的话语时过于肯定和宽容，缺乏理性的批判和评价。由于语境阐释的方法和文化相对主义，外来思想被赋予了意义和关联性。英国人类学家和宗教学家戈弗雷·林哈德（Godfrey Lienhardt）的著作中就充分体现了这种文化翻译中的关联性原则。阿萨德认为，盖尔纳这种在人类学翻译中保持批判性距离的观点无助于研究分析异域思维结构，而只是追随西方合理性、客观性和逻辑性的标准。因此他对于这种狭隘的翻译观提出质疑。阿萨德认为，民族学翻译实践是一种存在于不平等社会之间的制度化的社会实践，民族学翻译本身受到权利结构和语言文化不平等性的影响。在他看来，这种保持距离的翻译论也受到语言不平等性的影响，这种不平等性主要体现在口语和书面语的差异以及第一世界和第三世界语言之间的权利落差。

二、"文化即文本"理论的反思

阿萨德的批判也适用于另一个文化社会学翻译反思的主要观点，即"文化即文本"。该观点的主要持有者是克利福德·格尔茨。文化社会学研究主要依赖的是在"文化即文本"的背景下对于"原住民的观点"的翻译，也就是说，文化实践就像文本一样可以阅读和翻译。异域文化只有具备文本的地位才能变得客观。这样，在远离主观判断的情况下，文化意义被记录下来，并且固定在意义和文化内部自我阐释的社会体系之中。文化是一种由社会以全体成员共同编制的意义之网，通过这张意义之网，人类行为不断被翻译为具有阐释作用的符号与象征。文化符号学认为，文化是一种符号体系和文本结构。这样的视野凸显出文化的可译性。但同时也出现了对于文化整体性的疑问：不是整个文化而是象征、仪式和实践作为文化的意义载体进入人们的视野。在它们之上建立了一种翻译策略，这种策略通过重要的部分阐释并反映了文化的整体性。在这个节点上，以文本为导向的阐释性的文化社会学与文学理论和翻译研究中的所谓"人类学转向"相会合。

在文化人类学的发展中，对于语言的研究始终是其重要的组成部分。语言学家和人类学家罗杰·基欣（Roger M Keesing）曾经反思过文化人类学中文化翻译的危险性。他从隐喻翻译的知识论难题着手研究。他认为，由于人们在会话中借用其他概念来谈论自己的某个体验区域（如情感），因此所有文化中的日常会话均渗透着各种传统的隐喻。这种所谓"隐喻性会话的整体"会引发这样一个危险，即人类学家赋予异域文化的日常会话以更大的意义。原本是一种异域文化中的隐喻意义的表达，却被这些人类学家们过度阐释，这样便会导致文本的误解，甚至是"误译"。如译者在翻译过程中用名词取代源语中的动词，这样，一个充满动态与过程的世界就会被一个静态的实体世界所取代。或者译者把异域文化中丰富多彩的想象或观念仅仅局限在某个西方语言的概念之中。对于文化翻译困难性的分析以及对于"异域文化概念"可译性的质疑已经远远超出自身的范畴。它们同时还扩大了文化人类学中的翻译观，即翻译不仅被视为理解的手段，而且还是一种"建设性误解"的过程。文化人类学更大的挑战不是文化翻译的成功而是它的失败。

三、翻译与表现

翻译是一种文化转换的模式。随着人类学研究中的语言学和社会学转向，对于文化人类学翻译策略的反思也经过了多次修正。它从文化理解和文本阐释层面转移到表现批判的重点。20世纪80年代兴起的所谓"书写文化争论"把人们的注意力转向书写过程和修辞的表现手段。对于文化"原文"的忠实性讨论已退居次席，取而代之的是对于表达习俗、语言形象性、叙事方法以及异域文化所产生的历史与社会条件的讨论。"民族志文本的创造者无法回避表现性的传喻、讽喻和隐喻。因此，当他们翻译的时候不得不对它们的意义进行选择和附会"。因此，民族志的描写事实上成为具有独立文本地位的阐释性的翻译，它当中大量运用文学描述策略和会话策略以及各种表达方法（如反讽、比喻，等等）。克利福德认为，这时没有精确的翻译，只有借代性的转换。这样，"通过民族志的翻译来传递纯正的异域文化"这一个普遍的观念无疑是错误的。

19世纪80年代的书写文化争论凸显了跨文化表现的问题。自此，人类学专著中的经验翻译成为一个很大的问题，正如文化翻译过程中的文化虚构过程一样。人类学实践自身被视为一种创造性的翻译过程，这个过程包括对于文化整体性的整合和创造，并且反映了跨文本所应具备的前提条件、表达的传统以及文化概念的变迁。翻译理论的人类学构想一直是一种所谓"独白式的表现"，后来从中产生了"对话人类学"，即通过与原著民的对话进行表现。它虽然没有给内在的文化整体赋予其文化意义，但是却突出了多元视角翻译的必要性，这种翻译能够正确应对一种文化当中各种不同的、甚至是矛盾的声音。即便如此，对话式的翻译策略也无法消除文化间的权利不平衡以及民族志撰写中的选择垄断。相反，改变对于一种文化的理解对于民族志翻译理论构建具有更大的影响。以所谓"超越界限"为标志的一种新民族志重新定义了一些传统的核心概念，如"他者""直接观察"和"文化翻译"等。这样，随着"书写文化争论"，民族学翻译理论也出现了新的变革。文化翻译在这里不只是局限于文字与文本，还包括语用学、言语行为和语言行为。挪威奥斯陆大学人类学教授乌妮·维坎（Unni Wikan）对于一个明确的文化人类学翻译理论的构想就具有"超越词语"的目的。这样，文化翻译就不仅是词汇意义的转换，而是应当介绍语言的使用和影响、行为主体的表达目的和非语言交际。与文化作为文本的观念不同，这里，主体间的意义生成和它与说话者意图的关联性得以强调（Wikan）。因此，欧洲民族学片面的翻译独断性就受到质疑。

这种质疑起源于詹姆斯·克利福德（James Clifford）。他认为，即使以对话方式开展，民族志翻译始终包含翻译独断性。因为田野考察的具体经验被转化成为一种所谓的"独断性描述记录"。这个翻译过程体现的要么是观察的独断性，要么是表达方式的片面性。目前，在翻译独断论的视野中，文学翻译也被重新视为一种对于语言和文化的表达权利和支配权利。这种新的翻译观起源于萨义德的东方主义批判理论。这里，翻译学的观察角度已经转向翻译的权利视角。

这种关于文化翻译和文本翻译权利关系的认识成为文化人类学和后殖民主义理论的结合点。在这个结合点上，民族志的翻译问题被赋予了政治意义，即所谓"（第三世界）文化翻译政策"。翻译对于权利的依赖性受到批判，同时要求第一世界的"强势语言"要在第三世界的"弱势语言"的影响下学会改变。这与德国思想家本雅明和翻译家鲁道夫·潘维茨的翻译观一脉相承。后者认为，母语应该从外语中汲取灵感。

四、后殖民主义与翻译

后殖民翻译理论的理论基础是后殖民理论。它通过研究译文与历史条件之间的关系揭示译文背后源语和目的语文化之间的权利斗争和运作。在西方翻译史上，翻译行为始终具有政治和文化政策意义，因为它涉及权利、殖民主义和语言的不平等性。文化人类学从两个层面对于翻译进行反思：一是来自经验研究的反思；二是基于知识论层面的反思。反思的出发点主要是殖民者和被殖民者之间的关系，当然还包括传教翻译，特别是欧洲殖民地中传教翻译家和民族志撰写者的相互利用的关系。在这个背景下，翻译行为被视为一种种族与性别的建构行为。

来自经验研究的反思主要来自三位学者。一是爱尔兰都柏林城市大学应用语言学与跨文化交际学教授迈克尔·克罗宁（Michael Cronin）。他关注的重点是欧洲内部的殖民主义及其对于语言的影响。他认为翻译是对于原著民语言的削减，例如爱尔兰原著民语爱尔兰语和强势语言英语的关系。二是美国华盛顿大学东南亚历史学教授文森特·拉斐尔（Vincente Rafael）在研究了西班牙在菲律宾的殖民史后认为，翻译行为不是文字间的和谐转换，而是对于少数族裔和原住民语言的压制。三是美国康奈尔大学人类学教授詹姆斯·西格尔（James T.Siegel）主要研究了多语种国家（大多数超过上百种语言）文化内部的翻译过程。西格尔教授认为，同一文化内部的多语种翻译实际上减少了弱势语言的数量，并且形成了语言等级制度。

知识论反思的切入点强调交互翻译的重要性，也就是说，翻译不应该只是西方单方面学习异域文化的手段，而应该是各种文化相互影响的互动过程。传统意义上的翻译过程是以两种不同的话语为前提，它们之间互为客体。而新的民族学则更强调话语平等性和互文性，它放弃了传统的二分法思维，把两个不同的世界联系起来，并且支持在文化人类学的发展中回译民族志文本。

一种文化被接纳到另一种文化的过程中，翻译问题便会凸显出来。这不仅仅表现在欧洲文化接受外来文化的过程中，而且也包括欧洲以外的文化在现代化过程中对于欧洲文化的接受。此时，翻译理论包括各种文化实践，而不仅仅是思维方式。"我们需要系统地考虑翻译西方社会实践活动话语的先决条件和后果，这些实践活动包括法律、银行体系、公共管理、教育，等等"。话语转换会导致对于相应实践模式的接受，例如日本社会对于欧洲社会模式的接受。在这种情况下，翻译成进入世界文化的入场券。而这种发展不利的一面也引起了人们的反思。这种现象主要体现在对于跨民族翻译的文化抵抗性。"所有的跨民族文化研究都必须进行翻译，这破坏了国与国之间的统一性"。这样，重译与重写便成为反对殖民历史的手段。

全球化时代的翻译实践的特征是不同文化层面的重叠和转换。这样，文化就不再是一个封闭的传统和身份认同的因素。文化不仅被翻译，而且还在翻译中得以建设。也就是说，文化可以理解为翻译过程的组成部分或者结果。文化及与其结构特征始终在被翻译。文化人类学和后殖民主义不仅注意到了文化之间的差异，还注意到了文化内部的差异。文化的这种翻译特征被称为"混合性"。此时人们发现了翻译中的新的元素：国家和文化不再是决定性的，最重要的是世界民族融合当中本地化和全球化之间的互译形式。文化不再是翻译的对象，而是冲突、差异、重叠和混合的过程。翻译概念的重要性在于：它反映了文化概念已经变化成为一种协调文化差异的手段以及文化整合的过程。在后殖民主义的背景下，翻译逐渐成为文化人类学研究中的一个重要内容。在社会层面，翻译创造了不同文化之间的进行交流的社会与政治条件，甚至包括一种文化内部不同社会族群的交流，例如印度社会中低种姓族群争取话语权的运动。翻译实践同时也激发了重新区分文化理解与文化比较的方法。在全球化和跨文化的大背景之下，文化人类学翻译理论有了新的出发点，即文化并非优先存在，而是通过文化接触逐渐定型。这种文化接触的区域被称为"文化差异翻译的第三空间"或者"跨文化间隙"。在方法论和知识论的层面上，克利福德认同"文化即翻译"的观念。他认为，文化人类学中的文化比较其实就是翻译过程。它所探寻的概念必须要有一个界定，至少不仅仅是普遍化的西方文化意义。"我所谓的'翻译概念'是指一个偶然用来进行比较的具有普遍意义的词汇，如文化、旅游、艺术、社会、女性、现代性等等"。这些概念在其扩展意义上适用于文化比较。这些翻译概念不仅可以用来比较、并且区分差异，还能够使文化人类学具有跨学科文化研究的意义。

目前，文化翻译的地位不断提高，已经成为用来弥合全球化世界中文化差异的一种方式。爱德华·里奇在 20 世纪 70 年代就曾经提出要建立民族学翻译方法论："人类学家应当建立文化语言翻译的方法体系[①]。在一个充满通信卫星和超音速飞机的越来越小的世界里，这样的工作十分重要，而且值得一做。"里奇把翻译置于一个文化分级的地位。而如今，文化间的翻译更是一种"文化斡旋"。但是这个重要的任务并不能全部留给文化人类学去完成。目前重要的是在一个全球化的世界中进行"文化管理"，这个任务无法只由"文化翻译"来完成。

第三节　英语翻译中的跨文化视角转换与翻译研究

就英语翻译来讲，并非对语言进行简单的转化，而是要将文化内涵贯穿其中，这样才能保障英语翻译的准确性。因此，在具体翻译中，必须注重文化存在的差异性且要善用文化差异做好英语翻译工作。基于此，本节将着重对英语翻译中跨文化视角转换以及翻译技巧进行探讨。

① 　王令申．英汉翻译技巧 [M]．上海：上海交通大学出版社，1998.

视角转换指的是将文化背景的影响忽略，翻译者根据原语言的信息将其作为目标语，然后利用角度转化的形式，让译文的最终表达形式与读者的习惯保持一致。从跨文化的视角转换来讲，主要有正反转换与虚实转换。其中正反转换是视角转换最为常用的一种形式，能够对汉语与英语之间进行有效转换。虚实转换大致就是将具体概括化或者抽象概念具体化，在具体翻译中通过虚实转化的形式可以将语言特征带来的差异降到最低，从而提升翻译的准确性。因此，英语翻译中跨文化视角转化非常重要。

一、汉语与英语之间的差异表现

（一）生活习惯与风俗文化的差异

不同的国家以及不同的地区，人们的生活习惯与风俗文化都存在着一定的差异性，这些由于各个地区民族特色与环境差异而引起的。同样，这也是汉语与英语之间存在差异最为明显的因素。中英地域上相差很远，其环境差异方面很大，所以风俗文化、生活习惯、生活方式、表达方式，等等细节之处都有差异，英国人思想观念由于地域四面环海所以比较开放，对外交流开发程度较高；而中国地大物博，大部分居民深处内陆，在思想观念上则显得相对保守。

（二）思维方式方面的差异

西方人善于抽象思维、逻辑思维，而中国人更多的是形象思维。抽象思维一般指的是人善于对事物的概念进行探索、推理、理解，等等，而形象思维则主要指的是对一个事物形象进行直观呈现。例如，在实际生活之中，拌嘴就是"bicker"，其本质意思是"抬杠""斗嘴"，倘若再上升一点，则成为吵架"quarrel"，而动手则是"fight"。而在关于个人行为管理方面的翻译过程中，"concrete"有两个常用的意思，在作为形容词使用时，则是"具体的"的意思；而作为名词使用时，则是"混凝土"的意思。"ingrain"则有"根深蒂固"之意，在对个人习惯养成进行表达式，放弃使用"build"或者"cultivate"，"ingrain a new habit"就是表达新习惯的使用。从进化的角度对新习惯、新目标的机制进行总结，这样则可以在具体翻译之中对这样的搭配进行正确的使用。

（三）文化背景存在的差异

文化差异往往会带来一定程度的文化冲突。一个国家在建立初期，均都是在不同的文化表现形式上逐渐产生发展起来的，而这些文化表现形式其外在的表现就体现在"文化差异"方面。因此，在具体翻译中，必须重视文化差异，从而注重各种语言的表现形式与表达形式，从而保障翻译的准确性与客观性。例如，在对美国总统特朗普的相关信息进行翻译的过程中，则必须要留意到美国总统大选过程中，民主党与共和党其实在政见上是不同的，美国贫富两个阶段的分裂，是精英（Elite）与贫困阶段（White Trash）的分裂。而希拉里则是精英阶层的代表，所以，她在美国教育程度最高的 50 个区域中获得非常高的支持。倘若未能深入了解这些文化背景的差异，而以中国人的思维进行分析，则可能在翻译上出现错误。

二、英语翻译中跨文化视角转换和翻译技巧分析

在很多方面，文化其实是影响着语言的，翻译本质是要对语言进行转化，同样也可以将

其看成是文化之间的交流①。翻译要确保语言的准确性、客观性,优质的译文才能与读者的语言习惯保持一致。英语翻译包括语音翻译、词汇翻译、语法翻译,等等。广义的跨文化视角所涵盖的内容比较全面,而狭义的跨文化视角则注重的是从不同的视角进行转化从而表达同样的意思。在具体翻译过程中,常用的策略有归化策略、异化策略,其中包含形象、虚实、正反、词类、修辞,等等方面的转换。

(一)归化策略

归化策略指的是将有差异性的语言转化成为读者习惯的译文,其目标是将当中的差异性降到最低,确保译文与原文的意思保持一致的基础,且还要确保译文符合读者的日常阅读习惯,这样可以让读者感受到文化之间的相同之处以及差异的趣味性。归化方法具体如下:

(1)人与人、人与物之间的视角转换。中西方生活习惯、文化背景有很大差异,在语言使用过程中,中国人通常会以"人"为主语,而引语通常是以"物"为主语。因此,在进行英语翻译时,应当充分考虑"人与物"之间的转换,从而确保人称对应的正确性。

(2)句式转换。句式转化指的是将英语的一些特殊句型反映成为符合读者习惯的中文句型。英语语言的句型很多,但是通过汉语进行表达,其句型相对是比较固定的,因此,在具体翻译时要将英语的一些句子转化成为正确、合理的汉语句型。

(二)异化策略

异化策略是在文化差异的背景之下提出的,具体指的是在翻译过程中要紧紧围绕实际情况而通过反方向的角度进行翻译,也被称之为"语义翻译"。异化策略具体包括正反词转换、相悖语态转换。正反词转化指的是应用正词进行翻译或者进行否定表达,从而确保翻译的准确性。相悖语态转换指的是将英语当中的主动语态以及被动语态转化成为汉语之中的习惯用的语态。例如,英语当中的被动语态转化成为汉语之中的主动语态,这样可以提升翻译的准确性。

综上所述,随着经济全球化的深入,中国与各个国家的交流日益频繁,其中与以英语为母语的国家之间的文化、政治、经济方面的交流更为突出。因此,英语翻译是一项非常重要的工作,在翻译中注重准确性以及符合读者的阅读习惯是非常重要的,所以,在实际翻译中要善用各种有效翻译策略,从而提升翻译的质量。

第四节 关联理论与隐喻的跨文化翻译研究

隐喻是一种语言现象也是一种认知现象。由于中英两种语言文化中隐喻现象存在许多的相似之处和差异的地方,本节将从几个方面来对比中英文化里存在的隐喻现象。另外,翻译作为跨文化交际活动的一个桥梁,要成功地将中英文化里的隐喻现象成功地互译,作者将以Sperber 和 Wilsion 的关联理论为依据,分析隐喻的理解实际是在适当的语境下寻求最佳关联的一个过程;作者也将根据关联理论的翻译观来探析隐喻的翻译问题。

无论是英语还是汉语,隐喻现象都大量存在。美国学者 Lakoff 和 Johnson 认为隐喻不是一种简单的语言现象,也是一种认知方式,语言中之所以存在隐喻表达,是因为我们的概念体系中存在概念隐喻,它源于人们的经验,它是身体、经验、大脑和心智的产物,只能通过

① 杜开群.关于高校英语语言学教学问题及对策分析[J].山东农业工程学院学报,2017,34(02):5-6.

体验获得意义。隐喻植根于社会文化，是文化的构成部分，同时也在很大程度上反映一个社会文化的内涵。因此，在跨文化交际中隐喻所体现出来的共性和差异是值得我们注意的。翻译作为跨文化交际的桥梁，对不同文化中所存在的隐喻是不可忽视的。然而，隐喻的产生将两个不同事物的某一些相似特征联系在一起对事物进行重新组合、编码的结果，而人们在理解这样的过程实际上必须通过关联理论的明示—推理过程，需找两事物间的最大关联和最佳关联。因此，本节试图分析中英两种语言隐喻现象的相似和差异部分，以便更好地就中英互译的策略进行探讨。

一、隐喻的内涵及其特征

自古以来，隐喻一直是国外学术界尤其是语言学界各研究领域青睐的一个研究对象。西方对隐喻学的研究可以分为三个阶段：隐喻的修辞学研究、隐喻的语义学研究和多学科研究。修辞学家认为隐喻是一种修饰话语的手段。哲学家认为隐喻性是语言的根本特性，人类语言从根本上来说是隐喻性的。认知科学家则认为隐喻是通过另一类事物来理解和经历某一类事物，它是将两种完全不同概念的事物通过含蓄、映射或婉转的表达方式达到形象比喻的言语行为。

随着语言学、语义学、认知心理学科不断发展，人们对隐喻现象也有了新的理解，有了较为系统和全面的认识。隐喻涉及两个方面：出发点和目的地。Lakeoff 等人将前者称为"源"（source），后者为"目标"（target）。汉语中将这两个方面称为"本体"与"喻体"。在汉语里要实现一个完整的隐喻，通常由"本体"和"喻体"两项构成，两个概念互相作用，并根据百科知识来激活日常观念联想系统。喻体的某个特征（或称联想意义）被投射到本体上，便形成隐喻意义，隐喻意义在两者相互作用的过程中创造出来。比如"Arabs believe that time is a servant not a master."，time 就是本体，servant 和 master 就是喻体。根据这句话的意思，听话人必须根据说话人的文化背景和自己的经验和百科知识分别在源域和目的域中找到对应的映射并推理 time 是很多的并且应该为人提供服务而不能像主人那样受到时间的控制。另一方面，隐喻具有另外特征，有时候它含有的概念与字面意义完全不相符，即非字面含义，这由于词义是有延伸含义的。例如：It rains cats and dogs. 本句按字面意思难以理解。此句中"cats and dogs"为名词性隐喻，其引申意为"heavy rain"（倾盆大雨）。

隐喻的理解过程就是寻找"源"和"目标"即是喻体和本体的相似性，从本质来说就是寻找其最佳关联的过程 ①。事物之间虽有千差万别，各自存在，但彼此间又是相互联系的，无论怎样事物之间总是会有千丝万缕的联系或一定程度上的相似性。80 年代以来 Lakoff 不断发展和完善了的隐喻理论，他认为映射反映的是认知空间之间的关系并且隐喻是从一个比较熟悉、易于理解的源域映射到一个不太熟悉、较难理解的目标域。

二、中英语言中隐喻共性

隐喻是一种不同概念域之间的映射关系，这种处于两个概念域里事物的对应使得人们能够运用源域里的知识结构来认识目标域里的知识结构。在人类社会里，由于具备相似的生理特性和拥有类似的赖以生存的自然条件和生态环境，便使人类语言中的不同概念域中不可避免地具有一定的"共质性"（homogeneity），这种跨语言的"共质性"便是英汉隐喻能相互

① 　郑雨 . 高校外语教学中模糊语言学的语用意义分析 [J]. 西部素质教育，2015，1（06）:46.

理解的基础，也是英汉隐喻中许多相似的隐喻现象出现的主要原因。

（一）文化间的同化与吸收

Lakoff 认为隐喻是以认知为基础的同时，也是建立在社会基础之上，即隐喻是以社会文化为基础的。也就是说不同的文化背景对隐喻有不同的理解诠释。因此理解、研究隐喻必须结合文化因素和认知因素来展开。一种特定的文化首先在一特定的地区形成并且成熟，然后被传播到其他地域，然后被逐渐接受、吸收和同化。20 世纪末以来，随着经济的迅速发展、国际交流的不断加强，文化的交融成为可能。一些英语里的表达逐渐被中国文化所接受，成为中国文化的一部分。如 "crocodile's tears（鳄鱼的眼泪）""armed to the teeth（武装到牙齿）"等等都是在英语中这样的隐喻也在汉语中受到同化并得到了承认。另一方面，汉语的 "纸老虎"（the paper tiger）、"丢脸（lose one's face）"等已融入英语当中。

隐喻认知结构在一定程度上反映一定的社会文化，隐喻本身是文化的构成部分。汉英语中大量相同或相似的隐喻表明汉英文化正走向趋同。英汉里存在了许多相同或相似的隐喻现象，这表明英汉具有隐喻的共质性。

（二）地域间文化的共核

在大自然的生活环境和不同的地域里，人类都有着基本相似的生存需要、生活方式和思想感情，因而有些文化几乎同时发生和存在于不同的地域。但是受到相似的生活需要和模式的影响，不同地域的文化和思维方式却有 "集合" 或者说是文化共核。这种文化的相似性必然反映在语言中，使不同的语言中存在着大量的对等、对应或相似成分。比如英汉语言中用隐喻概念表达情感的现象较多。比如 "anger" 这个词语，尽管其隐喻概念在英汉语言中表达方式有些不同，但其基本隐喻概念是相同的：flame of anger，Anger is fire 等等；汉语中也有类似的说法："怒火中烧""火冒三丈" 等。这些英汉的表达都证明对情感的隐喻化表达是相似的，并且体现出语言间的共性。此外，英汉语言中都用羊比喻温顺，用钢铁比喻坚硬，用狐狸比喻狡猾等。此外，英汉习语中也有相似谚语表达，例如：火上加油（add fuel to the fire）；大海捞针（look for a needle in a haystack.），等等。由此看出虽然人们生活在不同的地域，但是英汉文化里的人们也具备相似的文化共核。

（三）方位性隐喻概念的共性

方位隐喻指参照空间方位而组建的一系列隐喻的概念。由于人们最初的感知是从感知自身运动和空间环境开始的，在认知和语言发展过程中最初用于空间关系的词语后来被人们用来喻指时间、过程关系等抽象概念，逐渐形成概念隐喻的认知。如在中英文里人们都习惯用一些表示方向性的词将人们的日常的感受和社会现状联系在一起来，比如："上下（up, down）"，"前后（forward, backward）"，"高低（high, low）" 等来喻指感受。

例 1 ："I was feeling a little down this morning", said Corporal Daniels after reading a letter from his girlfriend, "so now I am back up."

（译文：下士丹尼尔在读完女朋友的来信后说道："今天早上我觉得很郁闷，但现在又重新振作起来了。）

例 2 ：The government should take the opportunity of demanding a more forward looking attitude.

（译文：政府应利用这一时机要求一个更有远见的态度。）

The backward place has changed into an industrial centre.

（译文：那落后的地方变成了工业中心。）

在英语中"up, forward, high"等通常代表肯定、积极的一面；而"down, backward, low"等代表否定、消极。同样在汉语我们也能找到许多类似表达如："上""升""高"的意象就通过一种自然而然的隐喻转换而具有善尊、成就、荣耀或权利等象征性的含义。同样，"下""落""低"也具有了卑下、沉沦、堕落、衰亡、失落等隐喻性的内涵，诸如"低沉、后退、下贱、落败，高尚、前进、上层、高歌……"。

三、中英语言中隐喻个性差异

Lakoff认为隐喻是以社会文化为基础的。众所周知，不同的民族有着不同的文化，而不同的文化之间既有各自的个性又有普遍的共性。由于各民族生存的具体环境不尽相同，在物质文化、社会文化等方面存在诸多差异，使人们通过不同的角度和方式体验现实世界所发生的一切，形成具有差异的观点和认识。因此不同的民族必然形成不同的思维方式和认知模式进而造成英汉语言中隐喻概念的差异性。

（一）文化差异

隐喻是通过一种"相似联想"过程对本体进行设喻的，不同文化背景给人们带来的联想也不尽相同。传统文化观念、历史文化背景等因素均在隐喻中有所体现。比如狗在英语文化里被人们固化上了忠诚的联想，因而以"dog"为喻体的英语隐喻多为褒义，如"lucky dog（幸运儿）""jolly dog（快乐的人）""an old dog（经验丰富的人）"等。相反，在中国文化中则把狗看成一种讨人嫌的动物而横加贬抑，诸如"狗仗人势""狗嘴里吐不出象牙""狼心狗肺"等。再者如"龙凤"在中国的传统文化中代表吉祥如意、大福大贵内涵的瑞兽，中华民族更称自己为龙的子孙。然而，在西方人看来"dragon"是一种残暴的怪物，是邪恶的象征，喻指凶恶的人。这种"可怕的怪物"与中国人心目中的"龙"是迥然不同的两种概念，其文化含义是完全不同的，如"the old dragon（撒旦，魔鬼），dragon's teeth（相互争斗的根源）"。

（二）思维方式与审美差异

隐喻作为思维模式的一种体现，也作为语言的一种修辞手段，以"联系"为心理基础，将两个不同事物的某一些相似特征联系在一起。中西方由于人种不同、文化的差异，具有不同的审美观和思维方式，比如两个民族对动物和颜色的隐喻非常丰富但又各自有别。如"green"一词表示一种强烈的感情：green as jealousy（非常嫉妒）。在汉语中，妒忌别人的人被形容为"红眼病"；而在英语中，形容此类人则用"green-eyed"。又如汉语中的"梅兰竹菊"四君子，千百年来以其清雅淡泊的品质，被用之来美喻其高风亮节成为一种人格品性的文化象征，然而这样的联想是不可能发生在英语民族身上的。此外，中西方语言对于情感的表达也体现了思维的不同，其根本原因归结为两个民族的宇宙观不同。英语民族惯于借助宇宙星体和自然界事物来隐喻其感情和情绪。如：I feel I am in heaven（快活极了）；After hearing the news, he was walking on air（高兴得了不得）。而汉语中多是依靠人身体各部位或是附着于人体的东西来表达。如：手舞足蹈，咬牙切齿，肝肠寸断，七窍生烟，恨之入骨等。自古以来，汉语在表示情绪和感情时，喜欢借助于人本身。相反，西方人认为，世界上万事万物都是对立的，他们以自然为认知对象，认为只有认识自然，才能把握自然；只有探索自然，才能征服自然。这也是为什么英语民族为何将自己情感的表达与代表实体的宇宙事物和世界的本原紧紧联系在一起。

四、关联理论下的隐喻翻译

20 世纪 80 年代 Sperber 和 Wilson 提出了关联理论。关联理论认为言语交际中话语理解的性质和过程就是一个明示—推理过程，明示与说话人有关，推理与听话人有关。即说话人通过明示行为向听话人表达自己的交际意图；听话人根据对方所提供的信息和交际意图产生一系列的语境假设，而交际的目的是以最佳关联作为取向的。关联理论把关联性定义为"与既定语境相关的，并在该语境下产生某种语境效果的假设"。在言语交际过程中关联性的强弱取决于语境效果和推理努力。语境效果好，推理所付出的努力就小一些，关联性就强，反之就越弱。

（一）隐喻的翻译

Sperber 和 Wilson 认为交际中的语境是动态的，是一个变项；而关联性是一个常项，一种必然。在关联理论中，语境是听者认知语境的一系列假设或信息。关联依赖于语境，在言语交际过程中，听者根据关联原则进行思辨和推理，从新旧信息中推导出言者的交际意图。而隐喻作为一种语用现象，它的识别也离不开语境提供的线索。一个词或一个句子都必须放在语境中来考虑而不能孤立的理解，只有在具体的语境中才能判断该词或句子是否用作隐喻。同样一句话，随着语境的不同，可以是非隐喻性话语，也可以是隐喻性话语或理解成这样一种隐喻义，也可以被认为是那样一种隐喻义。因此，根据关联理论的翻译观及对隐喻含义和本质的分析，隐喻翻译过程中需用不同的翻译策略来处理英汉两种文化中的隐喻现象。

（二）翻译策略

1. 直译

由于英汉两种文化语言的隐喻具有共性和同质性，其隐喻具有许多惊人的相似之处。"对等"是隐喻翻译的核心概念。译者的最大目标就是尽可能在语言形式上与源语相匹配以求得对等。当两种隐喻的认知方式相同，语言形式相似时，采用直译方法将源语的喻体形象移植过来传递给译文读者，可以保持对等的形象与含义，例如："All roads lead to Rome.（条条大路通罗马）"，"Blood is thicker than water.（血浓于水）"。

2. 意译

另一方面差异和思维结构的不同，必然存在隐喻的多义性和可变性。两种语言中词语范畴的隐喻性以及结构的非对应性，翻译策略则应采用意译的方法。由于不同语言文化隐喻的异质性，有的隐喻形象是不可译的，其直译只会令读者莫名其妙。因此，只有舍弃原文形象以忠实原文意义。比如：That theory doesn't hold water. 本句按字面意思难以理解。此句中"hold water"为动词性隐喻，其引申意为"be capable of standing up to examination or testing"（经得起验证）。所以，此句应翻译为"那个理论站不住脚"较为合适。相似的例子还如"Don't let the cat out of the bag.（不要泄露秘密。）"

3. 直译、意译相结合

直译和意译各自都有优点和缺点。在英汉隐喻互译中，有时可采用直译、意译相结合的方法以弥补直译难达意，意译难传神的不足，做到"神形兼备"。根据关联理论的翻译观，翻译不仅考虑到源语言和目的语的转换形式，而且兼顾目的语读者对译文的反应，还应当把这种反应和原语读者的反应加以对比。为了让译文更加易于接受、通顺，译者就应根据最佳关联原则，让读者能以最小的努力获得最大的语境效果，将源语文化中的"陌生性"降低到最低程度。

例3：我们有些同志喜欢写长文章，但是没有内容，真是"懒婆娘的裹脚，又臭又长"。

（译文：Some of our comrades love to write long articles with no substance, very much like the foot bindings of a slattern long as well as smelly.）

在汉语言民族里人们很容易理解"裹脚"这个在封建时期的旧习俗，也能很快在本体和喻体之间做出推理。但是对于不了解汉文化的西方读者来说，由于没有相似的语境和文化认知，他们根本不可能在本体"没有内容的长文章"和喻体"裹脚"之间找到相似性"又臭又长"。而在翻译中增加"like"这个喻词，可以明示目的语读者，帮助读者不用花很大努力去在喻体和本体间建立最大和最佳关联，加之有"long as well as smelly"的明示信息，因此通过直译和意译的结合，使得目的语读者能很快地获得像汉语读者那样的形象生动的感受。

隐喻作为人类基本的认知活动在生活中普遍存在，它不仅是语言现象，认知现象，还是一种文化现象。通过以上探讨我们可以看到英汉语言中的隐喻有许多的共质性，同时也具有社会文化、思维及审美方式等方面的差异性。翻译作为跨文化的交际活动，是信息交流的桥梁。因此，在中英隐喻的互译的过程中，作为译者应在关联理论翻译观的指导下，在翻译活动中对隐喻做出明示—推理的合理解释，创造性的应用各种策略来处理原文中的隐喻，从而使得英汉民族能通过较少的努力获得最佳的语境效果，加深两者文化的理解和交融。

第五节　认知角度与隐喻的跨文化翻译研究

作为一种认知思维方式，隐喻折射出深厚的民族精神和文化内涵。从认知角度探讨隐喻的跨文化翻译，并以大卫·霍克斯（David Hawkes）和杨宪益、戴乃迭夫妇英译本《红楼梦》中的隐喻翻译为例，对具体译例进行对比分析，探讨隐喻的翻译策略。

隐喻的研究源远流长，从范围和方法来看，经历了三个时期：一是从大约公元前300年到20世纪30年代，人们对隐喻的研究主要是从修辞学角度；二是从20世纪30年代到70年代初，隐喻研究主要从语义学角度；三是从20世纪70年代至今，隐喻的研究呈现多元化趋势，包括从认知心理学、翻译学、外语教学乃至人工智能的角度对隐喻进行多角度、多层次研究。然而，从认知语言学的角度研究隐喻仍然是最具活力的一种视角。尤其是1980年，认知语言学的奠基人莱可夫（George Lakoff）和哲学家约翰逊（Mark Johnson）合著的《我们赖以生存的隐喻》（Metaphors We Live By）一书的问世，系统地阐明隐喻的本质和工作机制，指出隐喻在本质上是一种认知现象，是两个不同语义领域的互动，使隐喻的研究发生了根本变革。

在隐喻的跨文化翻译过程中，既要考虑隐喻在源语中的文化内涵和传达的信息，又要考虑在目的语中如何忠实地重现，使目的语读者能够准确地理解和捕捉，如何实现隐喻的等值翻译，是隐喻翻译的热点和难点。本节以中国四大古典名著之一《红楼梦》中的隐喻为例，因为其反映了强烈的民族文化色彩，显示了中国文化的博大精深，以英国著名汉学家大卫·霍克斯（David Hawkes）和中国著名翻译家杨宪益、戴乃迭夫妇英译本《红楼梦》中的隐喻翻译为例（以下简称霍译和杨译），依据纽马克（New mark）提出的隐喻翻译策略，对具体译例进行对比分析，探讨隐喻的翻译策略。

一、隐喻的认知观

隐喻的结构分为始源域（source domain）和目标域（target domain），一般来说，前者较具体，为人们所熟悉，后者较抽象，比较难以直接理解。隐喻通过意象图式（image schemas）的构建，形成从始源域到目标域的映射（mapping），其目的是帮助读者借助始源域来理解目标域。以基本的概念隐喻"Time is money"为例，这里的"time"称为目标域（target domain），"money"称为始源域（source domain），始源域（money）相对来说更为读者所熟悉，money 可以花费，也可以浪费，money 有价值，始源域（money）图示中的特征被映射到目标域（time）图示中。换言之，隐喻能使人们用较熟悉的、具体的概念去理解、思维和感知陌生的、抽象的、难以直接理解的概念，其方式就是把始源域的结构映射到目标域上，这样的映射是在两个不同的认知域之间实现的，其基础就是经验。

二、隐喻翻译的认知策略

（一）隐喻的对等映射

虽然不同国家的人们在地理环境、历史文化、社会生活上各不相同，但是地球是人类共同生活的家园，包括生态环境和气候变化等外部条件是相似的，基本需求是相似的，各个民族在探索和改造客观世界的过程中，能够获得相似的体验、认知和理解[①]。人类的生理基础，包括感官和身体构造都是相似的，在视觉、听觉、嗅觉、味觉、触觉等各种感官体验上，能够引起共鸣，产生相似的心理认知。著名语言学家沈家煊认为："人同此心，心同此理，人的认知心理不仅古今相通，而且中外相通。"[②] 认知语言学认为，语言是以认知为前提的，是人通过认知与客观世界相互作用的结果。基于对客观世界相同的认知体现在不同民族语言中的共性，不在语言形式上，而在于人的认知心理。所以，跨文化的隐喻之所以能够进行翻译，也是建立在人类相同的认知心理基础上的。下面以《红楼梦》中的隐喻翻译为例：

例 1：树倒猢狲散。

杨译：Tree falls and the monkeys scatter.

霍译：When the tree falls，the monkeys scatter.

例 2：瘦死的骆驼比马大。

杨译：A starved camel is bigger than a horse.

霍译：A starved camel is bigger than a fat horse.

在例 1 和例 2 中，"树倒猢狲散"和"瘦死的骆驼比马大"，体现了人陷入困境和窘境时的一种生存体验和生活状态，是基于人们相似的生活体验和认知，达到了一种认知心理认同。另外，"猢狲"（猴子）"骆驼""马"在中西文化中的意象并没有太大的差异，达到源语和目的语的一种文化重叠，在这种情况下，可以尝试用直译的方法进行翻译。直译法一方面可以

---

① 翁凤翔．商务英语学科理论体系架构思考 [J]．中国外语，2009，6(04):12-17.

② 陈文伯．英语成语与汉语成语 [M]．北京：外语教学与研究出版社，1982.

在最大程度上保证源语的文化特色在隐喻翻译过程中尽量少流失，保留它的原汁原味，另一方面还可以丰富目的语的语言和文化。

（二）隐喻在目的语中的归化映射

不同民族由于地理环境、历史文化、社会生活、风俗习惯、价值观念、思维方式等方面的差异，语言表达内涵各不相同，隐喻也是如此。这类隐喻应该如何翻译，笔者认为，译者可以首先考虑归化映射，也就是使用符合目的语社会文化特点的始源域的具体概念来映射原语隐喻中的抽象概念，再现原语的隐喻意义和隐喻表达形式。归化映射易于为目的语读者所接受，获得与原语读者相似的心理认知体验，实现原语和目的语之间最大限度地等效翻译。现将隐喻中霍译和杨译加以区别：

例3：谋事在人，成事在天。

杨译：Man proposes，Heaven disposes.

霍译：Man proposes，God disposes.

从文化角度看，"Heaven"比"God"更具有中国特色，中国人经常说："我的天啊！"中国古语有云："天将降大任于斯人也""天行健，君子以自强不息"等等。而"God"是西方基督教的上帝，西方人惊讶时会大喊："Oh，my god！"祈求上帝保佑时会说："God bless me！"谚语有云："God help those who help themselves."因此，霍克斯把"天"译为"God"，则更易于为西方读者所理解和接受，更符合西方读者的宗教文化、价值观念和思维方式。

例4：巧媳妇难为无米之炊。

杨译：Even the cleverest housewife can't cook a meal without rice.

霍译：Even the cleverest housewife can't make bread without flour.

从生活习惯角度看，"meal"（饭）和"rice"（米）是中国人日常的饮食习惯，中国人司空见惯、习以为常。但是中西方饮食习惯差异很大，西方人很少吃"meal"（饭）和"rice"（米），他们的主食更多的是"bread"（面包）和"flour"（面粉）。如果直译的话，西方读者有时会感到困惑和不理解，翻译成"bread"（面包）和"flour"（面粉）则更易于为西方读者所接受和认可。

从以上三个例子可以看出，杨宪益和戴乃迭的翻译最大程度上保留了中国文化的特色，目的是想把博大精深的中国文化原汁原味地介绍给英美读者，所以遵循的翻译原则是以原语文化为归宿，采用"异化"的翻译方法。霍克斯的翻译，充分考虑中西文化的差异，考虑到了西方读者的认知心理和理解能力，所以遵循的翻译原则是以目的语文化为归宿，采用"归化"的翻译方法。"归化与异化"不能与文体效果直接联系，异化的译文不一定比归化的译本具有更强的表现力，反之亦然。笔者认为，如果原语文化和目的语文化差异很大，隐喻的异化翻译有可能会对目的语读者造成困惑、歧义甚至误解的情况下，采用在目的语中的归化映射可能更胜一筹。因为采用这种方法，原文隐喻的内涵和表达形式可以在译文中得以再现，译文也比较符合目的语国家的文化特点和表达习惯，译文读者可以获得与原文读者同样的心理认知。

（三）隐喻映射的移植

由于两种不同文化认知的错位或缺失，一种文化系统下的隐喻，在另一种文化系统中找不到与之相对应的类似的隐喻，汉语中很多隐喻性的成语、俗语、谚语、典故、神话故事等都有其独特的历史背景和文化内涵，对目的语而言就是一种文化认知上的缺省。对于这一类隐喻的翻译，应根据不同的情况，采取不同的翻译策略。

1. 直译加注法

直译法可以在最大程度上保留原语隐喻喻体的形象，但是由于中西方的文化差异，汉语中特有的隐喻性的成语、俗语、谚语、典故、神话故事等，在目的语中无法找到类似的隐喻，用来重现其深刻的文化内涵和艺术价值，也难以为目的语文化的读者所接受。这时，直译加注法不失为一个两全其美的办法，既保留了原语隐喻喻体的形象，注释又可以让目的语读者理解其内涵。

例5：心较比干多一窍，病如西子胜三分。

杨译：She looked more sensitive than Pikan, more delicate than Hsi Shih.

（1）A prince noted for his great intelligence at the end of the Shang Dynasty.

（2）A famous beauty of the ancient kingdom of Yueh.

"比干"和"西子"都是中国古代特有的人物，"比干"是商朝杰出的丞相，"西子"，指"西施"，中国古代四大美女之一。直译加注法不仅保留了原语隐喻喻体"比干"和"西子"的形象，给西方读者一个直观的印象，注释又让西方读者理解其内涵，一举两得。

2. 隐喻转明喻

例6：滴不尽相思血泪抛红豆……

杨译：Like drops of blood fall endless tears of longing.

霍译：Still weeping tears of blood about our separation//Little red love-beans of my desolation.

杨译文通过明喻转换原文的隐喻，忠实地再现了"泪水"意象。霍译文将原文的隐喻转换为明喻，直译"血泪"，相当于隐喻移植，再现了隐喻意象"泪水"。

3. 隐喻转化成喻底

例7：儿命已入黄泉，

天伦啊，须要退步抽身早！

霍译：

I that now am buta shade,

Parents dear,

For your happiness I fear：

Do not tempt the hand of fate！

Draw back, draw back, before it is too late！

"黄泉"是汉语特有的意象，很难为目的语读者理解其内涵和寓意。霍译文把"黄泉"的意象转换成了"a shade"（影子），揭示了隐喻的喻底（ground），达到深层含义的一致。

4. 省略

例8：娥眉颦笑兮，将言而未语；

莲步乍移兮，将止而欲行。

霍译：

A half-incipient look of pique,

Says she would speak, yet would not speak；

While her feet, with the same irresolution,

Would halt, yet would not interrupt their motion

"娥眉"原指娥细长、弯曲的触角，借指中国古代美女细长而弯的美丽的双眉；"莲步"

是指中国古典美女纤纤细足走路的小巧，借指走路时娇羞、婀娜的姿态。这些审美标准很难被西方的读者理解和接受。霍克斯在翻译时考虑到这种文化和审美的差异，省略了"娥眉"和"莲步"的意象，而把女子美丽、婀娜、含羞的美妙姿态用语言转述出来。

（四）隐喻映射的变异

由于中西方处于不同的文化体系，即使原语和目的语的喻体是同一个意象，但表达出来喻体的含义却千差万别，文化认知的差异性导致喻体所折射的隐喻意义的不一致性。

例9：（北静王）见他语言清楚，谈吐有致，一面又向贾政笑道："……非小王在世翁面前唐突，将来'雏凤清于老凤声'，未可量也"。

霍译：The prince observed to Jia Zheng…. "I trust I shall not offend you by saying so to your face," he said, "but I venture to prophesy that this fledgling of yours will one day "sing sweeter than the parent bird".

凤是中国古代神话传说中的百鸟之王，在远古图腾时代被视为神鸟而予以崇拜，比喻有圣德之人，象征美好、和平与吉瑞。"雏凤"，幼小的凤，喻英俊少年。原文的意思是北静王夸奖宝玉"青出于蓝而胜于蓝"，前途不可限量的意思。凤凰（phenix）在西方神话里又叫火鸟、不死鸟。在神话传说中，凤凰每次死后，会周身燃起大火，然后其在烈火中获得重生，并获得较之以前更强大的生命力，称之为"凤凰涅槃"。如此周而复始，凤凰获得了永生，故有"不死鸟"的称号，因此它蕴含着"再生"之意。

由于中西方隐喻喻体意象的不同的含义，所以霍克斯采用了意译的方法，将"凤"翻译成笼统意义上的"bird"。意译是指考虑不同语言民族在文化诸多方面的差异，有时需要舍弃喻体的意象，保留原文的主旨，根据原文的大意来翻译，而不做逐字逐句的翻译。意译的使用更能够体现目的语文化的语言特征，以利于目的语读者理解。

隐喻是一种思维认知方式，不同社会文化的人对于隐喻的内涵理解往往有所不同，这就要求译者根据不同的情境采取不同的翻译策略和翻译方法。

译者一方面要了解隐喻在原语中的背景知识，深刻理解其认知特点和内涵意义；另一方面要对目的语的文化有全面、深刻的了解，在保留原语隐喻文化特色的同时，在翻译时考虑到目的语读者的理解和接受能力，采用灵活的翻译策略，尽可能地缩小不同语言不同文化之间的差异，实现原语和目的语之间最大程度上的等效翻译，达到思想交流和文化传播的目的。

第六节　英语习语的跨文化翻译研究

英语习语是英语词汇的重要组成部分，有着鲜明的地域色彩、民族风格，反映了英语民族的风俗习惯、喜好禁忌，有着鲜明的民族色彩。要将英语习语原汁原味地翻译出来绝非易事，不仅要求译者有较强的语言技巧，还应有深厚的文化底蕴，对英、汉文化都有着深刻理解。

习语承载着深厚的文化意蕴，犹如一面镜子，能生动反映民族的文化特征与社会心理，习语翻译是翻译领域的亮丽风景，也是文学翻译的重点与难点。本节试图从英语习语翻译出发，探讨跨文化翻译中文化差异问题，以求为文学翻译的发展贡献绵薄之力。

一、习语的内涵与特点

习语是在长期语言使用中形成的生动形象、精练简洁、通俗易懂的语言表达方式，是劳动人民生活或生产实践经验的总结，包括成语、谚语、俗语、俚语、典故等。习语是不可拆分的，具有约定俗成的意义，有着音节优美、韵律协调、形象生动、言简意赅、寓意深刻的语言特点。习语是民族语言的核心与精华，有着鲜明的地域色彩、民族风格，是特定历史时期的人文习俗、思想情感、宗教文化、经济生活、价值信仰、自然法则的集中表达。英语习语是英语词汇的重要组成部分，能够带给人生动形象、含蓄幽默、妙趣横生的审美体验，被广泛应用于日常交往、电视广播、报刊杂志等方面。

二、英语习语所反映的文化差异

（一）文化传统上的差异

英语习语反映了英语民族的风俗习惯、喜好禁忌，有着鲜明的民族色彩。首先，英汉习语的比喻形象就不尽相同，反映了两个民族的认识差异和喜好。如英语习语 "as wise as owl"，指人像猫头鹰一样聪明，这与英语文化中的猫头鹰形象有着密切联系，在英语文化中猫头鹰是智慧、聪明的象征，英语卡通中猫头鹰常以德高望重、举止文雅的老学究形象出现，西方童话中猫头鹰常是公正、智慧的裁判。如英、汉民族对狗的认识也不相同，汉语中有许多与狗相关的贬义词，诸如 "狗眼看人低" "狐朋狗友" "狼心狗肺" "狗仗人势" 等；但英语文化中常用狗比喻值得信赖和同情的人，诸如 "as faithful as dog" "Love me，love my dog" "Every dog has its dag" 等。汉语文化中 "龙" 是吉祥的神灵，皇权、威严、地位的象征，英语文化中 "龙" 是会喷烟吐火的怪兽，是邪恶、残暴、凶狠的象征。其次，英语习语形成于特定的历史传统中。工业革命源于英国，在工业革命初期英国发生了 "羊吃人" 的圈地运动，英语习语中就有 "Dyed in the wool" "much cry and little wool" 等。神话传说是原始先民们对客观世界混沌的、模糊的、近乎虚幻的认知，是民族文化的根源。古希腊神话是西方文化的根源，英语习语就与古希腊神话有着深厚的渊源，如 "Pandora's box" 比喻罪恶之源；"Sphinx's riddle" 比喻难解之谜；"Promethean fire" 指创造生命机能活动的生命力。

（二）生活方式上的差异

民族的饮食习惯与生存环境有着密切联系，在英国或美国黄油、奶酪、面包、果酱为常用食品，因而，形成许多与食品相关的习语，如 "want jam on it" "big cheese" "to take the bread out of some one's mouth" 等；用 "live on wind pudding" 比喻生活毫无保障；"for all the tea in China" 指 "将中国的茶叶都给我，也不做某事"。

（三）自然环境上的差异

英国是一个四面环海的岛国，有着独特的生活方式，这也反映于英语习语之中，如 "Go by the board" 比喻计划落空，"See how the wind blows" 比喻观察形势和情况。英国是典型的海洋性气候，伦敦更是著名的 "雾都"，因而，关于多雨多雾的英语习语非常多，如 "as tight as rain"；英国是海洋国家，就产生了许多与航海相关的谚语。再如中国以农业立国，在长期发展中形成许多农谚，如 "竹篮打水一场空" "骨瘦如柴，人勤地不懒，滚石不生苔" "橘木死灰""众人拾柴火焰高"等。

三、跨文化翻译是英语习语翻译的策略

（一）英语习语翻译策略的选择

人类有着相似的生活方式、思想认识、精神生活，因而，在语言表达上也有许多相似之处，如英语中的"to burn one's boat"就同汉语中的成语"破釜沉舟"如出一辙；汉语中有"隔墙有耳"，英语中则有"wall have ears"。同时，汉语和英语属于不同的言语体系，不同的自然环境、生活方式、历史传统等决定了英、汉民族有着不同的价值观、思维方式、审美情趣和风俗习惯，英、汉习语都有着不同的表达方式，承载着不同的文化信息。如英语中的"Since A dam was a boy"就和基督教文化密切相关；"Pandora's box"就源于古希腊神话，没有英语文化背景的中国读者很难理解这些英语习语。

翻译时需要深刻地理解习语蕴含的文化意蕴，采用恰当的翻译策略。关于翻译标准，严复先生提出"信""达""雅"，傅雷先生提出"重神似而不重形似"；翻译家奈达提出"动态对等"①。虽然这些翻译理论的侧重点各不相同，但都重视再现原作风貌。英语习语有着浓重的民族文化色彩，在英语习语翻译时应使用多种翻译手法，充分考虑中西文化差异，做到"下笔抒词，自善其备"，力求凸显英语习语的语言风格和文化内涵。但在具体翻译中不是每个习语都包含字面意义、形象意义、隐含意义，原文的三种意义也不可能全部再现于原文之中，当字面或形象意义与隐含意义发生矛盾时，应当服从于隐含意义。

（二）英语习语翻译策略的运用

1. 运用直译法

直译即进行字面翻译，是在不违背译文所属国家的语言规范的条件下，不做过多的引申与注释，以求最大限度地保持原文的语言风貌和文化习惯，使读者能深刻体会异域文化风味。一般情况下，带有异域文化色彩习语往往都是形象化的语言，通过直译法能保留原文的形象化语言，使中国读者了解更多的英美文化。如"Domino effect"能够翻译为多米诺效应；Practice makes perfect能直译为"熟能生巧"。

当英语习语的隐含意义很容易推断时，可以运用直译法进行翻译，如"all roads lead to Rome"就可以直译为"条条大路通罗马"。有些英汉习语的语言结构与表达方式极为相似，并且喻义相同、形象吻合，这时应采用直译法，如"Strike while the iron is hot"能译为"趁热打铁"。通过直译法翻译的词语会不断融入汉语之中，成为汉语的新鲜血液，如"golden age""break the record""armed to the teeth""cold war"就可以翻译为"黄金时代""打破纪录""武装到牙齿""冷战"，这些词语已成为汉语的重要组成部分。

2. 运用意译法

英语习语会受中西文化差异的影响，在跨文化翻译中无法从字面或形象意义理解习语的思想内容，这时就要采用意译法进行习语翻译，将原文形象更换为译文读者熟悉的形象。如"a cat on hot bricks"就能译为"热锅上的蚂蚁"。

有时要配合上下文语境，保持原文的完整性，也需要采用意译法。如"Birds of a feather flock together"，就可以译为"物以类聚，人以群分"；"Among the blind the one-eyed man is

---

① 平君.基于应用语言学的大学外语教学模式改革研究[J].吉林省教育学院学报,2018,34(08):75-77.

king"采用意译法能翻译为"山中无老虎，猴子称大王"。

3.运用套译法

套译法是借用或套用汉语俗语来传译英语习语的翻译方法。英语中的许多表达方式的形象、意思与汉语非常接近，完全可以用"拿来主义"的方式传译，将所选用词语的字面意思做好对应即可。如"castle in the air"就可套译为"空中楼阁"；"Habit is second nature"能译为"习惯成自然"；"Money makes the mare go"可译为"有钱能使鬼推磨"。另外，有许多英语习语在汉语中没有"形同义同"的表现方式，但可以找到"形异义同"的表达方式，并套用相近的汉语习语。如"a fly in the ointment"能译为"美中不足"；"no respecter of persons"可译为"一视同仁"；"Great minds think alike"能译为"英雄所见略同"。

在文化语境中，影响英语习语的文化因素有很多，如自然环境、社会习俗、历史传统等。因而，译者应准确地理解习语的文化内涵，采用恰当的翻译策略巧妙处理可能产生的文化缺省，实现文化交流的目的。

第七节 跨文化交际翻译中的"错位"现象研究

近年来，随着中国影响力的不断增强，越来越多的西方学者和游客对中国灿烂的文化表现出了相当浓厚的兴趣。汉语和英语分别是世界上使用人数最多和使用范围最广的两种语言，然而通过汉英两种语言互译实现的跨文化交际常常会面临"错位"的情形，通过比较分析经典译文，探索归纳出一些解决跨文化交际翻译中"错位"现象的方法。

语言是文化的载体，是文化的一个密不可分的组成部分，它既反映文化，也受文化的影响。由于英汉两种语言间存在诸多差异，通过汉英两种语言互译实现的跨文化交际常常会面对"错位"的情形，翻译两种语言间信息的交流和转换，自然不可避免地要在语言转换的同时进行文化转换。不同民族会有不同的历史性感受（diachronic experience）和共时性感受（synchronic experience）。因此，不同文化背景下的人们使用不同的语言形式表示对事物的看法。

从历史的角度看，今人和古人对事物的看法也存在不一致性。因此在跨文化交际翻译过程中，了解这些错位，并懂得使用不同的策略修正这些错位，成为提高翻译质量的重要手段。大体上说，跨文化交际翻译中的错位主要表现在时空错位、身份错位和文化错位三个方面。

一、时空错位

跨文化交际翻译中的时空错位主要指的是对古汉语和古英语的英译与汉译。古汉语翻译中最典型的是对典籍的英译。中国典籍的翻译是一件较为复杂的事情，其主要困难表现在以下几个方面。

（一）古汉语和现代英语的互译错位

由于中国典籍大多为文言文，因此其翻译的过程便较为复杂，需要先将文言文转换为现代汉语，最后再译为英语。而在这种转换过程中，一些重要的语言信息必然会发生流失。如，

"淡泊明志，宁静致远"出自三国中蜀国诸葛亮的《戒子书》，分开翻译"淡泊明志"：Live a simple life, showing one's goal in life. "宁静致远"：Fair and softly go far in a day. 合起来翻译：Still waters run deep to lead a quiet life. 还有译为：Simple for explicating one's ambition, quiet to go far.

（二）古籍中文化信息与现代英语互译时的错位

中国典籍中含有大量体现不同时期文化特点的语言信息，但是在英译过程中，需要考虑不同民族与国家对文化认知审美情趣的差异性。

（三）对比译文分析时空

中国典籍中有很多先哲的精辟观点，如何使用英语诠释这些语言，体现出先哲思想的闪光点，成为译者面临的一大难题。英语在不断演进的过程中，词汇形式不断变化，由古英语时期向着现代英语表达迈进。在翻译过程中，译者也需要把握古英语的表达形式，从而提高译文质量。当跨文化交际译者无法把握英汉语言的这些特点或者不具备英汉古语翻译的能力时，翻译中就很可能出现时空错位的现象。同时，跨文化交际翻译中的时空错位还表现在对英汉文化内涵词的"错用"上。例如：

Some of these phrases, perhaps, came down off Noah's Ark.

也许，这些成语中有的竟是从盘古开天地以来就已有的了。（时空错位翻译）

有些成语也许竟来自"诺亚方舟"的远古时代。（正确翻译）

对比上文中提到的时空错位翻译，译者将 Noah's Ark 汉译为"盘古开天地"的时期，容易造成一种不伦不类的表达感觉。英汉语言编码常受到时空的限制，因此不同时代、地域、民族文化等因素都会对语言产生一定的影响。在跨文化交际翻译过程中需要对中西方语言中的时空信息进行筛选与合理翻译，才能提高译文的质量。

二、跨文化交际翻译中的身份错位

（一）人物身份错位

在英译汉或者汉译英过程中，切不可改变文本中人物的行为模式，避免人物"身份的错位"。例如，在翻译中国古典文学作品时，译者最好不要将中国古人的行为西化为西方人的举止。身份错位现象会影响不同文化间的沟通与融合，对跨文化交际的进行也十分不利。

（二）视角身份错位

视角身份错位指的是对待文本中不同的生活方式，也不能以译者自身的文化背景进行翻译。对于具有文化内涵的文本，译者可以采用不同的视角，通过变换处理来传译对方文化。例如，在翻译"馒头"时，很多人都将其译为 steamed bread 或者 steamed bun，这种翻译虽然能够使译者理解，但是却造成一种视角错位，影响中国特有文化的传播。

（三）称呼错位

在跨文化交际翻译交际中，称呼的翻译十分常见。译者需要结合时代背景，对这些称呼进行合理翻译。例如，随着女权意识的增加，英语中很多带有男权色彩的表达就要进行相应处理，如将"主席"翻译为 chairperson 代替男权意识强烈的 chairman。

三、文化错位

文化错位也是跨文化交际翻译中经常遇到的问题，主要表现为以下几个方面。

（一）文化误译

Bill can be relied on；he eats no fish and plays the games。

云平台和各类无线网络通信技术逐步向工业领域渗透，呈现从信息采集到生产控制，从局部方案到全网方案的发展趋势，未来工业装备的互联互通可将生产单元进行灵活重构，智能装备可在不同的生产单元间迁移和转换，并在生产单元内实现即插即用。

比尔为人可靠，一向不吃鱼，常玩游戏（误译句子）

上面原句中的"to eat no fish"是英语中的典故，"to play the game"是英语中的习语，由于学生对此并不了解，从而将其误译为"不吃鱼，经常玩游戏"。事实上，这两个短语都和英语文化有关。英国女王伊丽莎白一世统治期间，规定了英国国教的教义和仪式，部分支持此举的教徒不再遵循罗马天主教周五必定吃鱼的规定，因此这些"不吃鱼"（eat no fish）的教徒就被认为是"忠诚的人"。而玩游戏的时候总是需要遵守一定的规则，因此"play the game"也就具有了"必须守规矩"的含义。因而原句应译为：

比尔为人可靠，既忠诚又守规矩。（正确翻译）

再如："You chicken!" He cried，looking at Tom with contempt.

他不屑地看着汤姆，喊道："你是个小鸡！"（误译句子）

英语中"chicken"一词可以用来喻指"胆小怕事的人""胆小鬼"。但对于中国学生而言，看到"chicken"一词只会想到小鸡，因为汉语中只有"胆小如鼠"一说，并无"胆小如鸡"的概念，这就造成了学生的误译。原句应该译为：

他不屑地看着汤姆，喊道："你是个胆小鬼！"（正确翻译）

英语中还有很多类似的词语。例如，"tomove heaven and earth"的含义是"千方百计，不遗余力"，而不是"翻天覆地，惊天动地"；"to talk horse"的含义是"吹牛"，而不是"谈论马"；"to gild the lily"的含义是"画蛇添足"而不是"装饰百合"。

由此可见，在跨文化交际翻译中，译者应该根据具体语境，并结合文化背景，准确理解原文的含义，然后选择合适的翻译技巧灵活翻译，切忌望文生义。

（二）翻译空缺

无论跨语言交际还是同一语言内的交际，都不可能达到绝对准确。由于英语和汉语分属于不同的语系，这种现象在英汉语言交际中表现得尤为明显。在跨文化交际翻译中，语义不对应或找不到对应表达的现象很常见，尤其是那些极具地方特色的事物更是如此，这就造成翻译中的空缺，从而为翻译的顺利进行造成了障碍。

1.词汇空缺

词汇空缺是指不同语言间由于概念表达的不对应而出现的对应词汇的缺失。这和译者所处的地理位置、自然环境，生活方式、社会生活等密切相关。例如，英语中表达"雪"这个概念的词语只有"snow"一个，而在爱斯基摩人的语言中却有十几种之多：冰块似的雪、半融化的雪、落在地上的雪、空中飘舞的雪等。

语言是不断变化发展的，随着历史的前进、科技的进步，新词汇层出不穷，如1957年10月，当第一颗人造地球卫星发射成功后，首次出现了"sputnik"一词，而该词随即也在世界各国的语言中出现了词汇空缺。

语言学家萨丕尔曾指出，语言不能脱离文化，也无法脱离世代所传承的社会信念和行为习惯。经历几千年封建文化的中国形成了一套严密、独特的封建宗法体系：长幼有序，男女有别，血缘关系的远近亲疏十分明显，家庭结构严密。而英美国家的家庭结构较为松散，宗法关系也并不严密。因而汉语中涉及亲属关系的词汇，英语中就会出现词汇空缺。在跨文化交际翻译中，译者必须对词汇空缺现象予以足够的重视，认真揣摩由词汇空缺带来的文化冲突，从而采用灵活的翻译方法化解矛盾，译出优秀的文章。

2.语义空缺

从表面上看，不同语言中表达同一概念的词语的字面含义相同，但实际上却存在不同的文化内涵。这就造成语义空缺，如英汉语言中都有色彩词，且多数情况下对应的色彩词意义相同，但在某些场合，表达相同颜色的英汉色彩词却被赋予了不同含义。例如，英语中"a black sheep"的含义并非"黑羊"，而是"害群之马"。类似这样的例子还有很多。

在不同语言中，表达同一概念的词语可能因为语言发出者、语言场合等的不同而产生不同的含义，即语义涵盖面的不重合，这是语义空缺的另一个表现。例如，英语中的"flower"和汉语中的"花"表达的基本语义虽然相同，但在具体使用中，二者差别极大。英语中"flower"除了作名词表示"花朵"以外，还可以作动词表示"开花""用花装饰""旺盛"等含义，而这种用法是汉语中的"花"所没有的。相应的，汉语中的"花"做动词时常表示"花钱""花费"等含义，这也是英语中的"flower"所没有的。

对此，在跨文化交际翻译中，译者需要了解并掌握这些语义空缺的词语，了解这些词汇的深层含义。

（三）文化欠额

纽马克将文化欠额翻译（under-loaded cultural translation）定义为"在翻译中零传输或者部分传输了原语文化环境中的内涵信息的现象，即译文所传递的文化信息量小于原文的文化信息量"。语言往往包含一定的文化信息量，文化欠额翻译就是将原文中的文化信息进行不完整的传输，会严重影响译文质量。

例如：做中人的卫老婆子带她进来了，头上扎着白头绳，乌裙……年纪大约二十六七……（鲁迅《祝福》）

译文1：Old Mrs.Wei the go-between broughther along.She had a white band round her hair and was wearing a black skirt，…Her age was about twentysix…

译文2：AuntieWei，who isa go-between，brought her along.She had a whitemourning cord around her hair and was wearing a black apron.…Her age was about twenty-six…

在西方社会，妇女出嫁后可以不改名，但要改为夫姓。而在我国，由于宗法制度影响深远，妇女的姓氏作为其所属宗族的体现，即使出嫁仍不能更改。原文中"卫老婆子"的"卫"姓并非其夫家的姓氏，而是她自己宗族的姓氏，将其按照英语的习惯翻译为"Mrs.Wei"显然不符合汉语文化习俗。

在我国，丈夫去世后，妻子必须为其守孝，且应佩戴白头绳。贫苦人家由于经济条件的限制，常常用棉质丝线拧成廉价、简易的线绳戴在头上。原文中"她"所戴的正是这种"白头绳"。译文 1 中的 "a white band" 既没有体现中国的丧葬文化，也没有体现出 "她" 较低的社会地位。英语中的裙是 "skirt"，因此，从字面意义上来理解，将 "乌裙" 翻译为 "black skirt" 并无不妥。然而，在我国封建社会，服饰具有非常明显的社会等级特征。原文中的 "她" 是去别人家当佣人的，社会地位较低，"black skirt" 与 "她" 的身份是不相符的。她所穿的 "裙" 其实是套在自己的衣服外面防止衣服被弄脏的一种工作服饰，相当于英语中的 "apron"。

可见，译文 1 没有准确地理解原文背后的文化含义，没有将原文中的文化信息量完整地体现出来。而译文 2 经过适当调整，如将 "Old Mrs.Wei" 改为 "A untie Wei"，将 "a white band" 改为 "a white mourning cord"，将 "skirt" 改为 "apron"，既体现了原文的情节，又传达了原文的文化含义。

在跨文化交际翻译过程中，文化信息欠额与文化信息量往往呈反比例关系。具体来说，译文体现的文化信息量越大，文化信息欠额就越小。因此，为了将文化信息欠额最小化，我们不能将字面信息等值作为翻译的唯一目标，而应在传达原文字面意义的同时，将其背后的文化内涵也体现出来。例如：

银川是宁夏回族自治区的首府，位于宁夏回族自治区中心。从明清以来，她就是伊斯兰教在西北部的居住地和传播中心。

Honored as a smaller Mecca, Yinchuan, the capital of Ningxia Hui Autonomous Prefecture, is located in central Ningxia Province.Since the Ming and Qing Dynasties, Yinchuan has been a place for Moslems to liveand a centerof Islamic education in the Northwest.

译文没有对原文进行直译，而是将银川比作麦加（伊斯兰教最神圣的城市）。这种巧妙的手法准确地传达银川在中国穆斯林心目中的位置，极大地减少了翻译过程中的文化信息欠额[①]。

总之，在跨文化交际中汉英两种语言通过互译进行信息交流和转换时会面对种种 "错位" 现象，为此翻译工作者需要考虑两种语言之间或者说是使用这两种语言的个体或群体之间由于相比较而存在的时空错位、身份错位和文化错位三个层面的差异。对汉英两种语言间的时空信息进行筛选与处理，要根据具体语境并结合文化背景，准确理解原文的含义，然后选择合适的翻译技巧灵活翻译，译文要在传达原文字面意义的同时，将原文背后隐含的文化意义体现出来，将文化信息欠额最小化，使译文真正达到 "信" "达" "雅" 的翻译要求。

① 陈俊森，樊葳葳，钟华. 跨文化交际语外语教育 [M] 武汉：华中科技大学出版社，2006.

第七章 英语文化传播研究

第一节 英语语言文化传播理论研究

互联网科技的日渐繁荣给全球的语言文化交流带来了许多新的便利,在外语教学领域中,对英语语言文化的教学目标逐渐从语言能力拓展到了交际能力和跨文化交际能力。在跨文化交际的教学大背景中,英语语言文化的传播和教育也发生了许多新的变化。纪康丽编撰的《英语语言与文化》以开阔外语教学的文化视野,培养具有跨文化交际传播能力的英语人才为核心目标,系统化地论述英语语言与文化的各项内容。

一、英语语言文化传播中的"教育"

教育教学是英语语言文化传播中至关重要的一环,从语言文化传播的影响力来说,教育这一路径给英语语言文化的传播带来的效力也是最强的,它有着严格的选择标准,在内容选择上充分适应我国的外语学习需求和社会价值取向。近代以来,中国积极地打开国门"走出去",与世界接轨和交流,追求共同的发展和繁荣。在这个过程中,英语作为国际通用语,中国对英语语言文化的教育一直都是高度重视的。

首先,英语语言文化的教育应重视语言能力的提升。英语的语言教学一直是中国外语教学中的重中之重,包括语音、词汇、语法、句子、惯用语、习语等,这些语言性的知识能够有效实现英汉两种语言在意义上的转换和交流,为我国与其他民族国家的交流打下坚实的语言基础。

其次,英语语言文化的教育应重视文化能力的掌握。语言是文化的载体,在语言的教学过程中,英语文化也逐渐通过语言知识的深入拓展影响到教师和学生。近年来,跨文化交际能力的培养受到普遍重视,文化教学也逐渐成为语言教学之外的另一个重要教学内容。英语文化的教学能够帮助学生以更加历史化、生活化的视角来理解英语语言背后的文化含义,从而真正地消化英语语言的各种知识,避免在实际的英汉翻译中因文化差异而带来的错误。

再次,英语语言文化的教育传播应实现系统化和多层次的发展。一方面,英语语言文化在教育的传播路径中,它是根据外语语言文化教学的实际需求来进行选择和设置的,它需要以更加系统化的面貌呈现在学生面前,包括语言性的教学和文化性的教学,也包括客观理论的教学和主观实践应用的教学等,通过专业化和系统化的教学体系让学生更全面地掌握英语语言文化中的各项内容;另一方面,在英语语言文化传播的教育路径中,由于在各个教学阶段有着不同的教学目标,所以它带有显著的多层次性,有的是打牢英语基础,有的是提升英语交际水平，有的是提高双语语言和文化的学术研究水平等。

二、英语语言文化传播中的"交际"

交际活动作为一种英语语言文化传播路径，它具有一定的随意性，没有教学内容的系统化整合，也没有设置任何教学目标，更多的是发生在具体的情境中，它的优势在于营造了舒服的语言文化传播环境，让英语语言文化传播的接受者感到亲切自然，接受的效率和质量便会得到较快的提升。从这个角度来说，它也是许多英语学习者会抓住机会与外国留学生进行英语交谈的原因。

首先，外语教学要强化"交际"在英语语言文化传播中的路径价值，鼓励学生在课堂之外多与留学生交流，借助网络的便利，在网络上与外国人多交流，了解他们的语言习惯和文化背景。除此以外，外语教学还应当善于综合各项资源在课堂上营造真实化的英语语言文化学习环境，让大学生更鲜活地感受到英语语言文化交际中的重难点，在英语实践之前，就为大学生打好基础，避免在交际的过程中出现语言错误和文化错误，带来不好的交际效果。

其次，英语语言文化的"交际"不仅包括日常化的交流活动，还包括不同民族和国家的政治交流、经济商务交流、文化交流的各项活动。这些交际活动的情境都是外语教学中可以作为背景资料来进行分析和解读的材料，以便教师和学生能在不同的交际活动场景中掌握语言和文化中的重点和难点问题，拓展对跨文化交际中英语语言文化的理解及认识。

再次，跨文化传播教育是现代英语语言文化教学中的关键环节，跨文化交际能力是现代英语人才培养的关键能力，因此"交际"作为英语语言文化传播的一大路径，它还需要在教学活动中得到进一步的深化和发展。对大学生来说，他们在"交际"中获取的英语语言和文化信息不仅是为了能够熟练地掌握和表达地道的英语，还是为了能够在英语国家的语言文化规范和汉语的语言文化内涵中找到异同，从而更好地使用恰当的英语表达来扫清跨文化交际中的语言文化障碍，提升交流的质量和水平，推动跨文化合作的展开。

三、英语语言文化传播中的"文化消费"

英语语言文化还可以通过文化产品来进行传播，它展现了英语国家的文化软实力和文化产业发展水平，包括影视作品、音乐作品、电视节目、书籍、新闻等。当我们消费这些文化产品的同时，也会深受文化产品背后的语言文化的影响。这些文化产品虽然属于娱乐性的大众文化形式，但是它所能够提供的社会信息和文化特色同样也是鲜明的，受众在文化消费的过程中，既会受到文化产品背后的历史观念、思维方式、文化内涵、制度体制等的深刻影响，也能充分感受到文化产品中对英语国家语言文化发展现状的映射，从而对汉语语言文化的发展起到参考性的作用和价值。

"文化消费"对大学生来说具有较强的吸引力，尤其是英语国家的优秀文化产品，如电影作品、音乐作品等，大学生的兴趣和热情一直都是居高不下的。在外语教学中，教师可以充分利用这一传播路径，一方面可以截取部分文化产品的资料来引起学生的兴趣，激发学生的学习主动性，这些目前在教学中已经有了不少的尝试，比如通过某些电影片段的播放引入某一话题，从而集中学生的注意力，激发学生的表达欲望等；另一方面教师也可以通过推荐特定的文化产品来加深对某一文化内涵的认识，比如特定历史的纪录片，这些内容可以作为课堂中英语语言文化教学的补充部分，激发学生的主动性，让学生在自我的探索中拓展对英语语言文化的整体认知，开阔文化视野。

与此同时，在引入文化消费这一传播路径来拓展英语语言文化教学模式时，还应当做好筛选甄别的环节，多推荐学生看一些与教学相关的图文内容和视频内容，以便能够更有助于教学的开展。在文化消费产品中，对一些重复的、市场化的、不合时宜的、不符合特定年龄阶段的文化作品，还应当做到及时过滤，有效筛选，保证学生在文化消费的过程中了解和认识到更多的有益信息和内容，开阔他们的语言文化视野，为他们的英语学习增添更为深厚的语言文化沃土。

四、英语语言文化传播中的"新媒体"

互联网和新媒体是现代传播领域中不可或缺的两个关键词，它们提升了信息传播的速度，拓宽了信息传播的媒介渠道，也打碎了信息传播的整体性。在这样的背景中，英语语言文化同样也开启了新媒体的传播路径。新媒体有着多元互动、实时传播的媒介特性，它在英语语言文化传播的过程中起到重要的创新作用。

首先，不同学生的语言基础、理解能力、知识结构和学习节奏都有着较为明显的不同，但传统的教学模式是通过一致化的教学传输方式来进行教学活动，无法对不同的学生展开个性化的教学，导致最终的教学效果并不理想。在新媒体的传播路径中，学生可以在课后再选择与自身相匹配的网络课程展开自主学习，时长一般在 20 分钟左右，学生不用耗费太长的时间，实际观看就能够对自身较大的不足进行反复的学习和训练，解决个性化教学的难点问题。

其次，新媒体是以互联网网络资源平台为基础的，学生可以通过互联网资源平台接触到最新、最全的英语语言语料和文化事件，在新媒体中获取的信息往往是最新发生的、最近发生的事件和内容，反映的是当下的英语语言和文化动态。也就是说，学生将不仅仅是通过历史来了解英语国家的语言和文化，而且是通过实时的信息来充分感受英语国家的语言变迁和文化动态，从而更加熟悉现代英美国家的价值观念和文化习惯，做到与时俱进、实时更新，避免英语语言文化知识结构的陈旧化。

再次，新媒体教学模式也是改革外语教学模式的一个重要技术手段。一方面，在现代外语教学中，新媒体技术的加入丰富了外语教学的表现形式，让图文并茂、视觉听觉俱全的英语课程内容以更加生动和鲜活的形式呈现在学生的面前，提高学生对英语语言与文化知识的快速理解和消化；另一方面，新媒体也在教师与学生、学生与学生之间构筑了一个更加亲密的网络互动关系，学生可以通过新媒体网络将自己的疑惑及时反馈给教师，教师可以及时给予答复，并最终在教学活动中根据学生的反馈进行教学内容的优化和调整，从而达到"教"与"学"的良性互动，提高教学设计的质量和水平。

总而言之，在现代互联网科技发展和全球化进程加速的语境下，英语语言文化的传播路径日渐多元化和多样化，无论是怎样的路径，英语教师都可以积极地将其化为己用，丰富英语课堂的表现形式，推动英语语言文化教育教学的创新变革。

第二节　外语教学与中国文化的传播

文化这一名词不单单只是一个专业术语，其中饱含着深刻的内涵，每个国家都有各自特有的文化风俗，中国亦是如此。我国属于一个多民族国家，每个民族有自己的文化，这些文化习俗大都是祖辈们经过长期生活逐渐约定俗成的。通过文化交流可让人们了解到不同地区人们的生活习惯，借助文化，人们也可表达感情。很多语言学专家也在相关著作中专门提到，在跨文化交流中或学习第二语言中，要能熟练掌握某国语言，对该国文化的了解则显得尤为重要，但他们却并未认识到文化交流是一种双向的。纵观我国的传统文化，不难发现，随着时代的不断发展，国人的传统文化意识观念却变得日益淡薄，很多人特别是年轻人对传统文化的理解还处于表层，由于信息交流较为普遍，使其受到西方文化的影响，致使中国传统文化受到严重的冲击。

一、中国文化导入的必要性

2007 年教育部高教司颁布的《大学外语教学课程要求》强调"大学英语课程不仅是一门语言基础课程，也是拓宽知识、了解世界文化的素质教育课程，兼有工具性和人文性。"这就要求，在大学外语教学中不仅要输入外国文化，也要导入中国文化。2013 年全国大学英语四、六级考试委员会改革调整四、六级考试的试卷结构，汉译英比例明显加重，并涉及我国的历史、文化、经济、社会发展等方面的内容。新形势下，培育学生对中国文化的自信意识，用准确的英语符号诠释并输出中国文化、提高他们跨文化交际能力，理应成为大学外语教学改革的重要方面。

（一）加强中国文化教学，激发学生英语学习兴趣，促进自主学习

在外语教学中，一些教师撇开文化不厌其烦地讲解词汇、语法，学生则埋头记笔记或思考，课堂气氛死气沉沉，有些学生甚至产生厌学和抵触情绪。笔者曾在一些任课班级就英语学习的兴趣、目的和方法等做过调查，结果显示，相当部分学生对英语学习兴趣不高，目的和方法不明确，甚至纯粹为了拿到毕业证。鉴于此，在讲解教材内容的基础上，教师可有意识地采取中西文化导入的方法，尤其是根据篇章内容收集整理教材中没有但内容相关的如"牛郎织女、白蛇传"等文化素材，让学生运用中国文化视野审视并领略异域文化的风格与神韵，学生的学习积极性与主动性得到较大提升。此外，教师还可以在教学过程中安排有关中西文化的题材进行课堂讨论，让学生学会将一些中文传统词汇与现代词汇如何用英语表达。如在对"hop""fish"等词汇进行解读时，让学生联系中国文化中与跳、鱼、渔有关的词汇诸如"跳槽""暴跳如雷""跳梁小丑""授人以鱼""授人以渔"等，并与教材中与"hop""fish"相关的词汇进行对比学习，这样就使学生在把握英语词汇的过程中学会如何用英语表达相关的中文词汇，同时使学生重新感悟中国文化的博大精深。这样不仅活跃了课堂气氛，而且也在很大程度上调动了学生的积极性和主动性。

（二）加强中国文化教学，凸显中西文化差异，提升跨文化交际能力

外语学习的最终目的应该是进行社会交际，这种社会交际需要建立在语言熟练和文化认

知的基础上。由于社会物质生活条件的不同，不同国家在历史发展长河中形成了自己独特的民族特质和风貌，这种差异体现于思维方式、生活习俗和家庭观念等诸多方面。众所周知，中国人注重谦逊，讲求"卑己尊人"，面对赞扬，往往会自谦。西方人却迥然有别，当他们受到赞扬时，会报以"Thank you"表示接受。结果可能是西方人认为中国人不够诚实；而中国人会认为西方人不谦虚。很显然，造成上述错误认识甚至交际障碍的根本原因恰恰源于中西文化差异。当然，在与英美人士进行交流的过程中，墨守成规也许无助于交往的加深与彼此信任。笔者在与一位叫 shelly 的美国朋友多年交往的过程中，随着彼此的熟悉与了解，见面时 shelly 总喜欢用"吃了没有"或"您准备去哪儿"调侃式打招呼，笔者则回以"oh, good weather"或者干脆以"none of your business"等回答。看似答非所问甚至不友好的一问一答，但此时彼此却能相视一笑。很显然，这种理解与幽默是建立在文化熟悉与尊重的基础之上的。可见文化认知有助于提升跨文化交际能力，排除跨文化交际的障碍。

（三）加强中国文化教学，增进民族文化自信，有效传播中国优秀文化

中华文化是维系中华民族经久不衰的精神纽带，是祖先留给我们的宝贵财富。在跨文化交际中，我们不仅要引入外国文化的精髓，更要有能力输出中华传统文化尤其是当代中国的优秀文化，让外国人了解并尊崇我们的文化价值观。如果我们不树立民族文化自信和自豪感，不会用英语来表达中华文化，如何在跨文化交际中有效传播我国的优秀文化？正如有学者所言，"我们有责任在理解异国文化的同时，更加深刻地领悟本国文化，更好地向西方国家介绍和传播中国文化。"笔者认为，在文化全球化的背景下，要确立与我国经济社会发展相称的文化强国地位，促进世界了解并认同我国文化，必须要进一步培养大学生的中国文化素养，强化学生对民族文化的自信，提高学生中国文化的表达能力，确立本国文化在跨文化交际中应有的地位，最终实现跨文化交际的有效进行。有学者指出："如何在大学外语教学中加强母语文化导入，增强学生的母语文化输出能力，成为当前广大外语教师极为迫切的任务。"此外，在大学外语教学中加强中国文化导入还有助于学生在中西文化的比较中理解西方文化的精髓和内涵，吸收西方文化的精华为我所用，促进我国文化的创新。

因此，为有效实现大学外语教学中的中国文化导入，各高校应在原有教学大纲的基础上，深入领会《大学英语课程教学要求》的精神，把文化教学尤其是中国本土文化教学写进教学大纲，在优化教材、提升教师文化修养和学生学习兴趣的基础上，实现语言和文化学习相互促进的目的，切实提高学生的跨文化交际能力。笔者将继续撰文探讨中国本土文化导入的切实有效的教学模式。

二、外语教学中中国文化的继承与弘扬

高校英语专业教师首先要充分意识到外语教学中传承、传播中国文化的重要意义，更重要的是要在教学中采取适切的举措，培养学生用英语介绍中国文化的能力，鼓励学生更好地传承、传播中国文化。

（一）强化教师意识，夯实文化内涵

意识是行动的指南，教学目标和任务的完成关键靠教师。教师的中国文化素养是促进本土文化教学、传承的前提和保障。首先，教师应该转换以往教学中忽视本土文化渗透的教学观念，有意识地提高自身的中国文化素养和用英语表达中国文化的能力。教师要坚持阅览

《中国日报》《北京周报》《21世纪英文报》等权威英文报纸杂志，经常收看、收听CGTN英文频道或收听中国国际广播电台、BBC关于中国的纪录片等英语节目（比如，"A Bite of China"（"舌尖上的中国"）和"中国春节""美丽中国"等），关注每年三月份英文发布的两会政府工作报告和总理答中外记者问，多渠道输入、积累有关中国文化的英语表达；坚持研读英文书籍，如：英文版本的《中国传统文化通览》，《阅读中国》（Read about China），林语堂的 My Country and My People（《吾国与吾民》）、Moment in Peking（《京华烟云》），学者辜鸿铭、许渊冲翻译的《论语》，辜正坤翻译的《道德经》，戴乃迭、杨宪益夫妇翻译的《红楼梦》，美国作家赛珍珠的 The Good Earth《大地》）、Pavilion of Women（《群芳亭》），英国作家毛姆的游记 On a Chinese Screen（《在中国的屏风上》）等，不断提高自身中国文化的习得能力，夯实中国文化知识结构和内涵。在此基础上，教师方可践行在英语课程教学中加大讨论和论述中国文化内容的比例和深度。此外，学校可鼓励教师参加有关中国文化教学的系列讲座或培训，并组织教师进行此类教学经验的教研交流活动。

中国文化博大精深，浩如烟海，学习什么样的中国文化内容同样值得深思。季羡林先生认为，优秀的传统文化必须具有现实性，能反映时代需求，对个人及社会的发展具有启发及促进作用，因此，英语教师应注重导入影响中国社会至深、在现今知识经济时代仍具有积极影响、以儒家文化为代表的中国传统文化，比如，要大力弘扬讲仁爱、重民本、守诚信、崇正义、尚和合、求大同等核心的中国文化思想理念。此外，中国的道学、佛学、易学的精华也值得深入地学习和传承。

（二）强调生产性双语文化对比

"生产性双语文化"应成为英语专业教学中有关文化内容的目标定位之一。具体说来，就是不能让英语专业学生完全归化于英美文化，也不是倡导目的语文化和中国文化在学生身上简单累加。教师要创新文化教学方法，让两种文化在学生身上形成互动，让他们具备文化创造力，并最终达到对两种文化的相互理解和相互促进。本族文化是一个人的文化之根，没有本族文化根基的人在多元文化背景中找不到自己的定位和方向，容易迷失自己。对于英语专业学生而言，他们至少有四年时间接受西方思想、历史、文化方面的教育，他们的思想意识形态、生活方式、信仰、价值观等容易受西方文化影响，如果不能有意识地理性比对中国传统文化，很容易出现一味地盲目追随西方文化、精神家园迷失等问题。

教师在外语教学中应注重两种文化的对比讲解，并通过自身对两种文化的理解和鉴赏，引导学生批判地学习中西文化，培养他们对不同文化的品鉴、理解、扬弃和贯通能力。可供教师比对的中西文化话题不胜枚举，试以我国春节和西方圣诞节的文化寓意为例，我国的春节被设定在农闲之后、春耕之前的冬日，且在岁末年初，意为辞旧迎新，还蕴含着"终即是始""无始无终"的哲学观；春节期间，人们阖家团圆，聚集在一起进行祭拜天、地、祖先、神灵等活动，表达了中国世代人们对天、地、人、神的敬畏之心，反映了中国人对"天人合一""协同和睦"等观念的坚守和秉承。西方圣诞节则蕴含着深刻的宗教寓意，人们庆祝它，以纪念耶稣的诞生及其对人类的救赎和庇佑，人们信奉上帝，坚信并践行平等、友爱、互助的大爱情怀。通过比对中西节日文化，学生对节日的历史渊源、文化内涵及其折射的价值观念有深刻的理解。

其他可供比对的话题还有：中西方饮食差异的文化渊源、家庭伦理观异同、集体主义和个体主义等核心价值观差异、内陆文化和海洋文化对中西国民性格形成的影响、中西方女性社会地位对比等。对中西相似的文化主题进行横向比对，既有助于英语专业学生探寻中西文化共核，又可帮助他们领会不同文化现象、文本和事件所彰显的不同的或显性或隐性的经典思想与核心价值观念，在关联、对照中西文化过程中加深对本民族文化的理解和认同，助益他们继承、弘扬和传播本土文化的自觉性和执行力。

（三）充分利用测试的反拨作用

语言测试的意义在于检测、评估学生专业知识的掌握情况。不可否认，英语课程考试、各类水平检测或选拔考试对英语课程的教与学产生较大的反拨作用（wash back）。

在教与学层面，语言测试对语言教学产生的反拨意义牵涉教学课程、教科书、教学方法、教师备课、教学程序及教学媒介等方面。具体说来，语言测试影响教学内容、方法、深度、广度以及态度等环节。但教什么和学什么无疑是语言测试对语言教学反拨效应最集中的体现。

2007年颁布的《大学英语课程教学要求》已明确把大学外语教学要求分为三个层次，其中，对大学生翻译能力的更高要求包括能够翻译介绍中国国情和文化的文章，所以，从2013年12月开始，全国大学英语四、六级考试增设汉英段落翻译题目，要求学生在30min内"用词贴切、行文流畅"地翻译长度为140～160个汉字、内容涉及"中国历史、文化、经济、社会发展"等领域的诸多话题，目前已经考过的话题涉及中国国画、国宝熊猫、传统旗袍、农村教育、中国家庭文化、中国传统园林建筑、中国茶、假日经济等。该题型的增设无疑促进了大学师生对中国国情、文化的重视和持续学习的动机和热情。

另外，对于英语专业学生而言，他们应该站得更高，走得更远。比如，英语专业课程考核内容上同样应增加中国国情和中国文化内容，以考查学生对中国文化知识的掌握情况和对中国文化知识的实际运用及创新思维能力。教师要创新、优化考核内容和体系，以激发学生持续学习中国文化的动力，培养学生对中国文化的认同、判断、品鉴、分析和传承能力。英语专业权威性的四、八级水平考试主要侧重于语言知识测试，英语教育专家已经意识到在考试中加入有关中国文化测试题目的重要性，可培养学生用英语传承、传播我国文化能力。因此，2012年的英语专业四级考试作文题目是介绍中国的端午节。还可以在阅读考试中加大学生对中国文化英语表达及中西文化异同的测试比例，以主观综合性问答的形式考查学生的掌握程度。英语专业研究生入学考试涉及的中国国情介绍和中国文化话题翻译（如"一带一路"等）同样促进学生对持续学习和传承中国文化知识和能力的热情和动机。因此，英语专业课程教学中继续以恰当的教学方式拓展中国文化内容是当务之急，它对鼓励学生传承中国文化、提高学生综合文化素养、提升中国文化软实力，以适应我国社会发展和国际交流需要，有较大的现实意义。

（四）重视学生科研及毕业论文写作

英语专业教学中传承、传播中国文化不是一件一蹴而就、立竿见影的事情，它是一项浩大、耗时、费力的系统工程。它应贯穿在英语专业学生整个学习过程之中，即便走出大学校园，他们同样应该保持终身学习的态势。学生在学期间以团队形式申报的科研课题以及最后一年的毕业论文写作都可以以中国文化话题或中西文化对比为研究对象。该做法的可取之处在于课题研究和毕业论文写作均持续较长时间，需要学生付出较多的精力和努力，阅读相当数量的中外论文材料、期刊书籍等，并和导师保持较为频繁的切磋、互动。这样，他们对我国文化的见解更为深入，收获更为丰硕，而且对于他们后续的成长和深造的影响同样不可估量。近几年，笔者和同事在该方面做了尝试，莆田学院英语专业学生对该做法反响很好。他们尝试探究的话题如下：试析莆田市地方电商 logo 中的中国传统文化元素《论语》中的"仁"及其对现代生活的启示、从《论语》看孔子的教育思想，等等。这样，学生把平常所积累的零散的、感性的中国文化现象上升到一个系统的、理性的认知高度和水平，在日后的旅游节、商贸活动、国际体育赛事等跨文化交际场合里就能很好地派上用场，让中国文化得到彰显、传播和弘扬，扩大中国文化在世界范围内的影响力。

（五）加强中国文化内化于心，外化于行

现代社会的人类面临着诸多的冲突和危机，如人与自然的冲突所造成的生态危机、人与社会的冲突所造成的社会危机、人与人的冲突所造成的道德危机、人与自我心灵的冲突所造成的精神危机、各个不同文明之间的冲突所造成的价值危机等，人们很难从西方文化中找到解决这些矛盾冲突和危机的答案，而中国传统文化恰恰可以为人们提供一些有价值的借鉴和指导。在当今中国，友爱、诚信、慈悲、宽容等价值观念有待加强。社会上种种乱象，如为富不仁、贫而不礼、欺诈讹人、谩骂争斗等亦有所闻。这些现象归根究底是因为有些人丧失了起码的伦理道德和做人底线。回归传统、向传统寻求智慧并让经典与现实相结合不失为解决以上问题之良策。事实上，早在 1988 年，世界诺贝尔奖获得者在巴黎集会发表宣言称：如果人类要在 21 世纪生存下去，必须吸取孔子的智慧。(If humankind were to survive in the 21st century，they must draw wisdom from Confucius.) 当前的问题是如何让传统文化融入人们的血脉，成为人们自觉遵循的标杆和塑造民族灵魂的营养。

三、加强英语传统文化国际传播的策略

（一）加强中国优秀传统文化教育

国家的富强离不开教育，通过有效教育活动的开展可加强中国优秀文化的传播范围，促进中西方文化的交流。不管是在高等院校教育中或是中小学教学活动中，教师应转变传统的教学思路，在课堂中融入我国传统文化的相关内容，使学生在对知识有全面了解的基础上也能对我国悠久的历史文化有一定的认识，继而提升自身的爱国之情。

英语在学校课程体系中占据重要位置，可在外语教学中融入一定的传统文化，教师在英语课堂中应向学生讲解一些西方文化，还应对中国优秀传统文化进行讲解，加深学生的印象，利用英语弘扬中国文化。英语学习，一方面，可使学生掌握一门语言技能，在学习过程中对其他国家的一些文化有一定的了解；另一方面，为传承我国的历史文化，实现互利共赢，共同发展的良好局面。纵观我国英语教育不难发现在传统文化传输方面还存在很多不足，在国际交流过程中，有的交流者虽能流利说出地道的英语，对英语文化也非常熟悉，但对本国文化却了解甚少，如果国际友人询问一些中国文化，很多交流者不能用英语讲出来，使得气氛较为尴尬，这样就起不到文化传播的目的。因此，教育部门应引起足够的重视，加强英语教育中的传统文化意识，制定切实可行的教学大纲，确保英语教育与传统文化的有效对接，实现我国传统文化的国际传播。

（二）提升国民文化素养

随着人们生活水平的不断提高，出国旅游已成为一种时尚，但在众多游客中"中国人"却被认为是不文明的代名词，在公共场合大声喧哗，随意乱丢垃圾等，这些行为不仅使国际民众对中国人的形象有所降低，也使中国文化的传播受到重重阻碍，如何改变这一现状，应

从提升国民文化素养方面入手，从点滴小事做起，养成良好习惯，成为一个高素养的中国人，让世人瞩目。

（三）培养文化平等意识

跨文化交际主要指不同国家、不同民族之间所开展的交流活动，属于一种双向性、平等性的交流活动。相比于西方文化，中国文化处于相对弱势地位，为提高中国文化的影响力，构建平等和谐的跨文化交流模式，应从本质上改变人们的传统观念，让国人从思想深处意识到文化平等交流的重要性，让更多人能对中国文化有深入的了解，使中国走出世界这个大舞台。

（四）注重学习借鉴，促进传统文化的创新性

在国际文化交流过程中，浓厚的民族文化是令世人瞩目的，因此，在文化对外传播中，首先，应清楚地认识到想要传播的是中国文化的哪些内容，其次，借鉴一些相关经验，对文化传播方式及传播内容进行大胆创新，满足人们多样化的需求。此外，还应注意的是传统文化虽然是根基，但也应随着时代的进步不断改进，以满足文化新形势的相关需求。在文化传播中，我国可借鉴一些发达国家，如美国等在文化传播中的成功经验，并合理运用我国实际情况，形成独具特色的中国文化传播方式。

我国有悠久的历史文化，传统文化就好比一壶美酒，在不断地品尝中才能体会出其独特的韵味。因此，作为中国的一分子，应引以为傲，利用自己的一言一行去让世人了解中国传统文化，将中国文化带出中国，走向世界，实现国际跨文化交流。

第三节　中国英语新闻的跨文化传播

全球化对中国新闻的传播造成了重大的影响，英语新闻的传播地位日益重要。英语新闻的跨文化传播对于提高我国的文化影响力和国际地位有着重大的意义。但是，目前中国英语新闻的传播也面临诸多困境，如何突破重重困难，探寻适合中国发展的跨文化新闻传播之路？为实现这一目标，有必要根据我国英语新闻的特点，不断地探索和完善我国英语新闻的发展策略。

一、全球化背景与新闻传播

20世纪80年代以来，全球化逐渐成为我们这一时代的社会发展主要特征。在全球化背景下，社会的经济、文化、生活、传播等众多领域都发生了重大改变。随着信息技术的发展，网络改变了人们的生活，人们获取新闻资讯的方式也逐渐多样化，这些为我们的新闻提供了良好的传播平台。当前媒体应当发展跨文化传播的视野，探寻适合中国特色的文化传播之路，为我们的传媒在国际上占有一席之地做出规划。

二、英语新闻传播的文化价值

　　跨文化的信息传播，是不同文化背景中的人们之间进行的信息传播和交流。文化是信息之眼，从跨文化的角度来看，新闻信息并不仅仅是"事实"，它所传递的还有信息背后的文化背景。在全球化背景下，中国的英语新闻是中国文化在世界各国的传播媒介，它使用世界官方语言实现了跨文化交际，因此使得中国新闻的文化影响力更为广泛和突出。

　　随着社会的变革和发展，我们的传统文化和现代文化出现了并存的现状，社会的发展赋予了我们的传统文化新的内涵，传统文化和现代文化的相互融合状态对新闻传播也产生了一定的影响。我国的英语新闻如何做到将文化精神自然地表达，继而为中国文化的跨文化传播起到积极的作用是我们应当承担的责任。

三、我国跨文化英语新闻传播的特点分析

　　我国英语新闻的发展经历了漫长的历史变迁。我国封建社会的信息闭塞阻碍了英语新闻的发展。随着封建王朝的灭亡，一批英语新闻报刊开始出现，少数学者开始关注英语新闻的翻译和传播。中华人民共和国成立后，英语新闻继续发挥着它的重大作用，传播重点意在支持国家建设。伴随着中国改革开放政策的实施，中国的政治、经济、文化事业都得到飞速的发展，英语新闻的内容更多样化，新闻涉及的范围也更为广泛。通过英语新闻在世界的传播，更多的人了解了中国的经济发展，了解了中国的优秀文化，这有利于建立中国的国际形象。在全球化背景下，英语新闻的传播又发生了新的变化，除了新闻报道外，还有主题鲜明的专题新闻。笔者通过研究调查中央电视台英语新闻频道的节目，总结出目前中国英语新闻的跨文化传播具有如下特点：

（一）英语新闻内容丰富，强调实用性的目的

　　目前英语新闻的报道话题内容除了突发性事件外，还涉及社会文化、生活、科技以及自然等方面。在新闻节目制作上强调实用性的原则。同时英语新闻在包装上也更加新颖，提高了受众的关注度。以中央电视台的英语频道为例，英语新闻报道在保留节目特点的基础上，在设计理念和节目内容设置上做了多方位的更新，收到了很好的播出效果。

（二）英语新闻视角独特新颖

　　经过对目前中央电视台英语新闻主要节目的梳理，笔者发现当前中国的英语新闻摆脱了只侧重报道财经和政治新闻的局限，开始从国际视角设置新闻主题，为观众传达了新颖独特的观点，从主要关注本国和亚洲的新闻发展到聚焦国际热点，建构关注度高的专题栏目。

（三）我国语言文化是英语新闻教学类节目的传播重点

　　英语新闻是对外语言文化传播的重要途径。例如中央电视台的科教频道开播了外语教学类节目，受到欢迎。

（四）英语新闻节目更加贴近国际化，节目整体水平有很大提高

　　随着西方传播理念和传媒技术的发展，中国的英语新闻节目更加贴近西方的思维习惯，

更容易得到国际的理解和认同。中国英语新闻的国际事件报道能力有很大提高，在重大事件发生后能及时到达事件现场，收集和整理资料，进行现场报道。新闻的准确性和及时性有很大改善。同时，中国英语新闻还对许多新闻事件提出独到的见解，具备一定深度分析新闻事件的能力。

四、我国跨文化英语新闻传播的困境

尽管中国的英语新闻传播较过去有了很大的进步，但其在全球的跨文化传播中仍然面临着很多困难：

（一）英语新闻的跨文化传播受到环境文化的影响

环境文化是我国民族文化形成的地理环境和自然环境，它是中国文化的物质载体。国家间地理和自然环境的差异必然造成不同国家的人民在语言表达上的差异。从文化角度来说，生存环境会影响文化的内容和发展，影响人们形成独特的语言习惯和思维方式。我国和西方语言文化的差异恰恰源于中西方地理和环境的差异。英语新闻报道需要突破地理的界限，还要在信息内容上突破难以逾越的文化鸿沟。

（二）英语新闻的跨文化传播受到民俗文化差异的制约

民俗文化是传统文化的一部分，它的差异表现在人们的生产、生活和日常交际的每个方面，它具有一定的稳定性和传承性。我国的民俗文化和西方国家的民俗文化的差异表现在很多方面，例如对集体荣誉的侧重和个人主义崇尚的不同，谦虚谨慎和大胆创新的不同诠释，等等。在英语新闻的编写和翻译中，中西方民俗文化差异的制约已经逐渐表露出来，例如翻译中的不可译现象。

（三）人才缺失对英语新闻跨文化传播的影响

与中文新闻相比，英语新闻在新闻传播人才培养上肩负着更重的责任。英语新闻频道不仅需要新闻传播人才，还需能熟练掌握和运用英语的人才，其中包括新闻记者和英语新闻栏目的制片人。新闻界英语人才的缺乏影响着我国英语新闻的顺利传播。有些新闻记者可以很流利地用英语进行国际新闻报道，却不能使用英语报道国内新闻事件，这正是目前我国教育体制中的文化教育缺失造成的一种后果。

（四）我国跨文化英语新闻传播遭遇西方媒体的质疑

在全球化背景下，传媒界的竞争不仅仅限于国内。随着信息全球化的步伐越来越快，我国新闻媒体面临很大的竞争。西方新闻界对中国存在或多或少的误解，对我国英语新闻存在质疑和不理解。同时西方传媒和我国的媒体并没有充分沟通和交流，造成了英语新闻信息传播不畅。究其原因，可能是由于中西方思维方式造成的误解和西方固有的偏见，也可能是由于我国相对保守的新闻制作理念造成的。

（五）我国跨文化英语新闻相对于西方媒体缺乏对信息资源的掌控

目前全球的信息资源存在分配不均衡的现象，西方媒体有着丰富的信息资源，并且还在逐步加强对其的垄断。这些都影响了中国新闻频道的发展，削弱了我国英语新闻的对外传播。

无论是自身发展的问题还是外在环境的局限，我国的新闻传播都面临着诸多问题，因此必须正视我们所处的困境，了解国际新闻行业的发展形势，探索我国英语新闻跨文化传播的策略，实现英语新闻真正的跨文化传播。

五、全球化背景下英语新闻跨文化传播的策略

英语新闻作为对外传播中国文化的窗口，在世界范围内一直发挥着重要的作用。只有增强在世界新闻界的竞争力，突破重重困难，才能获得更广泛的信息资源。在全球化背景下，英语新闻必须立足本国的新闻传播体系，解决目前面临的问题，才能真正实现中国新闻的跨文化传播。笔者认为，促进全球化背景下英语新闻的跨文化传播应当做到如下几个方面：

（一）建立现代化新闻信息收集网和突发事件应急机制

信息时代的飞速发展使新闻传播方式和传播速度极大提高，我们必须建立现代化新闻信息收集网络，为英语新闻的跨文化传播提供有利条件。现代化新闻收集网络需要优秀的新闻报道和新闻制作团队，增加驻外新闻传播站点，拓展信息掌握渠道。建立专业英语评论员队伍，广泛吸纳国内外专家学者和专业新闻人士。驻外记者还需要整合各国新闻信息，及时进行采访、编辑和报道。在英语新闻报道中，我们要建立和完善突发事件新闻报道的应急机制，构建能承担重大任务的新闻报道队伍。同时需要简化英语新闻的播报流程，以期能对重大突发事件做到最快速的反应。在传播方式上可以利用先进的信息技术水平，用简讯和快讯相结合的方式，第一时间进行新闻播报，提高我国的英语新闻传播速度，扩大传播范围。

（二）实现英语新闻编译多元化，树立正确的受众观

英语新闻的传播首先需要依靠新闻的编译。针对目前信息时代新闻多样化的特点，英语新闻的编辑和翻译方式也应当实现多样性。具体来说，需要针对不同类别的新闻报道采用不同的方法进行翻译。简讯类新闻，具有信息简明扼要、重点突出的特点。简讯类英语新闻在编译中需要特别设计语言的运用策略，不能使用非正式的英语词汇，词和句式都需要严守英语语法规则和语言习惯，这样才能使简讯类英语新闻更加准确、客观，同时还能为受众提供真实的英语语言文化场景。对时事评论类新闻，要求表现出从科学理性的角度分析问题。因此英语语言的使用必须考虑客观性、认知性。在编译此类新闻时，需要进行对比分析、突出重点、集中概括。这时需要充分发挥英语语言的简单外在和丰富内涵的特点，力求在满足受众对新闻认知的基础上，从英语丰富的词句中感受新闻点评的合理性和客观性。英语新闻的编译还需要适当调整翻译方法，根据需要来删除或增加新闻原文，并且适当修改以满足不同国家人民的需要。在必要时还需要避开国家敏感问题，这样才能提高英语新闻的可接受度。总之，英语新闻的编译需要强烈的政治责任感、过硬的语言基本功和良好的跨文化交际的能力。

另外，英语新闻的编译还要考虑国外受众。在全球化背景下，我国的英语新闻受众不只包括国内受众，主要还有海外华人、外国人。在实现这一目标中，我们要调查英语新闻不同受众的背景文化、语言习惯、接受新闻信息状况，建立新闻反馈机制，这样才能树立起正确的受众观，确保中国的英语新闻贴近受众需求，引起受众的共鸣。

（三）培养英语新闻报道者和编译者的跨文化意识，深刻把握多元文化的报道特征

英语新闻的编译是语言的再编码过程，语言受到文化的影响，同时也会对文化的发展产生一定的影响。英语新闻的跨文化传播需要突破中西方文化的隔膜，这样才能提高英语新闻

的可接受性。在英语新闻的编译中，有些新闻内容可翻译，有些不可翻译，有些需要保留态度，有些需要获取文章精髓。要做到这些，就要培养英语新闻报道者和编译者的跨文化意识，以便获得受众的文化认同。

新闻报道者和编译者的跨文化意识培养不是一蹴而就的，这就需要在新闻专业学生的外语教学中，有意识地培养这些新闻人才的跨文化交际意识，令他们理解和掌握不同国家的文化差异和语言习惯，为未来的新闻传播工作打下坚实基础。对现有的新闻从业人员，应当进行文化理念和业务能力的培养，必要时还要进行英语语言的培训。

（四）我国英语新闻报道要寻求文化共性与个性

在我们强调文化差异的同时，必须承认一个事实，即不同国家和民族的文化也存在共性。在经济全球化环境下，中西方的交流逐步增强，各国的文化呈现出相互融合的状态，对有些新闻主题有着共同的兴趣和关注。例如环境保护问题、和平与发展的问题、贫富差距的问题等。对于当今世界普遍存在的问题，我们国家的英语新闻报道应当积极关注，这也是提高我国英语新闻跨文化传播的途径。英语新闻报道在探求不同国家文化共识的基础上，还要探索中国特色的文化传播途径，实现我国新闻的个性化传播。

（五）建立海外合作机制，拓展英语新闻跨文化传播的渠道

在全球化背景下，新闻传播的发展需要与海外媒体的合作。建立海外合作机制，通过合作的方式来掌握第一手资讯，同时拓宽英语新闻的跨文化传播渠道。我们不仅需要具有丰富的新闻传播经验的国外媒体人才加入我国英语新闻的编译和传播，还需要他们参与对中国的相关英语新闻节目的幕后制作等。我们不仅可以借鉴他们成熟的传播理念和国际惯例，还可以通过他们建立海外合作关系。例如中央电视台的北美分台大量启用外籍人士，他们不仅参与了新闻编译的工作，还负责新闻选题和包装。同时，通过合作，我们可以利用先进的国际新闻传播技术，为英语新闻的制作和传播创造条件。

网络和移动媒体的应用给中国新闻传播带来了很大冲击，人类的信息传播越来越呈现全球化趋势。这使得我国英语新闻的跨文化传播进入飞速发展阶段，世界各国对英语新闻的需求也不断提升。党的十八大提出加强我国的国际传播能力，传递中国声音的新目标。为实现这个目标，有必要根据我国英语新闻的特点，不断探索和完善我国英语新闻的发展策略，使我们的英语新闻在世界各个地域实现传播，让中国了解世界，让世界了解中国。

第四节　大学外语教学与文化传播的理论

众所周知，英语作为一门国际语言，在促进各国交流以及经济发展方面，起着不可替代的积极作用。而语言与文化有着十分密切的关系。语言是对文化的传承记录，文化反过来又促进文化的发展。20世纪20年代，美国语言学家萨丕尔（E. Sapir）在他的《语言》（Language）一书中就指出："语言的背后是有东西的，而且语言不能离开文化而存在。"2004年教育部制定的《大学英语课程教学要求》中规定：大学外语教学要"以英语语言知识与应用技能、跨文化交际学习策略为主要内容。"目的是使学生在今后的工作、学习和与说英语的学者能熟练地进行口头或书面交流。学生对所学语言的文化了解越深刻、越细致，就越能准确理解和

使用这一语言。因此，教师在课堂上不能孤立地传授教材知识，应该把文化知识穿插在教学的各个阶段，让学生学习教材知识的同时了解英语语言文化。

一、大学外语教学在文化传播中的必要性

文化是人类所创造的物质财富与精神财富的总和。而语言是文化的表现形式与承载形式，有着深刻的文化内涵。"语言是文化的载体，文化是语言的土壤。"语言学家帕尔默也曾在《现代语言学导论》一书中提到"语言的历史和文化的历史是相辅而行的，他们可以互相协助和启发"。文化是一个民族差异的标志，具有鲜明的民族性、地域性以及独特性。不了解英语国家的文化，就不能真正地掌握英语，这是由于各个民族在地域、生态环境、社会政治经济制度、历史背景、风俗习惯、价值观念、行为模式等方面的不同，因此创造的文化也具有各自的特点。我国学生学习英语仅局限于英语课堂，课下几乎没有这样的语境，如果课堂只注重学习词汇、语法、时态、语态，而不能透过文字去理解文化中所承载的信息，学生就难以理解语言的真正含义，就很难有良好的语言交际能力。

特别是改革开放以来，随着走出国门的人员越来越多和信息全球化的发展，国际交往越来越频繁，英语现在是国际社会的主要交际语言，学习英语、掌握英语也是走向国际的必要条件。但由于往往缺少相应的语言环境，学生们只能理解字面的意思而不能理解其承载的文化信息，因而容易出现用词不当造成误解、误会。如 restroom，常常被学生理解为休息室，却不知是厕所的委婉说法。有时即使没有理解错，但由于文化的差异，也可能造成不必要的失误，如，Where are you going?，在我国，是一种习惯性问候，而在英语国家，则涉嫌侵犯别人的隐私。过去我们见人就问"吃了吗"？如果直接译为："Have you eaten?"在英语语系的国家，老外常常认为你要请客。其实这句话意思相当于问"你好"，面对外国人时可直接问候"Hello"或"How are you?"又如：在里约奥运会上，对"洪荒之力"的翻译就有多种，如"prehistorical powers"，"the Force with me"，从我国看来，这种翻译都是似是而非，好像少点什么？又如：祖国大阅兵时"同志们，辛苦了"，如果直译为"Comrade, you are tired"．会让读者有点摸不着头脑，不知道说话者表达的什么意思。其实应该译为："Comrade, thank you very much!"，那么说话者意思就表达准确了。

因此，在实际教学中，将这些语言上的差异，以及由这些差异造成的意义不同随时教授、给学生，这样才能做到准确理解词义和有效交流。要做到这一点，教师在教学过程中，一定要进行必要的文化传播。

二、大学外语教学可采用的文化传播途径

（一）课堂内的文化交流与传播

课堂上教材的讲解，离不开当时的文化背景。只有了解了文化背景，才能理解文中"主人公"所表达的真正含义，才能更好模仿"主人公"语气、语调，才能让学生身临其境，充分融入故事中，随着老师讲解而入情入理地消化吸收。

教师在讲授教材时，应立足于教材本身，查阅相关资料，结合教材了解相应的文化背景。这样在教授的过程中，既能从语言教学的角度渗透文化知识，又能从文化角度讲解语言知识，二者相辅相成，相得益彰，由此进一步能激发或引起学生的学习兴趣，促使学生们主动去学

习探讨相关英语语言知识，对教材的知识与相应的文化背景从感性到理性，由浅到深地理解并掌握，为以后在学习和工作中做到无障碍交流打下坚实的基础。

比如在讲授《A Miserable, Merry Christmas》时，可让学生提前查阅相关资料，将有关圣诞节的小故事、小典故尽可能用英语说出来，并了解西方圣诞节的由来、相关风俗、习惯甚至有关宗教知识，也可以对比我国的春节，感受中西方重大节日的不同风俗，请学生对比哪些是相通的，哪些有差别。这样既增强了对这一文化点的了解与掌握，也加深了学生们对课文内容的理解与记忆，如果时间允许，也可要求学生们用英语做适当补充，提高学生读、听、写、译、说各方面能力，可谓一举多得。

（二）课堂外的文化交流与传播

俗话说"功夫在戏外"。因为课堂上时间有限，而文化包罗万象，繁复驳杂。所以要求学生要在课外多下功夫，适当读一些英文原版资料，比如小说、故事或者英语所在国的新闻、报纸。对该国的社会风土人情、历史文化慢慢形成系统的了解。这样就会对英语文化知识有一个很好的积累，逐渐由量变形成质变。

当然老师也可以起引导作用，比如组织英文演讲、放一些英文原版电影、名著精彩片段分析，讲解英语常用语法格式、说话的方式，让学生们在愉快的状态下学习，效果远比填鸭式教学的效果要强很多，学生学习也轻松很多。

（三）利用多媒体进行文化传播

利用多媒体，结合教材，辅助各种音像资料，能让学生有更加直观与深刻的印象，例如讲授《A famous clock》，可以把他在伦敦的位置，周围的建筑特点，大钟本身的图片甚至把大钟敲响时的音效都做出来，如果有时间，也可以做成动画课件，让学生们边看动画边学习本节，同学们一定兴趣盎然。当然也可以让学生们自己动手去做效果，自己动手查资料，最后评比，对做得好的同学进行表扬和鼓励。

也可以播放一些经典影片的经典片段，结合教材，适当做句子、语法、时态等的讲解，也可以结合考试试卷中易错的题型来选取片段，让学生感受英语交流，感受西方文化的风俗习惯，了解他们在不同环境、不同气氛、不同情绪过程中的英语表达方式。同时也能感受西方的价值观、思维方式、生活习惯，多少了解或猜测西方语言和文化的发展过程。同时也侧面培养了跨文化交流的意识，文化是一种动态传承，反映着当时人们的思想及生活的总和，无所不包。在跨文化交流时要做到有的放矢，了解他们的行为习惯，和外国人交流起来才能从容不迫，获得良好的、有效的跨文化交际。

三、跨文化交流背景下大学外语教学模式

（一）教学模式比较分析

传统的外语教学以教师为中心，基本为讲授式的教学模式，在教学理念上具有主观倾向，认为教学是将外在学习的客观知识推送给学习者，而非关注知识内容本身的应用以及实际意义，在这种教学模式下，教师使学生成为被动的学习接受者，接受知识的灌输，而师生关系缺乏一种平等的互动对话和交流，传统的教学模式只重视学习能力的培养，而缺乏学习思维的养成，较低层次的认知水平，对于学生的发展十分不利，随着时代的进步，很多专家和学者认识到这种阻碍式的学习，对于提升学生的综合素质十分不利，缺乏知识的建构性、情境

性和社会文化性，导致学生的实践能力和语言应用能力很差。

（二）大学英语跨文化教学模式构建

为了更好地适应社会发展对于人才培养的需求，必须对大学外语教学进行全面改革，以跨文化教育为重点，近20年来，跨文化外语教学在西欧以及美洲等国家取得了迅速发展，因此，我们可以积极借鉴国外的先进教育经验，从理论层面和实际层面两方面着手，着力提升学生的语言能力、交际能力和跨文化交流能力。首先要以学习者为中心，培养学生的自主学习能力，因为学生是学习的主体，所以任何教学内容的展开必须围绕学生，在跨文化外语教学过程当中，必须对学生跨文化交流能力进行培养，对文化学习的体验态度和能力都需要进行教学设计，因材施教，采用不同的教学方法，针对不同学习能力的学生，进行针对性教学，使学生能够对自己的学习负责，独立作出判断和选择，为自己的学习创造更好的机会。培养学生的自主学习能力，使其更好地完成学习目标，形成一种可持续发展的学习。另外，要更好地了解语言与文化之间的互动性，包括中西文化的互动性和教学之间的互动性，用长远的发展的眼光来对待跨文化交流；其次，采用听说法、直接法和交际法进行跨文化传播教学，如今最为广泛应用的是认知教学法，鼓励学生形成独特的思维模式，及时掌握在文化发展过程中的差异，掌握语言规则，教师通过灵活多样的教学方式，以学生为中心，采用翻转课堂的教学模式，使学生在自觉的情况下进行知识信息的构建。在教学过程中，不能只依赖单一的教学模式和教学方法进行教学，采用多元化的教学方式适应教学需要与社会发展，才能更好地实现跨文化交流专业人才的培养。

总之，在跨文化交流过程中，为了更好地进行大学英语专业人才的培养，需要不断探索新型的教学模式，采用机动灵活的教学模式以培养全面发展的专业人才，更好地帮助我国进行对外交流建设。

第五节　大学外语教学与中国文化传播

大学英语教育一直以传授英语语言知识和导入英语文化为主要任务，其实它还肩负着一项更为艰巨的使命，即传承和传播中国文化。中国文化的传承和传播不仅仅是汉语文化界的职责，大学英语教育也肩负此使命。大学英语教育中东西文化的碰撞和对比能引领学生发掘中国文化的优越之处从而更好地传承中国文化，英语话中话的语言能力有助于学生高效地向世界传播中国文化。

一、我国大学英语教育的历史

在相当长的一段时期里，由于受结构主义语言学的影响，我国的英语教育完全只注重语言形式的教学，语言教学成为单纯的语言技能的训练。直到20世纪80年代，学界开始研究文化与语言教育之间千丝万缕的联系。美国语言学家Kramasch在其《语言与文化》一书中指出："语言表述着、承载着，也象征着文化现实。两者是不可分的。"人们逐渐认识到文化因素在跨文化交际中的重要性，从而在外语教学中加强文化内容的渗透，并且取得了显著的成就。英语学习者对英语国家的文化习俗有了更好的了解，能更好地使用语言，敢于用英语与外国人进行交流，"哑巴英语"的帽子终于"被摘掉了"。然而，令人遗憾的是，教学中所渗透的文化内容片面单一，几乎全是英语世界的物质文化、制度习俗文化和各种精神层面的文化内容，而且所选文字都是正面的、积极的，美化英语世界的。因此，喜悦的笑容还未消退，更为严峻的问题又摆在了我们面前：中国文化失语症在与异族文化者交流时，无法用英语向对方介绍中国文化，无法形成真正意义的交流。世界上西方文化之风盛行，中国的智慧哲思被遗忘。更严峻的是，从小学着英语长大的青年一代，他们的价值观、人生观和思维模式正逐渐西化，大有数典忘祖之势。此不可不谓中华文化之伤！

失语症 (aphasia) 源于医学术语，指由于受伤或疾病引起的大脑损伤而导致思想表达能力、口语及书面语理解能力的部分或全部缺失。一个人失语可能是由于某些人力不可为的偶然因素引起的，而有着五千年灿烂文明的中国文化的失语，不能不说是所有中国人的耻辱。为治愈中国文化失语症，大学英语教育肩负着重大的使命。

二、大学英语教育中传统文化的传承与传播建议

（一）根据中西方文化差异开展教学

大学英语教师要明确教育目的，承担起相应的责任。除了要加强对学生的语言技能训练之外，还要加强传统文化的传承与传播，使教育做到与时俱进。教师要审图了解中国传统文化，以传播和传承为己任，使学生深刻感受到传统文化的魅力。教师要了解中西方文化差异，在开展外语教学时，正确引导学生理解和区分中西方文化。以单词"dragon"为例，在中国传统文化中，龙是祥瑞之兆，在我国更象征着神的力量。在西方文化中，"dragon"象征邪恶；在基督教中，"dragon"是罪和异教的象征。这就可以充分说明东西方文化存在的差异。在教学中，教师要渗透出这一点，使学生更好地掌握英语技能，传承中国传统文化。

（二）注意文化的差异

我国的传统文化博大精深，覆盖面十分广泛。因此，在开展大学英语教育时，教师必须要准确把握内容，巧妙渗透，使教学更有针对性。我国的传统文化与西方文化存在的差异不容忽视，比如，在伦理、风俗、艺术等领域中会有很大的不同，这就需要教师采取辩证的思想开展教育，正确传播文化。比如，在称谓关系上，我国汉语的称谓语达到九种以上，不同的称谓语会有不同的适用范围，产生的效果也不同。西方文化中的称谓语就很少，因为西方文明传达的核心价值观就是"自我"，西方人也更看重个体价值。在我国传统文化中，存在不同的思想流派和伦理思想，比如孔子、孟子、老子等，儒家文化、道家文化影响一代又一代的中国人。在西方文化中同样存在不同的宗教信仰，与我国传统文化差异很大。因此，教师要引导学生对文化有选择地吸收，以客观公正的态度去评价不同的文化。

（三）有效推广中国传统文化

在大学英语教育中，教师要善于利用各种社交媒体宣传中国优秀的传统文化。借助网络媒体宣传主要是辅助课堂教学，使我国传统文化传承与传播更有效。常见的社交媒体平台有微信、微博，利用这些平台向学生推送优秀的内容，使学生领略到中国传统文化的博大精深。教师还可以通过一些典型的影视作品对比中西方文化，使学生能够感受到文化的差异与中国文化的魅力。

（四）根据学生的需求开展教学

学生是大学英语教育的主体，也是我国传统文化传播的主要受众，还承担着重要的传承任务。因此，在大学英语教育中要结合学生的需求开展教学，改进教学方式。比如，可开设社团，成立协会，按照兴趣进行分类，使更多学生能够按照自己的兴趣选择和参与，通过集体活动感受文化的魅力。定期举行学术讲座，捕捉学生的兴趣点，培养学生跨文化交际能力。还可以举办专门的中西方文化交流讲座，使学生深刻地感受中西方文化的差异。采取多元化教育方式提高学生学习的积极性，引导学生学会鉴赏作品，并对其进行评价，从而加深对中西方文化的理解，找到本国文化的精髓。

（五）考核与测评

为了检验大学英语教育中国传统文化传承与传播的效果，可采取形成性和终结性两种考核结合的方式进行。前者主要是对学生进行全面考核，注重学习过程，使学生能够了解阶段性的学习成果。后者主要是指通过答题的方式进行考核，比较传统，也有一定的效果。通过完善的考核与测评，就可以检验学生对中国传统文化的理解程度与大学英语教育成果。

随着时代的不断发展，大学外语教学的教学内容与教学目的需做到与时俱进，不断调整，既要重视对学生语言技能的培养，又要加强中国传统文化的传播与传承，使学生真正了解中国文化的博大精深，并为之热爱。要培养学生辩证看待中西文化的能力，使其具备成熟的价值观与世界观，从而提高自身综合素质。

当今世界，英语是国际交流最为通用的语言，是中国与世界进行交流的主要语言。大学英语课堂是绝大多数中国人学习英语，了解英语国家文化的主要场所。而受过良好大学教育，掌握各种专业知识的人才是与世界进行交流的主力军。因此，培养他们用英语介绍中国国情和中国文化的语言能力就理所当然地落到了大学英语教育的肩上。大学英语教育当以此为重任，全力培养各种专业人才用英语向世界介绍中国文化能力，使之成为传承和传播中国文化的主力军。

第六节　大学英语课堂跨文化传播

跨文化传播学是一门国际性的新学科，至今不过 50 多年的历史。学术界把 Edward Hall 20 世纪 90 年代的著作《无声的语言》视作跨文化传播学的奠基之作。跨文化传播作为一门学科，其历史是短暂的，但是作为一种社会现象和发展过程，它已见证了人类历史发展的各个不同阶段。如今，为了适应经济全球化、世界各国科技和文化的广泛交流以及信息技术的高速发展，我们需要把中国的故事、中国的声音传播到世界各地，同时还要积极地、有选择地引进西方国家的科学技术、文学作品和其他对我们有用的东西。在东学西渐和西学东渐的双向交流过程中，跨文化传播学正在不断地渗透到多种学科领域，发挥越来越重要的作用。

一、跨文化传播在大学英语课堂的重要作用

大学英语是高等教育的一个重要组成部分，是关系到每一位大学生的重要基础课程。2007 年教育部颁发的《大学英语课程教学要求》中指出，大学外语教学要"以英语语言知

识与应用技能、跨文化交际和学习策略为主要内容。"据此，跨文化交际能力应和语言知识、技能一样，被列入大学英语的教学目标。但是，受传统外语教学观念的影响，大学外语教学中关注较多的通常是语言知识和语言应用技能，学生跨文化交际能力的培养没有得到应有的重视。即便在教学过程中对西方文化风俗、习惯、价值观念、思维方式等有所涉及，但常常也只是蜻蜓点水，浅尝辄止。长此以往，外语教学演绎成了分析语言形式、讲解语法知识的纯语言教学，从而导致学生在交际活动中频频出现语用失误。Thomas 曾指出，"如果一个能说一口流利外语的人出现语用失误，人们不会把他的失误归咎于其语言能力，而很可能认为他不友好或缺乏教养。"对于跨文化素养的忽略已严重制约了我国大学生英语应用能力的提高。

（一）已有的相关研究

和其他领域一样，外语界近年来对跨文化传播的关注也在不断升温，跨文化传播 / 跨文化交际已经成为外语教学研究领域的热点之一。张同乐指出："外语教学的根本目的在于培养具有跨文化交际能力的人才。这不仅需要我们在外语教学中传授语言知识，同时也要把目的语国家的文化知识融入教学之中，使两者相互渗透、相互促进。"李智认为"培养大学生跨文化交际能力，促进国际化人才的成长，既是高等院校义不容辞的职责，又是外语教学的重要目标。"胡文仲的研究发现，我国学术界有关跨文化交际能力的探讨主要在外语界展开，但研究还有一定的局限性。"从论文的题目和内容来看，一般性讨论较多，涉及如何培养跨文化交际能力的论文较多，而对于概念和理论的探讨较少。"从宏观上看，外语教学界已经意识到了跨文化传播的重要性，认为有必要在外语教学中培养学生的跨文化意识和交际能力。然而在微观层面，尚缺少将跨文化传播和大学英语课程有机地融合在一起，培养大学生跨文化交际能力的有效措施和路径。

（二）语言和文化的关系

语言是社会文化的产物，它包含人类对世界的认识和行动准则。语言不可能脱离文化而存在，它的使用也以特定的文化背景为依据。语言是人类文化行为发生的工具，人类文化行为的发生大都建立在语言之上。人们的物质交往和精神活动都离不开语言。虽然也存在非语言交际，但语言始终是人类最重要的一种交际方式。语言与文化之间相互影响、相互作用、并相互制约。所以，在学习和使用语言的过程中必须考虑文化因素。

由于语言和文化之间水乳交融的关系，外语教学与跨文化传播的主动对接能够提高学生的英语学习效率。在外语教学中发现，学生语言学习中遇到的很多障碍源自缺乏目的语国家的相关文化知识。文化背景知识的匮乏导致对源语文章和其他语篇理解的偏差。在阅读时效性很强的英美国家的报纸杂志时，这种状况尤为明显。学生常抱怨：文章中的每一个句子都不算复杂，词汇也都熟悉，可就是不明白整篇文章是什么意思。另一个问题是，缺乏交际能力妨碍了学生外语输出能力的发展。现在的大学生多数从小学三年级便开始学英语，有些甚至早至幼儿园。经过 10 多年的英语学习，很多学生见到外国人还是不敢开口说话。其中的主要障碍往往不是语言本身，而是交际能力。重语言知识技能训练，轻跨文化传播能力培养，导致外语教学效率低下，这值得我们深思。

二、大学英语课堂生态系统中的跨文化传播

大学英语以其学分权重大，学生覆盖面广，课程持续时间长等特点在各类高校备受重视。大学英语的教学效果不仅直接关系到学生英语水平的提高，而且也对学生多方面能力的形成产生深远的影响。大学生正处在人生发展的关键时期，他们既要学习各种知识、技能，又需具备地球村公民的素质，了解世界上各主要国家的文化背景、风俗习惯、历史知识，以便能在未来的职业生涯中知己知彼，得体地与外界交往，用自己的专业知识为全人类服务，采世界各国之长报效祖国。将跨文化传播理念纳入大学英语课堂，有效地树立大学生的跨文化意识，培养大学生的跨文化交际能力，使他们的外语水平和对外交往能力同步发展。培养一代具有跨文化传播能力、熟练地运用外语的青年，有助于让世界更好地了解中国，让更多的中国产品、工艺技术和服务走向世界，同时也让更多的国外先进技术、理念和尖端产品进入中国，为我国的现代化建设服务。

（一）大学英语课堂生态系统的构成

从教育生态学的角度来看，构成大学英语课堂生态系统的要素包括与课堂活动有关的各种生态因子：生物的、非生物的、环境的和社会的等等。在这个生态系统中，起到关键作用的生态因子包括教师、学生、课程设置、人才培养目标、教学大纲和教材等。这些生态因子之间相互影响、共同作用，最终影响大学英语课堂的教学效果。

（二）大学英语课堂跨文化传播的途径

根据大学外语教学大纲的要求，该课程除了传授语言知识、技能和学习策略以外，还应包括跨文化交际能力的培养。培养大学生的跨文化交际能力应从大学英语课堂生态系统的各种生态因子入手。主要包括如下几个途径：首先，教师需要具备跨文化交际的意识和能力，自觉、主动地将跨文化传播能力的培养融入课堂教学活动的各个环节。其次，教材的编写中应考虑到跨文化传播因素。在背景介绍部分应充分考虑中国学生的特点，为学生提供相关的背景知识，加深学生对中西方文化差异的了解，提高他们的跨文化交际能力；教材的内容，尤其是课文素材的选择应包括主要英语国家的历史、文化等方面，以便学生在学习语言的同时，逐步了解西方国家的历史传统、风俗习惯、社交礼仪等。此外，跨文化传播能力的培养还应和学生的课外自主学习有机结合。教师可以指导学生通过手机等手持终端设备进行微学习，加深对中西方文化的了解和对其中差异的认识，逐步培养跨文化交际能力。

综上所述，语言和文化密不可分。将跨文化传播理念融入大学英语语言教学，可以帮助学生了解西方文化，认识中西方文化之间的差异，培养学生的跨文化传播能力。而跨文化传播能力的提高又能激发学生的英语学习兴趣，促进学生英语语言能力的发展，这对于学生文化知识的积累、对外交际能力的提高和综合素质的发展等诸多方面都有所帮助，给大学外语教学带来事半功倍的效果，具有很大的理论和现实意义。

第八章 现代教育技术与大学外语教学的实践

第一节 现代教育技术环境下大学外语教学改革的必要性

我国的大学英语教学虽然也取得了不少成绩，但是近年来，由于社会对于英语人才需求的不断增加，对英语人才也提出了更高的要求。除此之外，大学英语教学的一些问题也在不断凸显，主要可以从外在和内在两方面因素研究分析。外在因素主要体现在社会政治、经济以及应试教育的对教学思想的影响，内在因素主要可从教师队伍、教学体系以及对中小学英语教学的脱节方面进行分析。英语教学改革不仅是时代发展的要求，同时也是提高英语教学质量、进行人才培养的要求。

一、传统大学外语教学存在的问题

（一）外在因素

1. 社会政治及经济的影响

综观大学外语教学发展的历程，我们可以清楚地认识到社会政治和经济等外在因素对大学英语教学发展有着推动和制约的作用。

大学外语的历史发展及其困境：①五六十年代社会政治因素的影响：新中国大学外语在语种上的选择受国家的政治影响（主要是中俄关系），在语种选择的权重上主要是俄语，外语学科抉择单一；六十年代（1964 年开始）大学英语逐步受到教育部的重视，但教材或教学内容因"政治标准第一"理念的影响，在某种程度上成为政治教科书或政治课的翻版，失去了自身学科的特色。② 1966—1976，大学外语受到"文化大革命"的冲击，教学几乎陷于停顿。③ 1978 年开始，我国提出了"四个现代化"的建设目标，英语教学开始受到了重视。④八十年代后期随着邓小平的南方讲话，我国开始了改革开放，英语作为外语成了必修课程。⑤九十年代开始，随着国家的改革开放和经济实力的增强，受市场经济因素的影响，大学英语地位随之提升。但围绕着大学英语教学逐步形成了庞大的教材市场和测试市场。由于教材有着巨大的利润空间，教材编写者、出版社和大学英语教学单位结成了利益共同体，形成了某种程度的垄断，而全国大学英语四六级考试更是遭到了社会各界的批评，围绕其形成了考辅资料市场、培训市场，甚至还有"枪手市场"，这些不良现象考验着我国新时期的考试公平和社会公平。

因此，如何让大学英语教学有一个健康、开明、非功利的外部发展环境，如何让大学英语教学的发展与社会、时代的发展保持合理的张力，应成为大学英语教学研究者们重点研究的课题。

2. 应试教育思想

大学英语传统教学模式主要是为了应对考试，属于典型的应试教育。考试本身具有两种功能，一种是评价功能，另一种是选拔功能。毫无疑问，在应试教育的影响下，考试的选拔功能是人们所看重的。在大学英语教学中，这一点集中体现在大学英语四、六级考试中，四、六级考试成了大学英语教学的指挥棒。学生为四、六级考试而学，教师也为四、六级考试而教，忽视了学生综合应用能力的培养，影响了学生自身语言能力的提高，因此出现了大量高分低能现象。在应试教育中，学生课堂上得到的口译、笔译和听说能力的训练严重不足，从而长期出现了学生即使通过四、六级考试，也仍然无法用英语进行口头交流，不能适应社会的需求的"哑巴英语"现象。语言学习要多听、多说、多读、多写，记忆和背诵也很重要。语法是基础，但"语感"培养更加重要，语言的教学要侧重语言的工具理性和人文价值，不能只为英语四、六级考试而学习。另一方面，学生自身的自主学习能力也有待提高，学生方面存在较少参与课堂讨论和交流，过度依赖教师讲解，缺乏自主思考的能力，交际能力较差的不足，这个问题不是个别现象。在近年来教育部新提出的培养既懂专业又懂外语的复合型人才的指导思想下传统应试教育受到质疑和挑战。

（二）内在因素

1. 大学英语师资状况不平衡

大学英语教师承担着全校公共英语教学的任务。随着高校的扩招，学生的数量大幅增加，但是与之相对应的英语教师的数量却没有同步增长，这使得高校的英语师生比例严重失调。高校英语教师数量缺乏，又导致教学任务繁重，教师疲于备课上课，没有时间和精力进行科学研究的问题。为了缓解这种矛盾，90年代，大批本科毕业生加入了高校师资队伍的行列，使得具有本科学历的教师数量在大学外语师资队伍中的比例不断上升，而硕士研究生和博士研究生的比例则一直偏小。近年来，随着学历的普遍提高，硕士研究生在大学英语教师中的比例才有所增长。教育部原副部长吴启迪曾在大学英语教学改革试点工作视频会议上明确指出，当前面临的一个主要的问题就是师资问题。一是教学任务相当繁重，普遍超负荷工作。调查表明，90%以上学校的大学英语教师每周上课都在10学时以上，多数学校的教师平均周学时都在16—20学时。教师没有时间和精力从事教学及科学研究，也很少有机会进修和培训。二是教师整体水平有待进一步提高。不少教师在发音、语法、文化、教学法等方面的基础还显薄弱，在现有大学英语教师中，具有高级职称的教师只占27.1%，助教占33.1%；具有本科学历的占72%，硕士研究生以上学历的只占22%。[①]三是由于待遇和职称评定等方面的原因，某些教师在教学中精力投入不足，责任心不强。另外，不少大学英语教师呈现出三个"有限"和"三无"。[②]三个"有限"即教学经历有限，进修或培训经历有限，科研经历及能力有限；"三无"即上课多，"无"时间读书，因不读书而"无"专业，因能力有限阅读量少"无"科研。所有这些因素，都使得大学英语教学整体质量的提高受到严重的制约。如何减轻大学英语教师的课务负担，激发大学英语教师的兴趣和激情，对教学和科研投入更多的时间和精力，培养合格优秀的专业化的大学英语教师，就成为大学英语教学研究的重要课题。

2. 教学方法亟待更新

① 蔡基刚. 中国大学英语教学路在何方 [M]. 上海：上海交通大学出版社，2012.

② 李箭. 建国以来大学英语教学研究 [M]. 南京：东南大学出版社，2011.

教学方法一直是教学研究的重点，也是我国英语教学改革的关键环节。常见的英语教学方法包括语法翻译法、听说法、直接法、认知法、交际法、情景法等，这些教学方法都曾经对英语教学理论和实践的发展做出了巨大贡献。但是，这些教学方法往往是在一定历史条件下为达到当时的教学目的的产物，它们一方面从各个侧面充实和丰富了外语教学法体系的完整性，另一方面又过分强调了某个侧面，所以有其不完善之处。随着社会的不断进步与发展，社会对人才的需求也会不断变化，因此在不同时期，教学理论也有所不同，教学方法也会有所变化。

传统的语法翻译法由于过于重视书面语的掌握，忽视口语表达能力的培养，并把口语和书面语分离开来，使学生即使具备了较强的阅读和翻译能力，也可能不具备起码的听、说能力，给教学过程带来很大的障碍。因此，虽然语法翻译法在历史上曾经大大促进了外语教学的发展，但是随着时代的发展它已经无法满足社会的需求，必然会被其他的教学方法所取代。随着国外一些新的教学方法的引入，我国英语教师的视野得到了拓宽，广大英语教师也积极投身到英语教学理论特别是教学方法的改革、研究和实践之中，使英语教学方法得到不断完善。但是，随着教育事业的发展，不少英语教师认识到外国引进的教学方法并不适合我国的英语教学实际需要，英语教学法的研究和实践在某种程度上陷入了一些误区。因此，英语教师应该根据具体的教学情况，运用各种教学法中最有效最适用的部分，根据具体的英语教学需要，研究出适合本校、本班学生的教学方法。我国英语教学的改革强调以学生为本，突出学生的主体地位，这需要在教学中重视学生的个性，在采用教学方法时重视对学生兴趣的挖掘。因此，在教学改革中我们需要认真地研究有利于激发学生学习兴趣的教法。

3. 教学体系有待完善

从表面上看，大学英语教学体系已初步形成：大学英语教学有自己的课程标准（或教学大纲）、教学目标、教材体系、教学检测手段、师资队伍和相应的研究机构和出版物，但是如果从实质的角度去考察大学英语教学体系，我们就会发现目前的大学英语教学体系存在较大的缺陷：到目前为止，无论公共英语还是专业英语，都没有明确认同的教学定位；我们的教材质量虽然较以前有了较大的提高，甚至出现了立体化、网络化的教材，但在全国不同类型高校、不同类型学生应该有不同层次和类型教材的内在需求下，如何处理"共核"和"专业"、"基础"和"多元"，目前还没有取得实质性的发展；[1] 全国性的大学英语四六级考试提供了分级教学和分级测试，但如何确定"合格"的考试标准，如何使考试更好地起到反馈、评价和促进大学英语教学质量的作用，而不是让大学英语教学被四六级考试牵着鼻子，也是让人困惑却又必须解决的问题。

4. 与中小学英语教学脱节

在现在的英语教学中，与中小学英语教学脱节成了导致大学英语教学费时低效的因素之一。[2] 现在很多城市和发达地区在小学就开设了英语课程，即使在落后的农村地区，在初中一年级也开始学习英语。当这些学生进入大学时，他们已经学了多年的英语，应该具备了一定基础知识和英语能力，大学阶段应是他们应用英语和提高英语的阶段，也就是说，他们有大量的语法知识和词汇基础做后盾。大学英语教学应将大部分时间用于学生运用语言能力的培养上，不需再把大量的时间花费在基础语言知识的讲解和练习上，但事实却并非如此。目前，很多大学英语教学大纲的制订与中学英语教学大纲的制订缺乏系统性，各阶段教学目的、

① 李箭. 建国以来大学英语教学研究 [M]. 南京：东南大学出版社，2011.

② 徐淑娟. 大学英语教学改革与任务型教学法 [M]. 北京：中国水利水电出版社，2015.

要求脱节，进而导致教学内容重复，且分配也极不合理。①

戴炜栋（2001）在研究中发现，我国大学生在英语学习中普遍存在着一种懈怠。② 蔡基刚（2010）等也曾对全国 289 所院校 1282 名教师进行调查，调查结果显示：学生学习英语积极性不高的占到 42.8%。该研究认为这种普遍的懈怠状态正是大学英语定位在基础英语，造成学习内容重复而产生的。③2009 年，蔡基刚（2010）等对十省市 21 所大学非英语专业大四学生进行了问卷调查，研究结果表明，认为大学英语内容和高中重复、方法和高中无区别、还是应试教学、没有学到需要的东西的人分别占到 10.4%、19.2%、32.5% 和 31.5%。④ 中国学生从小学到中学再到高中，然后到大学，学的都是基础英语，目的都是为了应对考试。

二、新时期大学英语教学的最新要求

（一）追求全人发展

在大学英语教学中，以人为本才是每个教师的教学理念，教师教学的目的就是要充分发挥学生的主体地位，教会学生自主学习的方法，使学生能够实现终身学习。人类社会已进入信息时代、知识经济时代，知识就是生产力，需要不断地创新，与时俱进。要在激烈的人才竞争中立于不败之地，就要求现在的学生在走出校门后仍不断学习，不断进行知识的补充和更新；要解决知识的无限性和在校学习的有限性的矛盾，就必须实施让学生获得终身学习能力的素质教育。大学英语教学首先的定位就是人的教育，在教学过程中，教师应努力培养学生的学习兴趣，帮助学生获得有效的学习策略并养成良好的学习习惯。

全人发展不仅强调学生的知识教育，而且更加重视学生精神世界的建设。学生的社会责任感、严谨的学习态度等都会对其学习产生重要影响。全人发展强调尊重学生的个性，每一个学生都蕴含着丰富的个人潜能，英语教师应该与学生多沟通，从学生的独特的视角中得到改善英语教学的启发。和谐的课堂气氛是全人发展所必需的，因此教师与学生之间应该是一种平等的关系，教师要多为学生创造英语学习的机会，使他们在学习中品尝到成功的乐趣。

（二）采用科学的评价方式

传统的大学英语教学多采用单一的评价方式对学生的学习情况进行评价，其中笔试的形式最为普遍。而且这些评价的结果多侧重于选拔，在评价中试图将学生分为三六九等，这样的对评价方式使学生深受其害。因此，在进行大学英语教学改革中必须对评价方式进行改革。首先英语教学评价的目的不是对学生进行分类，而是对教师的教学效果进行监测，对学生的学习效果进行了解，以便教师在今后的教学中不断改善教学方法，提高教学效率。因此，大学英语教学评价的实施应遵循以下几个原则。

1. 多元化原则。大学英语教学中，评价体系的改变必须实现多元化，只有多元化的教学体系才能起到应有的效果。评价的多元化包括目标多元化、评价主体多元化、评价工具多元化等。其中最主要的是评价主体的多元化。在应试教育中，教育评价活动的主体主要是学校管理人员或教育行政部门，是一种单一性的他人评价，作为评价对象的教师和学生则完全处于被动地位，没有任何主动选择的余地。素质教育评价的一个重要特点就是评价主体的多元

① 符雪青，黄杏 . 大学英语与专门用途英语的教学融合探究 [M]. 北京：中国水利水电出版社，2013.

② 戴炜栋 . 构建具有中国特色的英语教学一条龙体系 [J]. 外语教学与研究，2001(5).

③ 蔡基刚 . 中国大学英语教学路在何方 [M]. 上海：复旦大学出版社，2012.

④ 蔡基刚 . 关于我国大学英语教学重新定位的思考 [J]. 外语教学与研究，2010(4).

化，即评价主体由单纯的教育行政部门转变为学校管理者、同行教师、学生以及教师本人都可以对教育活动进行评价。评价主体的多元化，一方面可以从多个方面、多个角度对教育活动进行更全面、更客观、更科学的评价；另一方面，由原先的评价对象成为评价主体的教师和学生，在进行评价的过程中，也不再处于被动状态，而是处于一种主动的积极参与状态，充分体现了他们在教育评价活动中的主体地位。这十分有利于教师、学生不断地对自己的教育活动和学习活动进行反思，从而不断提高教育的质量和效率。

2. 激励原则。评价的目的是为了学生的全面发展，但是由于错误教学观念的引导，使得人们将评价等同于考试。家长、教师甚至整个社会都通过分数来对学生进行评判，使学生卷入了单一的分数竞争。评价的目的不是为了打击学生的积极性，而是为了激励学生，评价的目的是为了发现每个学生身上的优点和特长，并针对学生的特长为学生提供更广阔的发展平台。

3. 情感体验原则。语言是情感表达的工具，而英语教学也是一种情感教学。因此，在进行英语教学评价时应多注意学生的情感体验，对学生的评价不应只停留在其知识掌握的多少上，还应看学生是否具有用英语进行情感表达的能力。与此同时，教师在进行评价时也应该抱有积极的情感，重点关注学生的进步，鼓励学生进步，使学生用积极的态度对待评价，从评价的结果中不断获益。

（三）提高学生认识能力

英语教学不仅要培养学生的知识和技能，还应该培养学生的认识能力。学生认知能力的提高需要采用合理的教学方法。

想要提高学生的认识能力必须以话语为中心展开教学。话语是基本的言语交际单位，因为话语包含有语境和词语之间的衔接连贯等因素，更体现语言的整体性，这是从交际教学法的角度来看。从语言与思维的关系上看，词是概念的表达形式，句子是判断的表现形式，而更体现智力本质的推理活动则由大于句子的言语形式即话语来表现，语言与思维统一于话语，这样的教学模式更有利于学生将语言形式与思想内容结合起来，进而锻炼学生的智力。

除此之外，教师在教授学生语言的同时，还应教授其文化与思想，语言教学应与"达理""明志"相结合。[①] 学习语言的人应该具有跨文化的领悟力，在习得语言的同时了解文化与相应的思维方式，这些都在无形中增强了学生的认识能力。

简而言之，新时期大学英语教学的最新要求也反映着大学英语教学改革的必要性，也加快了大学英语教学改革的步伐。

三、现代教育技术环境下外语教学的变化

随着科学技术的发展，现代教育技术正改变着人们获取、存储、管理、传递、更新知识的方式，使教与学更加多元化，并能最大限度地优化教学效果，提高学习能力。比较而言，传统教学是以教师传授、学习者接受的方式来完成传道、授业、解惑的任务的，整体呈现的是以教师为中心的教学模式，侧重于教。而现代教育技术支撑下的教学模式则更强调学习者的自主性，学习者有更大的自主权，可以根据自身的情况，选择合适的内容、合适的进度，主动交流，自我评价，将外在的课程或学业要求，内化为自主学习的动力，借此达到提高自身能力和素质的目的，整体呈现的是以学习者为中心的教学模式，侧重于学。这一点正是现

---

① 马金海.大学英语教学改革与任务型教学法 [M].长春：吉林大学出版社，2014.

代教育技术深受欢迎并得以长足发展之深厚根源。

（一）现代教育技术对教学内容和教学模式的影响

现代教育技术的应用，使教育内容呈现出明显的变化：第一，信息的多渠道化。随着现代教学手段的发展，特别是多媒体技术、通信技术、网络技术等信息技术在教学中的应用，教师不再是唯一的教学信息来源，学生通过多种渠道更容易获得信息和知识，极大地扩展了学生的知识来源。第二，教材的多媒体化。教育技术的应用将过去传统的、静态的书本教材形式转变为由文本、图形图像、声音、视频、动画等构成的动态教材，多感官的参与活动对于学生知识的掌握、能力的形成都有很大的促进作用。第三，呈现方式的多样化。教育技术的应用改变了教学内容的呈现方式，许多肉眼看不到的宏观世界和微观世界以及一些事物的运用规律都能呈现到学生眼前，丰富学生的想象；可以把远方的东西，或是已经发生的事情呈现在学生眼前，激发学生的学习兴趣；把复杂的东西变得简单，或是把抽象的事物转化为具体的事物，活跃学生的思维，使学生容易理解和掌握事物的本质，促进学生对知识的理解。

传统的教育模式以单一的教师课堂讲授为主，现代教育技术的发展，为新型教学模式的构建提供了强有力的技术支持，促进了教育模式的多元化。出现了基于多媒体教室环境的多媒体组合教学、基于多媒体计算机环境的个别化自主交互学习、基于多媒体教室网络环境的协商学习、基于校园网络的资源利用与问题探究学习、基于互联网络的远程教学、基于虚拟社区环境的远程协作学习等教学模式。根据教学需要，结合教学资源和环境，在教学过程中选择和运用不同的教学模式，或者创新和探索各种新型的教学模式，已成为教学改革的突破口。

（二）现代教育技术对教学手段和信息通道的影响

现代教育技术的革新也对外语教学的手段和信息通道带来了巨大影响，这些影响主要表现在以下方面。

1. 信息是通过简单的呈现，还是结合一定的情境通过多样的方式促使学习者积极感知，识记效果大不相同。人类对于信息的获得是通过眼、耳、鼻、舌、身五种信息通道，多种信息通道的配合使用，对于改善信息的传播效果具有非常关键的作用。对学习外语来说，最重要的莫过于结合一定情境，视、听、动觉结合，为学习者提供大量真实、直观的材料，用于学生归纳、综合、分析信息，加深学习的识记成效，降低遗忘率。教育电视和电影、多媒体计算机、网络等教学媒介物具有超过传统讲演的不容置疑的优越性。在教学中使用媒介物，其声音、文字、图像及其动态组合可将视、听、动觉很好地结合起来，使学生可以得到用其他方法无法获得，或者是只有付出很高的代价和经过千辛万苦的努力才能获得的替代性的具体经验。现代教育技术的先进特点，"视、听、说、练"能整合为一个学习包，图文并茂，集声光色乐于一体，使外语视、听、读、写、译的教学与学习方式发生了深刻的变化。

2. 从文本阅读走向超文本阅读。在电子书刊中，知识间的联结由线性走向网状。可以有多种联结组合方式与检索方式，从而打破了传统文本单一的线性结构，向人们展现出全能、高效的超文本阅读与检索方式。

3. 写作方式的变革。计算机的普及在改变阅读方式的同时也改变了人们的写作方式。计算机文字处理系统的出现和日益完善，极大地提高了写作的效率，这不仅表现在文字录入的速度快，更重要的在于功能的扩展使电子写作具有惊人的灵活性，一旦扫描输入、语音输入等人机对接技术和机器翻译等技术进一步成熟之后，对全社会人力资源的节约和写作效率的提高将更是难以估量的。同时，写作内容与形式也发生了巨大变化。在现代教育技术支撑下的写作中，符号、图像、声音乃至三维动画的出现和使用越来越频繁。此外，现代教育技术的发展还带来了超文本结构的构思和写作。

（三）现代教育技术对教师的影响

现代教育技术的运用首先扩展了教师教学的概念。现代教育技术的应用，使现代教育技术的各类"电子教师"逐渐走进了，我们的生活。它们与普通教师一起承担着传播知识、讲授知识的社会职能，因而"电子教师"延伸了教师的教学概念，使教师与学生的"教"与"学"开始实现实体分离，使学生在学习中能够拥有自主选择教师和学习内容的权利。

现代教育技术能极大地减轻教师的工作量。在传统教学中，面对几十个学生的大课堂，在有限的几十分钟内，教师很难引导学生展开深入讨论，而且不能让学生逐个进行课堂操练，课外还要批改大量的作业，这直接导致了教学效率的低下，教师和学生都产生厌烦情绪。而现代教育技术网络系统以其随机性、灵活性、信息多维性和立体化的方式把知识生动地呈现给学生，并及时反馈学习信息，节约了时间，提高了效率。

利用现代教育技术辅助外语教学，要求教师队伍必须具备一定的基本素质。在这里，我们需要着重提出的是业务素质和信息素质。在业务素质上，教师应当具有一定的理论水平，不仅仅是专业的理论水平，还包括前面提到的教育理论、心理学理论和认知理论，懂得如何根据知识接受者的特点，采取不同的传授方法，以便得心应手。同时，教师还必须掌握一定的教学方法、科研方法，因材施教，因人施教，灵活运用不同的教学方法，获得最优的教学效果。教师具有良好的信息素质，对于现代外语教学显得尤为重要。当前获取各种信息的途径非常便捷，外语教学的实质也应当是信息交流的一种，如何利用丰富的信息渠道获取有用的信息，是现代外语教学者必须掌握的技能。教师的信息素质，直接影响到学生的信息获取能力，对培养学生的信息素质也非常重要。一名合格的教师，不仅仅是把外语知识传授给学生，最重要的是把获取知识的各种方法传授给学生，正所谓"授人以鱼，莫如授人以渔"。①

（四）现代教育技术对学生的影响

现代教育技术在外语教学中的应用也给语言学习者的学习方式、学习渠道、学习空间、学习观念带来了很大的变化。

1. 学习方式

基于现代教育技术的外语教学突破了传统的以教师为中心的教学方式，建立起以学生为主体的教学模式，促使学生变被动消极的学习过程为主动积极的参与过程，学生成了学习的主人。在这种学习过程中，学生利用现代教育技术教学系统创设的学习环境进行人机、师生、同学间的交流，教师成了指导者、帮助者，使学生减少紧张感、枯燥感，有了更多练习机会，增强学生的自信心，充分发挥了学生的主动性、积极性，有利于提高学习效率。现代教育技术使得学生可以根据个人的不同需要确定学习内容、时间和速度，自我控制学习进程，体现了以学生为主体的学习方式。这种比较符合认知心理的学习模式，可以减轻学生心理压力和焦虑感，有助于学生获得较好的学习效果。

另外，学习方式的改变还体现于以下几方面：①阅读方式的变革。从文本阅读到超文本阅读。电子出版物向人们展示了全新而高效的超文本阅读与检索方式。不仅如此，人们还可以在资料库中进行高效率的检索式阅读。②写作方式的变革。从手写走向键盘输入、扫描输

---

① 张玉清. 教与学的学习、思考与实践：遵循认识事物的认知过程 [M]. 北京：兵器工业出版社，2008.

入、语言输入等，从单纯的文字写作转变为图文并茂、声形并茂的多媒体写作方式，即超文本结构的构思与写作。③计算方式的变革。文字的数字化使计算机从语言上升为文化，并使教育的三大支柱读、写、算融为一体。图像、声音、影视的数字化使人类进入"虚拟现实"的计算机仿真世界成为可能，并使数字化逐步成为人类把握历史、现实与未来的一种重要的文化方式、生存方式和教育模式。

2. 学习渠道

现代教育技术创造的模拟外语交际环境，可以使学生模仿计算机中的人物发音，或参与到其中的人物对话中去，并可及时得到关于自己语句内容、语音语调正确与否的反馈。多媒体辅助外语教学软件给学生提供了模拟的外语交际环境，使学生置身于情景交融的外语环境中，沉浸在自然的语言练习过程中，学生成了外语学习的积极参与者。多媒体辅助外语教学注重学生的个体差异，给学生一个轻松愉快的学习环境。程度高的同学可以跳过自己已掌握的知识，直接进入自己想学的内容，加快学习速度，多获取一些信息。基础差的学生可以根据自己的情况调整学习节奏，而不必担心自己会被老师提问，或害怕答错题而被同学嘲笑。他完全能以轻松自然的精神状态，注意力高度集中地、从容不迫地对自己的特殊困难进行反复练习，避免由于跟不上全班速度而产生的自卑感和焦虑感。

3. 学习空间

计算机网络和多媒体技术的应用，使得教学活动真正不受空间和时间的限制，将学习空间以分布式的方式置于一个超越了传统课堂边界的开放性空间场所内。学生通常可以利用丰富的教学资源，在较短的时间内接受大量的信息，这不仅有效地拓展了教材内容，拓宽了知识面，而且使教学内容具有时代性，使其与学科发展保持同步，而且能轻松实现跨学科的知识交融。另外，学习者可以通过虚拟和现实两个世界所营造的更加真实的学习情境，达到对问题的深化理解和对知识的全面掌握与运用，从而促进自身高级认知能力的发展。同时还有更丰富的教学资源供受教育者选用，教学形式由原来的以教为主变为以学为主。

4. 学习观念

知识经济时代的来临，知识更新速度加快，新知识、新技能层出不穷，使得一套教材沿用一二十年的情形成为历史，特别是现在多媒体计算机技术更新换代速度的加快，带来教学信息处理、教材的形态、教学环境的变化。学生的学习内容将是动态的，并更具时代性。这就要求教育工作者进行面向 21 世纪的课程体系和教学内容的改革，逐步建立和完善适应现代科技、文化教育发展趋势的新的教学内容体系。在计算机多媒体网络的支持下，每个学生的学习内容都是全新的，教师也能够在对学生的教学中随时选取、补充新的教学内容，并针对不同的学生，以不同的媒体形式提供不同的教学内容。应运而生的现代教育技术使得传统意义上的学习观念大为转变，取而代之的是自主学习、网络学习、终身学习。

第二节　现代信息技术与外语学科课程的整合

一、信息技术与课程整合的背景

由于信息技术的飞速发展，多媒体和网络技术的日臻完善和普及，信息技术教育水平不断提高，软、硬件环境不断完善，加之深化教育改革，全面推进素质教育，培养具有创新精神和实践能力的高素质人才和劳动者的社会需要，教育信息化得到了各阶层的重视，我国的信息技术教育发展进入了快速发展时期。特别是近几年在新课程、新教法的基础教育改革中，先进的教学理念、以学生为中心的教学方式的提倡、各种形式的，教师信息技术能力培训等因素的综合影响下，信息技术教育的发展应用跃上了一个新的台阶——信息技术与课程整合。广大教育工作者的观念从认为信息技术是计算机课程教育的认识飞跃到更高更深的层次，即信息技术必须融入教学中，必须和学科课程相整合。

"信息技术与课程整合"的概念最早源自西方的"课程整合"概念。[①] 在英文中，"整合"一词表述为"integration"，这一单词在汉语中有多重含义，如综合、融合、集成、一体化等，但它的主要含义是"整合"，即由系统的整体性及其在系统核心的统摄、凝聚作用而导致的使若干相关部分或因素合成为一个新的统一整体的建构、程序化的过程。整合可以使系统内各要素实现整体协调，相互渗透，使系统各要素发挥最大效益，这个过程会导致生成一个新的事物。课程整合的含义是指对课程设置、各课程教育教学的目标、教学设计、评价等要素作系统的考虑与操作，用整体的、联系的、辩证的观点，去认识和研究教育过程中各种教育教学要素之间的关系。课程整合的过程就是使分化了的教学系统中的各要素及其各成分形成有机联系并成为整体的过程。课程整合并不是指单纯地将被分割的东西拼凑在一起，也不是指简单地把各学科聚合起来，课程整合是指把本来具有内在联系而被人为地割裂开来的内容重新整合为一体的课程模式。这种内在联系是自然的、真实的、本质的，而非人为的和勉强的。牵强附会的联系只能使得课程变成一个大杂烩，如果两个内容之间的关系不是自然的，就不能把它们联系在一起，不是每个事物都必须与其他事物联系在一起的。因此，信息技术整合于学科课程绝不是简单的纳入或功能的叠加，也不仅仅是工具或技术手段层面的应用，而是如何将信息技术实际地融入学科课程的有机整体中，使其成为整体不可缺少的一部分，或成为一个新的统一体。在各学科教学中，有效地融入信息技术，将教学系统中的各种教学资源和各个教学要素有机地集合起来，将教学理论、方法、技能与教学媒体很好地结合起来，在整个教学过程中，保持协调一致，并发挥系统的整体优势以产生聚集效应。

2000年10月，原教育部陈至立部长在全国中小学信息技术教育会议上指出："在开好信息技术课程的同时，要努力推进信息技术与其他学科教学的整合，鼓励在其他学科的教学中广泛应用信息技术手段，并把信息技术教育融合在其他学科的学习中。各地要积极创造条件，逐步实现多媒体教学进入每一间教室，积极探索信息技术教育与其他学科教学的整合。"[②] 至此，信息技术与课程整合成为教育信息化进程中理论研究与实践探索中的热点问题。

综上所述，我们可以从以下三个方面来理解信息技术与课程整合：第一，应该在以网络和多媒体为基础的信息化环境中实施课程教学活动；第二，对课程内容进行信息化处理后成为学习者的学习资源；第三，利用信息加工工具让学习者改变学习方式，进行知识重构。在信息化学习环境中，由于将信息技术与学科课程进行整合，使得学习者的学习方式发生了重要的变化。主要变化在于学习是以学习者为主体的，学习可以是个性化的，能满足个体需要；学习是以问题为中心的；学习过程是通信交流的过程，学习者之间、教师与学生之间是协商的、合作的；学习过程具有创造性；学习可以随时随地进行的。可以说，学习者的学习可以不再只是依赖教师的讲授和学习课本，而是可以利用信息化平台和数字化资源，教师、学生

① 南国农.信息化教育概论 [M].北京：高等教育出版社，2004.
② 魏向君，周亚莉，杨丽丽.信息技术与英语教学 [M].兰州：甘肃民族出版社，2007.

之间展开协作学习，并通过对资源的收集利用、探究知识、创造知识、展示知识的方式进行学习，因此，通过信息技术与课程整合，可以使学习者掌握信息时代的学习方式，包括会利用资源进行学习；学会在数字化情境中进行自主学习；学会利用网络通信工具进行交流，协作学习；学会利用信息技术，进行实践创造性学习。总之，学习者可以利用文字处理、图像处理、信息集成的数字化工具，对课程知识内容进行重组、创作，使信息技术与课程整合不仅只是向学习者传授知识，而且能够使学习者进行知识重组和创新。

迄今为止，我国基础教育信息化的发展十分迅速，教育信息化基础设施已初具规模，教师、学生的信息素养教育得到了广泛的重视，对于信息技术与课程整合的课题研究，各教学研究部门和有条件的学校都投入了较大的力量进行实践研究并已取得很多可喜的成果。信息技术与课程整合是当前教学改革的新视点，将信息技术作为改革传统课堂的有效手段，将其和学科课程教学融合为一体，优化教学过程和学习过程，促进学生的全面发展、个性发展，构建数字化的学习环境，实现数字化的学习成为信息技术与课程整合努力的方向。但是这个过程不可能一蹴而就，需要广大教师和教育工作者逐渐积累成果；在这个积累的过程中。粉笔和黑板的作用逐渐淡化，多媒体和网络的应用逐渐普及；在这个积累的过程中，普遍采用的传递——接受的主流教学形式将与多元化教学形式共存；教师和学生的角色都要被重新定位，单纯性的教师讲学生听、教师同学生答的教学局面将被改变；在这个积累的过程中，学生学习的主体性地位将不断提升，学生主动学习，协作学习，发展个性。注重实践能力的意识和创新精神将不断提高。

这里需要注意一个问题，信息技术与课程的整合具有双向性，应该是双向整合，即信息技术整合于学科课程和学科课程整合于信息技术，两者应该做到各取所需，前者是研究信息技术如何改造和创新课程，后者是研究课程创新中如何开发和利用信息技术。这个问题十分重要，它涉及建构信息文化背景里整合型的信息化课程新形态，以及如何利用各学科进行信息技术教育的问题。

二、信息技术与外语课程整合

（一）外语课程性质及基础教育目标

外语是基础教育阶段的必修课程，对外语课程的学习，既是学生通过外语学习和实践活动，逐步掌握外语知识和技能，提高语言实际运用能力的过程；又是他们磨砺意志、陶冶情操、拓展视野、丰富生活经历、开发思维能力、发展个性和提高人文素养的过程。基础教育阶段外语课程的任务是：激发和培养学生学习外语的兴趣，使学生树立自信心，养成良好的学习习惯和形成有效的学习策略，发展自主学习的能力和合作精神；使学生掌握一定的外语基础知识和听、说、读、写技能，形成一定的综合语言运用能力；培养学生的观察、记忆、思维、想象能力和创新精神；帮助学生了解世界和中西方文化的差异，拓展视野，培养爱国主义精神，形成健康的人生观，为他们的终生学习和发展打下良好的基础。

（二）信息技术与外语课程整合的内涵

所谓信息技术与外语课程的整合，是指在建构主义理论指导下，通过将信息技术有效地融合于外语教学过程来营造一种新型教学环境，实现一种既能发挥教师主导作用又能充分体现学生主体地位的以"自主、探究、合作"为特征的教与学方式。把学生的主动性、积极性、创造性较充分地发挥出来，使传统的以教师为中心的课堂教学结构发生根本性变革，同时使学生的创新精神与实践能力的培养真正落到实处，提高学生综合运用外语的能力。将信息技术有机地与外语课程整合，完全符合当前外语教育的发展趋势。整合的外语课程大致应呈现这样的基本框架如图 3-1 所示。

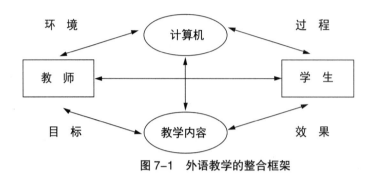

图 7-1　外语教学的整合框架

需要注意的是，外语课程的整合框架含有一个信息化学习环境，而这里的信息化环境不仅仅包括硬件系统，还包括软件和人机环境，这三者有机地组合成为一个综合的系统。在此系统中，教师、学生、学习内容、计算机网络相互作用而产生一定的教学效果。①

信息技术与外语课程整合将带来课程资源的变化。信息技术的飞速发展、网络资源的丰富性和共享性，都冲击了传统课程资源观，课程资源的物化载体不再是单单的书籍、教材等印刷制品，也包括网络以及音像制品等。生命载体形式的课程资源将更加丰富，学习者可以通过信息技术的通讯功能与专家、教师等交流，扩大了课程资源范围。信息技术与外语课程整合，将有助于课程评价的变革和改善，信息技术与课程评价整合后，将带来评价观念和评价手段的革新。信息技术可以作为自测的工具，有利于学生自我反馈，也可以作为教师电子测评的手段，优化了评价过程，革新传统的课程评价观与方法。网络信息技术与外语课程整合最主要的是带来学习方式的革命。信息技术的飞速发展，网络信息的大量应用，对于人类的学习方式产生了深刻的变革作用。学习者从传统的接受式学习转变为主动学习、探究学习和研究性学习，有利于把以教师为中心的教学模式转变为"教师主导—学生主体"的教学模式。

三、信息技术与外语课程整合的特性

（一）整合的必要性

信息技术已渗透到社会的各个领域，作为与国际接轨的外语教学，其发展需要信息技术的支撑。传统的外语教学存在着一些难以克服的缺陷：外语不是我们的母语，对于第二语言的学习，如若不创设逼真的情景，对学生口语的发展将会起着阻碍的作用。对于一些西方的传统习俗，仅靠教师的语言描述是远远不够的。运用信息技术即能很好地解决这些问题，扩大外语课堂的信息量，开阔学生的视野。

另外，传统的外语教学模式是以教师为中心，知识的传递主要靠教师对学生的硬性灌输，其主动性和积极性难以发挥，不利于创造性人才的培养，信息技术为外语教学注入了新鲜血

---

① 陈坚林 . 信息技术与外语教学研究：理论构建与实践探索 [M]. 上海：上海外语教育出版社，2011.

液并带来了活力。信息技术能将抽象的内容具体化，使晦涩难懂的内容变得生动，很容易实现情境教学。信息技术已经在外语课堂上起到了至关重要的作用。在外语教学中，有些教学环节运用多媒体技术可以达到事半功倍的效果。如进行词汇、语法练习时，多媒体呈现的速度更快、容量更大。又如背景介绍、听力练习，多媒体课件图文并茂，加上声音、动画、影像，可使学生更直观地获得感性认识和文化信息。信息技术与外语学科的整合既成功的导入了新课，优化了教学过程，又增强了学生的学习兴趣，激发了学生的求知欲望。

（二）整合的可能性

从教师方面看，计算机知识正在教师队伍中普及，外语教师在此方面具有语言的先天优势。从学生方面看，信息技术课已列入基础教育的必修课程．信息技术的基础知识已逐渐被学生所掌握。从学校的硬件设施看，很多学校已拥有了多媒体教室、网络教室，自动化办公，并且计算机的数量在不断增加。走在前列的学校已有了校园网，接通了互联网；甚至使每间教室都成了多媒体教室，每个办公室都成为课件制作室。这些硬件设施为信息技术与外语学科的整合提供了可靠的硬件保证。现代化的教育设施，为开展教育现代化打下扎实的基础。以教育信息化带动教育现代化，这是教育改革的核心任务。

（三）整合的有效性

信息技术是现代教育技术的重要代表。它是外语教与学中的一柄双刃剑。信息技术与外语教学的有效整合，就是根据外语教学的需要，以信息技术为先导，以系统论和教育技术理论为指导，充分发挥信息技术以及多媒体网络设备的工具性功能和互联网丰富强大的共享资源的优势，使信息技术恰当有效的融入外语教学中，从而提高教学质量和效率。通过信息技术与外语的有效整合，一方面，可以创新教学模式，增大教学容量，突出教学重点，尽可能给学生提供真实或仿真的语言情景，增强学生学习的实践性，主动性和自主性，从根本上改变传统的教学观念和模式，优化教与学的过程；另一方面，这种整合也有利于学生形成合理有效的利用信息技术进行学习和应用外语的策略，培养学生创新思维和实践能力，以及获取信息、处理信息、传输信息、运用信息的能力，使信息技术成为学生在信息时代必不可少的认知、创造的工具。

（四）整合的协作性

整合的协作性，首先体现在学生互相学习、师生互动、生生合作，从而得到团队的帮助和启发，共同参与完成学习任务。要强调信息技术的普遍应用，充分发挥信息技术的优势，为学生的学习和发展提供丰富多样的教育环境和有利的学习工具。其次，以多媒体计算机技术和网络技术为主的信息技术具有交互性、超文本性和网络化等特性，使个别化学习、协作式学习和发现式学习得以结合，极大地拓展了外语教学的领域，培养学生的创新精神和实践能力。

（五）整合的开放性

整合的开放性，体现在探索和构建新型的教学模式上。这种模式实现了整体教学与个体指导相结合，知识传授与教学信息反馈相结合，真正实现因材施教。将外语的学科知识、需要的跨学科知识建成资源库，学生经过简单处理就能很快科用的资源。为了方便学生到更广阔的知识海洋中去寻找知识宝藏，利用网络搜索引擎 Google、Sohu、Baidu 等收集、检索相关信息，充实、丰富、拓展课堂学习资源，提供各种学习方式，让学生学会选择、整理、重组、再应用这些更广泛的资源。这种对网络资源的再组织，有力地促进了学生的自主学习。

第三节　现代教育技术与大学外语学习模式改革研究

在信息化教学环境中，教学活动采用新的教与学的模式，所带来的最重要影响是学生学习方式的变化。常见的信息化教学模式主要有基于问题的学习、基于项目的学习、个性化学习、基于案例的学习、基于资源的学习、探究型学习、协作（合作）学习、基于电子学档的学习、认知工具、个别指导、操练与练习、教学测试、教学模拟、教学游戏、智能导师、微型世界、虚拟实验室、情景化学习、虚拟学伴、虚拟学社、协同实验室、计算机支持讲授、虚拟教室等。以下我们将简述基于问题的学习、基于案例的学习、基于资源的学习、探究型学习、合作（协作）学习、基于电子学档的学习等六种常用的信息化教学模式。

一、基于问题的学习

"基于问题的学习"（Problem-based Learning，简称 PBL），是指把学习置于复杂的、有意义的问题情境中，通过让学生以小组合作的形式共同解决复杂的、实际的或真实性的问题，来学习隐含于问题背后的科学知识，以促进解决问题、自主学习和终身学习能力的发展。[①]问题情境、学生、教师是基于问题的学习的三大基本要素：问题情境是课程的组织核心，学生是致力于解决问题的人，老师是学生解决问题时的工作伙伴、指导者。

基于问题的学习特征（PBL）主要体现在以下四个方面：

（1）以学习者为中心。基于问题的学习中，学习者是问题解决者和意义建构者，必须赋予他们对于自己学习和教育的责任并培养他们独立自主的学习精神。教师为学生设计真实的任务和问题，提供学习资源，引导学生进行学习，监控整个学习过程使教学计划顺利地进行。在基于问题的学习中，教师处于一种"认知教练"的角色，随着问题解决的不断进行，会慢慢隐退。在活动开始之前，教师为学生提供问题情境，并准备相关资源；在问题解决过程中，教师以协助和指导问题解决的角色支持学生的学习。

（2）基于真实情境的问题。劣构问题往往没有规则和稳定性，但具有一定的真实性和复杂性。基于问题的学习中的问题应属于劣构问题，源自现实世界或真实情境。问题对学习者有一定的挑战性，通过解决真实情境中的问题，学习者能够将知识迁移到实际问题的解决中。

（3）自主学习与协作学习相结合。在基于问题的学习（PBL）中学习者是问题的解决者和意义的建构者。PBL 鼓励学生进行独立的自主学习获取必要的资源和专业知识，同时由于问题的复杂性，学习者需要以小组协作的方式寻求问题的最终解决。在小组中，学习者需要积极主动参与小组活动，与小组其他成员相互依赖，共同承担责任，进行积极的良性互动，相互交流想法，相互鼓励和沟通。因此，这种学习模式发展了学习者自主学习和终身学习的技能，培养了学生的内部动机，同时也帮助学习者成为有效的合作者。

（4）以"问题"为核心的高水平的学习。PBL 问题的设计应体现以下几个特征：①问题必须能引出与所学领域相关的概念原理。在设计问题时，首先要确定学生需要获得的基本概念和原理，由此出发设计要解决的问题。而且从整个 PBL 的课程来看，各个概念应多次涉

① 郝志军. 当代国外教学理论（修订本）[M]. 北京：教育科学出版社，2012.

及，以便使学习者建构起更灵活的知识，且避免重要概念的可能遗漏。另外，问题的选择要具体考虑教学目标以及学习者的知识、技能水平和动机态度等因素。②问题应该是结构不良的、开放的，即解决问题的过程和答案都是不确定的，便于学生进行探究和自主学习。③问题应该是处于真实情境中的。问题应该是实际问题，从而能够在学习者的经验世界中产生共鸣。将学习置于复杂的、实际的问题情境中有以下好处：学习知识的情境与以后应用知识的情境具有相似性，从而可以促进知识的提取；在解决问题的过程中来掌握概念、原理和策略可以促进学习在新问题中的迁移；另外，先前学习的实例可以应用到与此类似的问题解决中。

二、探究型学习

探究型学习模式一般都是由教师提出一些适合特定的学生对象来解决的问题，要求学生通过自己的探究来寻求解答。与此同时，提供大量的与问题相关的信息资源供学生在解决问题过程中查阅。另外，教师负责对学生学习过程中的疑难问题提供帮助，学生也可以通过网络寻求在线专家的帮助，教师或专家帮助学生的形式是给以适当的启发或提示。这种学习模式彻底改变了传统教学过程中学生是被动接受的状态，使学生处于积极主动的地位，因此能有效地激发学生的学习兴趣和创造性。① 探究型学习模式有四个基本要素，即问题、资料、提示和反馈。将这四个要素组织和衔接好，便能达到良好的教学效果，有效地提高学生的积极性、主动性和创造性，从而克服传统教学过程中强迫学生死记硬背的弊病。

在探究型学习的主要特征是：①通过学生投入的问题探究活动，将信息转换成知识；②强调能力发展和良好思维习惯的培养。探究型学习是通过学生尝试对问题解决的过程，来获取知识、提升能力、形成价值观的学习方式，强调对所学知识、技能的实际运用，注重学习的过程和学生的实践与体验。

三、协作型学习

教师组织学生的学习小组进行协作学习，有利于促进学生高级认知能力的发展，有利于培养学生与他人合作的品质的形成。在班级有组织的协作学习小组中，多个学习者共同完成某个学习任务。学生在共同完成任务的过程中，发挥各自的才智，相互争论、相互帮助、相互提示或者进行分工合作。学生也可以通过网络来解答教师所呈现的同一问题，学生之间的交流和协作通过共同的研究项目来实现，这需要进行紧密的合作或分工才有可能解决问题。②

在现实生活中，学生们常常与自己熟识的同学一起做作业，当遇到问题时，可以相互讨论，互相启发和帮助。同伴学习系统与此类似，它可以使学生在学习过程中感觉到有一位伙伴可以互相支持、互相帮助，当一方有问题时，可以随时与另一方讨论。通过 Internet 网络，可供学生选择的学习伙伴就更多了，而且具有更多的便利条件，因而产生了基于网络的学习生活的新名词"键友"。在这种方式中，学习者通常先选择自己所学习的内容，并通过网络查找正在学习同一内容的学习者，并选择其中之一，经双方同意结为键友学习伙伴。当其中一方遇到问题时，双方便相互讨论，从不同的角度交换对同一问题的看法，直至问题解决。

协作型学习模式具有以下特点：①自由性。协作学习模式讲求一种自然的结合，学习、研究的环境是一个"自由"的环境，家长或教师有意识或刻意设置的环境有时会破坏这种"自

① 付庆军. 现代教育技术 [M]. 青岛：山东大学出版社，2004.
② 郭清顺，苏顺开. 现代学习理论与技术 [M]. 广州：中山大学出版社，2007.

然"和"自由"的气氛，教师在协作学习小组中的角色是顾问与评议员，而不是统帅和领导者。②针对性。协作学习小组只针对一个或一方面有联系的问题或课题进行探讨和研究，这一问题或课题完成后，小组自动解散。这就如同孩子做游戏一样，今天这个游戏是a、b、e和d在一起玩，明天换了个游戏可能就是a、e、h和g在一起玩一样。而兴趣学习小组的组员却是固定的、长期的。③协作性。协作学习小组的组员为解决共同感兴趣的问题，必然会加强协作，形成团结协作精神。

四、基于资源的学习

基于资源的学习，是指学习者围绕一定的问题（主题或专题），利用各种技术搜寻和阐释相关信息，以达到解决问题的学习模式。它要求学习者模仿实际生活，是一种以学习者为中心的学习模式。其运作理论假设是学习者通过做中学达到个体的意义建构，通过问题解决来建构知识。①

在问题解决的实践中，学习者必须运用资源来学习问题（专题或主题），同时，学习者将信息收集在一起，试图阐明与问题相关的有意义的知识。当学习者有机会能够确定他们对主题了解些什么、他们需要学习些什么、在何处可以找到信息、如何记录信息、如何评价信息以及在信息搜寻过程中怎样评价他们的成绩时，学习者的自主性就能得到提高。

基于资源的学习有两个基本特征：一是灵活性，这种学习模式适用于不同的学习风格和学科领域，即针对同一问题，学习者可以根据自己的学习风格、兴趣爱好、能力水平进行灵活的调节，选择自己认为有价值的材料，选择自己喜欢的研究方式来研究解决实际问题；二是自主性，学习者可按照自己的实际水平和能力主动控制学习过程，控制学习步调。通过对学习资源中相关信息和材料的查找、使用，能够培养学习者的信息文化技能，即识别、搜集、加工、处理、利用、评价信息的能力。

在具体的实践过程中，基于资源的学习表现为以下七个具体操作步骤②：

步骤一：教师帮助学习者选择确定一个恰当的问题（专题或主题）。选择的问题要有意义，最好选择对学习者有挑战性的问题、事件或情境，以激发学习者的求知欲望和探索精神。同时把问题与学习者已有的知识经验联系起来，让学习者能根据已有的知识基础，通过利用获得的资源解决问题。

步骤二：确定信息搜寻的具体目标。让学习者明确学习结束后应达到怎样的目标，要接受怎样的评价。明确搜寻信息所应经过的过程及所需时间。

步骤三：实施搜寻信息资源策略。如果是网络资源，教师应帮助和引导学习者确定正确的网络节点，以减少学习者搜寻网络信息的盲目性，节省学习时间，必要时给学习者提供导航策略，以免学习者迷航。

步骤四：实施搜寻过程。教师为学习者解释应遵循的搜寻原则，以使学习者明确怎样用所搜寻的信息来解决问题，怎样记录和保存所搜寻的原始信息，并在此基础上逐渐形成一个可能的答案或有意义的解释。搜寻活动可以按全班、小组或个人的形式进行，但在搜寻活动实施前一定要确保学习者理解实施搜寻的途径。

步骤五：收集、评估、组织信息材料。学习者应整理所收集的、与问题（主题或专题）相关的信息，并确定这些信息的适用性，删除不恰当的信息，再对所有的信息进行评估，对

---

① 马维和.以学习活动为中心的信息技术与课程整合 [M].哈尔滨：黑龙江教育出版社，2012.

② 余胜泉，吴娟.信息技术与课程整合：网络时代的教学模式与方法 [M].上海：上海教育出版社，2005.

有用信息按一定的逻辑方法或结构形式加以组织。

步骤六：形成答案并能合理地解释。学习者对所搜寻和整理的信息进行分析、概括、总结，最终形成一个完整的答案，并能合理地解释，对所研究的问题做出清楚、圆满的论证。

步骤七：分析搜寻过程、评价结果。师生一起讨论、交流，反思整个学习过程，分析在学习过程中运用和发展了哪些信息能力。对学习者的学习过程和学习结果做出恰当的评价，以使学习者增强自信心，明确进一步努力的方向和在以后学习中应注意的问题。

五、基于案例的学习

基于案例的学习，亦称案例学习（Case-based Learning），学生在学习过程中以案例为分析研究对象，通过对案例的分析和讨论，以及对案例中处理事件的原有方案的研究，对该方案进行评价，在案例发生的原有情景下提出改进的思路和相应的方案，或在教师假设的不同条件下提出学生自己处理事件的思路和方案，并进行方案比较、交流和评价的学习方式。①

案例是对现实的部分模拟，是在一个可控制的环境中呈现真实的世界或真实的情景。案例学习方法最早用于法律、医学等学科的教学，后来发展到用于商业管理课程的教学，以哈佛的商业课程的案例教学最享盛誉。近期对案例学习的研究指出：对于特殊领域的知识和超出经验之外的专门技术，可以通过案例学习来达到学习目标，学习取得成功标志着学习者对经验建立有效的索引，便于今后重新使用。②

基于案例的学习过程，由以下几个步骤构成：③

（1）选择确定真实的案例：基于案例的学习必须提供与现实生活密切相关的案例，激发学习者的兴趣和积极性，让学习者有机会身临其境地将自己置于决策者或解决问题的地位，认真对待案例中的人和事，认真分析各种数据和错综复杂的案情，找出解决问题的方法。

（2）理解情景的发展变化：在对真实情景的描述上，必须客观，不带教师的主观色彩，不需要任何的解释和判断，更不应掺有个人倾向性的意见或观念，应让学习者发挥自己的才能，获得对案例的理解和解决。

（3）界定呈现的问题，确定需解决的问题：根据教师提供的案例，学习者相互之间进行讨论研究，总结出需要解决的问题，并把它们列举出来。教师必须清楚学生界定的这些问题并不存在唯一正确的答案。

（4）生成可行的行动方案，或者制定／评估并提供多种可行的解决方案：在开放的学习环境中，学习者依据教师提供的真实问题，利用所学的知识进行分析和诊断，做出决策，从而获得多种解决问题的方法。学习者要充分发挥主观能动性，与同学一起合作，提出多种可供选择的解决方案。要求学习者寻找解决方案并不是要求学习者去寻找唯一的正确答案，而是要求他们增强消化和运用知识与经验的能力。

（5）评价行动方案每一步的优缺点以及可能带来的机遇与威胁：分析提出的多种解决方案，并在此基础上提出详细的行动方案，学习者之间相互讨论每一步的优缺点，从而确定最佳的行动方案。因为在基于案例的学习中，案例是真实生活中的，所有在解决案例的过程中必然存在着某些不可预料的现实问题，可能会带来机遇，也可能存在威胁，在行动方案中一定要陈述清楚这些问题。

① 钟志贤．信息化教学模式：理论建构与实践例说 [M]．北京：教育科学出版社，2005.

② 范佳凤．项目学习与合作学习：改革与实践 [M]．北京：中国金融出版社，2015.

③ 陈金华．智慧学习环境构建 [M]．北京：国防工业出版社，2013.

（6）制定完善的解决方案／可实施的行动方案：制定相关的评价量规，评价解决方案或行动方案是否可行。经过不断评价修订后，让学习者总结归纳，形成完善的解决方案，或者可实施的行动方案。

六、基于电子学档的学习

电子学档（E-Learning Portfolio，缩写为 ELP 或 ePortfolio），是指在信息技术环境下，学习者运用信息手段表现和展示学习者在学习过程中关于学习目的、活动、成果、业绩、付出、进步以及关于学习过程和结果进行反思的有关学习的一种集合体。[①] 其主要内容包括学习作品、学习参与、学习选择、学习策略、学习反思等材料。作为一种完整的电子学档，一般要表现学习者五大类型的信息：学生信息、学习记录、学习成果、学习依据和学习反思。具体来说，电子学档包括的主要内容有：①学习目标；②教师和学生共同选择的作品范例；③新课程开始时反映学生学业基础的档案文件或测验；④学生学习活动、行为记录，如课上参与朗读、朗诵、角色扮演等情况；⑤标准和范例，如作业的样本，通常是由学生自己决定收入的作品；⑥教师反馈与指导，如教师、家长对学生学习情况的观察评语；⑦多元评价，如教师评分或在教师指导下同学评分（评语）或自己评分（评语）；⑧学生自我反思，对自己的学习态度、方法与效果的反思与评价。

它具有如下特征：①面向过程和学习发展的学习；②以学习者需要为中心，学习者自定学习需要和学习风格；③是一种学习者参与、协作和实施的学习过程；④鼓励自我指导的学习，学习者有更大的学习权限，对学习负责；⑤强调学习个体对学习过程、目标和方法等的反思，关注在家庭和工作中的经验；⑥强调基于行为表现的评估；⑦电子学档应该能够为所有学习监护人如教师、父母、同学等所访问，但一些领域应该以电子密码的方式保护；⑧强调反思性学习和对集体经验的共享。

基于电子学档的学习，是一种运用信息技术促进学生学会学习，提升信息素养的学习方式和技术。它是一种全面的学习方式和技术，是一种基于过程的学习。基于电子学档的学习主要包括以下几个阶段：[②]

（1）定义学习的阶段、完成前期学习和学档的反思。在具体的学习任务前，确定学习的阶段，完成前期学习和学档的反思。

（2）确定学习需要。这一阶段可以通过很多方法来实现，比如对先前的经验的评估和学习的基本任务的确定等。

（3）确定如何实现这些需要。尽可能有一种详尽的学习需要的列表。对它们进行分门别类，并把它们区分优先顺序是非常重要的。

（4）根据这些需要计划学习方案。如评价、在学习环境中讨论主题、参与远程学习、在线讨论等。

（5）运用合适的资源来满足这些需要。如在实践中学习、在教师指导下学习、参加技能训练课等。

（6）确定将如何评估是否实现了需要。这是基于学档的学习中最为困难的一部分，而且经常被忽视。学习者需要教师的帮助来讨论和示范。

---

① 游海，徐晓泉，钟志贤.培养创新精神 提高实践能力——以学生为主体的教学模式 [M].南昌：江西高校出版社，2005.

② 钟志贤.信息化教学模式：理论建构与实践例说 [M].北京：教育科学出版社，2005.

（7）选择素材和作品范例证明所学。必须寻找有关的材料，证明是如何提高学业的。比如运用新的技术记录学习过程、反思自己的行为、写论文、总结和形成新的学业成果等。

（8）反思学档，计划下一个学习阶段。学习者必须回顾所做的一切及其成效，比如喜欢哪一种方法，需要继续学习什么主题，下面做什么等问题。

第四节　大学外语教学中的现代教育技术应用与发展

一、现代教育技术在现代外语教学中的发展简况

信息技术与英语课程整合的发展分为四个时期：萌芽时期、发展时期、深入时期和网络化时期。

（一）萌芽时期（19世纪末—1939年）

目前我国学界普遍认为教育技术辅助教学萌芽阶段始于19世纪末。"直接教学法"的倡导者们推出了"魔灯"（实际上就是一种可以用多种光源的光学投影原理装置），他们先把教学所需要的各种图像绘制在玻璃片上，再投射在教室的屏幕上。学生一面看图像，一面跟着教师说外语。这就是我们今天的实物投影，PowerPoint的"祖宗"；这也就开创了现代教育技术辅助外语教学的历史。①

20世纪发明了唱片和留声机，它们运用于辅助外语教学取得了很好的效果。丹麦语言学家 Jesperson（1904）说："在有才能的教师手中，录音器（指唱片和留声机）对于外语教学有不可估量的、巨大的帮助。"②并因此在全球推广。1925年日本开始了英语广播教学。

1930年德国出版了第一部论述外语教学中使用录音的教学法著作——《新语言教授中的留声机》的论文集。1935年苏联发行了第一套英语教学唱片。1939年苏联开设了第一个英语电影课程。

（二）发展时期（1939—20世纪70年代末）

1939年美国的高校开始使用录音磁带的录音机辅助语音和语言教学的试验。不久，以录音机为主要设备的语言实验室问世，并很快在外语教学中推广应用。这一发展标志着现代教育技术辅助外语教学进入新的发展时期。语言实验室大批量地运用于外语教学。这一时期，正是行为主义"听说教学法"的鼎盛时期，语言实验室所具有的功能为这一教学法的推广起了相当大的作用。美国教学法专家 Stack 指出："建立在'听说法'基础上的教学体系的主要环节，就是在语言实验室中进行大量的练习。语言实验室把教师从无穷的句型重复中解放出来，从而可能利用课堂时间于'创造性'的语言活动。"③

五六十年代在外语教学法中，"听说教学法"一统外语教学的天下，而语言实验室的发展也进入了黄金时代。这些成就引起了心理学家、语言学家、外语教学研究工作者的广泛

---

① 何高大. 现代教育技术与现代外语教学 [M]. 桂林：广西教育出版社，2002.

② 刘润清. 高等学校外语专业精品课程建设与教学技术创新改革及质量考核评估方案实务全书[M]. 北京：中国教育出版社，2007.

③ 杜士珍. 现代教育技术基础 [M]. 武汉：华中师范大学出版社，2000.

兴趣，他们丰富了语言实验室与外语教学的研究。在一些专业刊物上，如 English Language Teaching 等，发表了不少文章。1960 年 Edward Stack 编写的 The Language Laboratory and Modem language Teaching 一书，在当时产生了极大的影响。当时，美国宾夕法尼亚大学的 Modem Robbin 也赞同地说："语言实验室已成为美国外语教学法体系中不可分割的一部分。"①

20 世纪 70 年代，电子通信技术的发展为教育信息技术辅助英语教学奠定了更为先进的物质条件：各种不同类型的录音机、录像机、卫星传播、计算机等为英语课程的学习创造了更为丰富的教育手段和教学环境。

（三）深入时期（20 世纪 80 年代—20 世纪 90 年代中期）

20 世纪 80 年代中期，个人计算机技术开始应用于教育，各个学校开始兴建语音室系统，这标志着教育技术进入第三代。同以前相比，教师可以利用第三代教育技术传送大量更加复杂的信息给学生，使学生之间、师生之间可以通过语音系统进行即时交流。计算机辅助教学、计算机模拟以及其他通过计算机磁盘、光盘和因特网等途径的电子资源进一步表现出现代教育的特征。

1985 年，美国启动了一项著名的 "2061 计划"（Project 2061），1989 年正式公布。该报告特别强调学生应具有善于将自然科学、社会科学与信息技术兰者结合在一起的思想与能力。"2061 计划" 将现行中小学 12 年应学会的科学文化知识重新归纳分类。在这些新分学科中，每一科都力图渗透 "自然科学、社会科学与信息技术" 三者结合的思想。这是最早的信息技术与各学科相整合的思想。②

1994 年，美国教育部、美国教育研究与优化办公室发表了题为 "运用技术支持教育改革" 的报告，对教育技术在教学中具有的优势进行了高度概括，"当技术被很好地运用并成为课程设置的有机组成部分的时候，当学生是在进行联系实际的学习时，当他们是处在合作的学习环境中时，技术才能够有助于学生总体能力的提高，有助于学生高级思维能力的培养"，"技术将成为一种促进教育系统进行改革、促进新型教师角色形成和冲破传统僵化的学时、学科、学校和年级界限束缚的推动力"。在教育改革中，技术将对学校的各个方面特别是教学方面起到关键性的作用。③

（四）网络化时期（20 世纪 90 年代后期至今）

20 世纪 90 年代后期至今，我们可以把它称为网络化时期。④ 在这个时期，教育信息技术发展强调人与教育技术的整合，强调科技以人为本。教育技术的发展重心在如何使技术更接近或模拟人的大脑，模拟人的智能。而信息技术在英语教育课程整合的运用发展的轨迹和趋势是：从单媒体封多媒体的运用；从过去的听或说转变成为视听说；从视听说到英语的阅读、写作、翻译等课堂教学；从 "打开机器、对对答案" 的教学模式到学生自定学习步骤的个性化、智能化、交互式、合作学习；从视听说教师转换到学生的指导者、辅导者、合作者；从原来的语言实验室教学到校园网教学；从本土化的教学、大国际的网络教学到全球一体化教学等等。所以说，现在是信息技术与英语课程整合的更为广阔的创新发展时期，也是一个以现代化、网络化、数字化、智能化、系统化、多元化和一体化为主要特征的新时期。

21 世纪是跨文化交流全球化的时代，从 21 世纪外语教学的发展趋势看，外语教学的重

① 钟志贤.信息化教学模式：理论建构与实践例说 [M].北京：教育科学出版社，2005.

② 魏向君，周亚莉，杨丽丽.信息技术与英语教学 [M].兰州：甘肃民族出版社，2007.

③ 汤燕瑜.现代教育技术与多媒体外语教学 [M].苏州：苏州大学出版社，2011.

④ 魏向君，周亚莉，杨丽丽.信息技术与英语教学 [M].兰州：甘肃民族出版社，2007.

点要突出语言运用能力的培养，因为语言学习的最终目的是为了更好地交际，而只有通过交际才能学好语言。对于第二语言学习者来说，能在真实自然的交际环境中学习语言的机会很少。学校中正规的课堂外语学习远远不能满足学生接触和使用语言的需要，这种形势就迫使我们要寻找新的教学方法和教学手段。

二、现代教育技术在现代外语教学中的优势

现代教育技术具有传统教育无法比拟的优势，其在当今外语教学方面的优势主要表现在以下几点。

1. 现代教育技术在现代外语教学中的应用有助于学生个性化的发展。美国教育专家 Moore 说："真正的学习就是让学生经历、体验和再创造。"① 在传统的外语教学中，无论是教学手段还是教学方法都是单一的，主要是通过教师的口头讲解和纸本教材，来向学生传递各种语言知识，长此以往的教学很难刺激学生的学习兴趣，学生的学习行为只是被动的、僵化的，不利于学生个性化的发展，而现在我们可以运用现代教育技术手段来辅助外语教学。通过技术手段，根据教学内容的不同要求，把文字、图形、图像、声音等物理媒体进行组合，即形成多媒体课件，为学生创造一个全新的、多元化的、原汁原味的外语学习环境，让学生充分体会这种语言环境。在实践教学中，教师可以充分使用教育技术设备，根据学生的不同个性、不同层次，设置难易不同的学习内容，存储于网络服务器中，学生可以随时调用资源。语言学习环境的建立可以充分调动学生对于语言学习的兴趣和积极性，也可以改变以教师为中心的教学模式，尊重学生在教学中的主体地位，对于学生个性的形成、创造性思维的培养都是极为有益的，对于学生综合素质的形成会产生深远而重大的影响，在外语教学中能真正实现灵活多样的个性化的教学。

2. 现代教育技术在现代外语教学中的应用可以使教学形式更灵活、教学活动更生动，有利于提高外语教学质量。随着信息技术的发展，多媒体网络技术突破了文字与音像的范畴，使传统教学内容的外在形式发生了根本性的变化。多媒体的信息形式有文本、图形、图表、图像、动画；有静止的，运动的；分散的，组合的；视觉的，听觉的。这些媒体信息形式通过计算机的集成处理，形成了一种多媒体信息形态的组合体。而且计算机技术允许海量存储信息，任何教学内容都可以用有效的方式来表现，甚至同一教学内容用多种信息形式来表现，克服了其他媒体单一表现及难以协同表现的弊端。因而易读性强，学生容易理解。在外语教学中，特别是外语实践课的教学中，传统教学方法就是由教师在课堂上通过反复的示范，口耳相传，学生感性地模仿。比如说在大学初级阶段的语音教学中，教师所教授的发音位置无法通过非常形象直观的形式传达给学生，学生无法准确地掌握要领，这对于一个外语专业的学生来说是很不利的。现在我们通过应用多媒体技术，在语言实验室里采用语音训练教学软件，让学生在显示器上看到通过三维技术做出来的发音位置结构演示，动态地演示口型和舌位的变化过程，还可以看到静态画面。这样学生自己通过反复观看和模仿，就可以准确地了解发音部位和技巧，找到正确的发声感觉，从而为练就一口流利纯正的外语打下坚实的基础。同时，其他的口语、阅读、精读、写作等课程也可以充分运用多媒体技术，以各种图片、照片、图像或动画等素材制作成声情并茂的外语教学课件，让学生生动直观地领悟到外国语言文化的内涵和魅力，有助于帮助学生理解和掌握教学内容。

---

① 修月祯. 网络多媒体环境下的英语教学改革之研究 [M]. 北京：清华大学出版社，2006.

3. 现代教育技术在现代外语教学中的应用，有利于提高学生的外语交际能力。外语教学的目的，不仅仅是要向学生传授语言知识，更重要的目的是培养和提高学生运用外国语言进行交流的能力。要使外国语言真正成为信息化和国际化社会必备的工具性知识和交际工具，运用现代教育技术构建情景式教学环境是教学过程中的一个重要手段。在教学过程中，利用音频技术和多媒体技术营造出逼真的交际环境让学生产生身临其境的感觉，有助于激发学生的学习欲望，使学生主动参与到教学实践中，由被动变为主动，提高口语表达能力。通过模拟某一国际会议的工作布局和完整流程，能够从感官体验上满足对学生心理上的锻炼；通过嵌入式系统、以太网技术、多通道分组通信实时传输协议等数字技术，满足学生训练时所需的口译训练、翻译训练、译员训练、同传训练、同传会议设置、译员训练设置、通道设置、联机测试、语言学习等功能，使学生的外语技能得到全面的锻炼。通过活泼多样的教学方式，将学与练有机结合起来，对学生能力的提高会起到事半功倍的效果。

4. 现代教育技术在现代外语教学中的应用，有利于师生间的沟通，有利于学生间的协作学习。现代教育技术在外语教学过程中的辅助作用，可以使学生进行发现式和钻研式的学习。这样形成的学习环境具有强大的联结功能，分处异地的教师和学生都可以参与到交互性的学习讨论中，通过教育技术手段搭建的交流平台，发表学习心得，进行知识的传输和交流，真正体现出群体协作、合作学习的优势。同时，这种交流超越了过去双向交流依靠口语表达的单一形式，它们之间的交互协作有可能是文件、数据，也有可能是语言、图形、图像。这些都通过计算机网的传输来实现，为启发引导式教学创造了共同讨论交流的条件。协作讨论是一种主动式的教学方法，一般在教学中要通过各种形式来启发使学生建立协作关系，提供给学生参与协作学习的机会及条件。

5. 现代教育技术在现代外语教学中的应用，有利于外语教学资源库的建设。外语音像资料建设的成功与否，关系到外语教学质量的好坏。高等学校是培养外语人才的摇篮，利用现代教育技术充分发掘丰富的、具有强烈视觉冲击性的外语信息资源，建设多方面、多层次、具有时代特点的外语音像资料库，对培养具有时代性、前瞻性的外语人才有着重要的意义。在教学过程中，通过现代教育技术手段所采集到的各种外语音像资源，经过专业教师与技术人员的分类、整理、编辑，形成外语教学中最新鲜的材料，可以极大地丰富高校的外语音像资料，并为外语学习注入鲜活的内容，而这些材料在教学中的应用，又可以极大地提高学生的积极性。外语音像资源在外语教学中的重要作用是越来越明显了。

参考文献

[1] 张红玲 . 跨文化外语教学 [M]. 上海：上海外语教育出版社，2007.

[2] 吴为善，严慧仙 . 跨文化交际概论 [M]. 北京：商务印书馆，2008.

[3] 姚丽，姚烨 . 英汉文化差异下的外语教学探究 [M]. 北京：中国书籍出版社，2014.

[4] 王佐良 . 翻译：思考与试笔 [M]. 北京：外语教学与研究出版社，1989.

[5] 高等学校外语专业教学指导委员会英语组 . 高等学校英语专业外语教学大纲 [M]. 上海：上海外语教育出版社，2000.

[6] 徐国庆 . 职业教育项目课程设计指南 [M]. 上海：华东师范大学出版社，2013：19-28.

[7]Cetra Fernando. 习语与习语特征 [M]. 上海：上海外语教育出版社，2000.

[8] 邓炎昌，刘润清 . 语言与文化 [M]. 北京：外语教学与研究出版社，1999.

[9] 杜学增 . 中英文化习俗比较 [M]. 北京：外语教学与研究出版社，1999.

[10] 骆世平 . 英语习语研究 [M]. 上海：上海外语教育出版社，2007.

[11] 平洪，张国扬 . 英语习语与英美文化 [M]. 北京：外语教学与研究出版社，2000.

[12] 戴炜栋，何兆熊 . 新编简明英语语言学教程 [M]. 上海：上海外语教育出版社，2010.

[13] 王坦 . 合作学习的理论与实施 [M]. 北京：中国人事出版社，2002.

[14] 中国海事服务中心 . 航海英语 [M]. 北京：人民交通出版社，2011.

[15] 胡壮麟 . 语言学教程 [M] 北京：北京大学出版社、2002.

[16] 邓炎昌，刘润清 . 语言与文化 [M] 北京：外语教学与研究出版社，2010.

[17] 桂诗春 . 应用语言学 [Ml 长沙：湖南教育出版社，1988.

[18] 陈俊森，樊葳葳，钟华 . 跨文化交际语外语教育 [M] 武汉：华中科技大学出版社，2006.

[19] 沈江，丁自华，姜朝妍 . 航海英语 [M]. 大连：大连海事大学出版社，2012.

[20] 沈江 . 航海英语 [M]. 大连：大连海事大学出版社，2013.

[21] 姜朝妍，沈江 . 航海英语听力与会话 [M]. 大连：大连海事大学出版社，2016.